ROSSIAN
DICTIONARY

RUSSIAN–ENGLISH
ENGLISH–RUSSIAN

REVISED & UPDATED

THE LIVING LANGUAGE® SERIES

Living Language® Basic Complete Courses Revised & Updated

Spanish* Japanese*
French* Russian
German* Italian*
Portuguese
Inglés/English for Spanish Speakers*

Living Language® Intermediate Skill Builder Courses

Spanish Verbs French Verbs
German Verbs Italian Verbs

Living Language® Advanced Courses, Revised & Updated

Advanced Spanish Advanced French

Living Language® Ultimate™ (formerly **All the Way™**)

Spanish* Advanced Spanish*
French* Advanced French
German* Advanced German
Italian* Advanced Italian
Russian* Advanced Russian
Japanese* Advanced Japanese
Inglés/English for Spanish Speakers
Advanced Inglés/English for Spanish Speakers
Mandarin Chinese
Portuguese

Living Language® Essential Language Guides

Essential Spanish for Healthcare
Essential Spanish for Social Services
Essential Spanish for Law Enforcement
Essential Language Guide for Hotel & Restaurant Employees

Living Language® English for New Americans

Everyday Life
Health & Safety
Work & School

Living Language® All-Audio™
Spanish* French* Italian* German*

Living Language® American English Pronunciation Program

Fodor's Languages for Travelers
Spanish* French* Italian* German*

Living Language® Parent/Child Activity Kits

Learn French Together
Learn Italian Together
Learn Spanish Together
Learn French Together: For the Car
Learn Italian Together: For the Car
Learn Spanish Together: For the Car

Living Language® Business Companion

Chinese
German
Spanish

*Available on Cassette and Compact Disc

If you're traveling, we recommend
Fodor's guides

Available in bookstores everywhere

Visit our Web site at **www.livinglanguage.com** for moreinformation

RUSSIAN
DICTIONARY

RUSSIAN–ENGLISH
ENGLISH–RUSSIAN

REVISED & UPDATED

REVISED BY NADYA L. PETERSON, PH.D.

Assistant Professor of Russian

University of Pennsylvania

◆

Based on the original

by Aron Pressman

LIVING LANGUAGE®
A Random House Company

This work was previously published under the title *Living Language*™
Common Usage Dictionary: Russian by Aron Pressman, based on the dictionary developed by Ralph Weiman.

Published by Living Language®, A Random House Company, New York, New York.

Random House, Inc. New York, Toronto, London, Sydney, Auckland

www.livinglanguage.com

LIVING LANGUAGE and colophon are registered trademarks of Random House, Inc.

Printed in the United States of America

ISBN 1-4000-2029-8

10   9   8   7   6   5   4   3   2   1

CONTENTS

INTRODUCTION

The *Living Language® Russian Dictionary* lists more than 15,000 of the most frequently used Russian words, gives their most important meanings, and illustrates their uses. It also includes a Russian pronunciation chart and a set of common expressions useful in everyday situations. This revised edition contains updated phrases and expressions, as well as many new entries related to business, technology, and the media. The following is a short description of the basic features of this dictionary.

1. More than one thousand of the most essential Russian words are indicated by the use of an * to their left.

2. Numerous definitions are illustrated with phrases, sentences, and idiomatic expressions. If there is no close English equivalent for a Russian word, or the English equivalent has several meanings, the context of the illustrative sentences helps to clarify the meanings.

3. Because of these useful phrases, the *Living Language® Russian Dictionary* serves as a phrase book and conversation guide. The dictionary is helpful both to beginners who are building their vocabulary and to advanced students who want to perfect their command of colloquial Russian.

4. The Russian expressions (particularly the idiomatic and colloquial ones) have been translated to their English equivalents. However, literal translations have been added to help the beginner. This dual feature also makes this dictionary useful for translation work.

RUSSIAN PRONUNCIATION CHART

Vowels

The location of a vowel within a word will determine its pronunciation. There is only one stressed syllable in any given Russian word, and the pronunciation of a vowel will change depending on its position within a word in relation to the stressed syllable.

Russian Letters	Approximate Sound in English	Phonetic Symbol	Example
A a (in the syllable before the stressed syllable, or in the stressed syllable)	(c<u>a</u>lm)	ah	банк (b<u>ah</u>nk) такси́ (t<u>ah</u>k-SEE) познако́мить (poh-zn<u>ah</u>-KAW-meet′)
A a (in any syllable following the stressed syllable)	(b<u>u</u>t)	uh	ко́шка (KAWSH-k<u>uh</u>)
A a (after a soft consonant)	(m<u>ee</u>t)	ee	чаевы́е (ch<u>ee</u>-yee-VY-yeh)
Э э (stressed)	(s<u>e</u>t)	eh	э́то (<u>EH</u>-tuh)
Э э (unstressed)	(s<u>e</u>t)	eh (shortened)	экску́рсия (<u>eh</u>k-SKOOR-see-yuh)
Ы ы*	(s<u>y</u>mpathy)	y	сын (s<u>y</u>n)
O o (stressed)	(l<u>a</u>w)	aw	ко́шка (KAWSH-kuh)
O o (in the first syllable of a word or the syllable before the stressed syllable)	(c<u>a</u>lm)	ah	оди́н (<u>ah</u>-DEEN) голова́ (guh-lah-VAH)

* No equivalent in English. <u>Y</u> pronounced somewhere between the short i sound of sym- and the long ee sound of -thy in sympathy.

Russian Letters	Approximate Sound in English	Phonetic Symbol	Example
О о (in any syllable after the stressed syllable)	(b<u>u</u>t)	uh	**мя́со** (MYAH-s<u>uh</u>)
У у	(c<u>oo</u>)	oo	**у́мка** (<u>OO</u>M-kuh)
Я я (stressed)	(<u>yo</u>nder)	yah	**я́сно** (<u>YAH</u>-snuh)
Я я (unstressed)	(b<u>ee</u>)	ee	**ме́сяц** (MYEH-s<u>ee</u>ts)
Е е (stressed)	(<u>ye</u>t)	yeh	**ме́сто** (M<u>YEH</u>-stuh)
Е е (before stressed syllable)	(b<u>ee</u>)	ee	**метро́** (m<u>ee</u>-TRAW)
Е е (after stressed syllable	(b<u>u</u>t)	uh	**мне́ние** (MNYEH-nee-<u>uh</u>)
И и	(b<u>ee</u>)	ee	**Ни́на** (N<u>EE</u>-nuh)
И и	(sympath<u>y</u>)	y	**саци́ви** (sah-TSY-v<u>y</u>)
Ё ё	(<u>yaw</u>n)	yaw	**ёлка** (<u>YAWL</u>-kuh)
Ю ю	(<u>you</u>)	yoo	**ю́бка** (<u>YOOP</u>-kuh)

Consonants

Some consonants in Russian make more than one sound. This occurs most often when the consonant is located at the end of a word or syllable. The following list of consonants shows all the variations in pronunciation.

Russian Letters	Approximate Sound in English	Phonetic Symbol	Example
Б б	b (<u>b</u>ear)	b	бо́чка (<u>B</u>AWCH-kuh)
	p (<u>p</u>art)	p	зуб (zoo<u>p</u>)
В в	v (<u>v</u>ery)	v	вокза́л (<u>v</u>ahg-ZAHL)
	f (<u>f</u>ull)	f	авто́бус (ah<u>f</u>-TAW-boos)
Г г	g (<u>g</u>o)	g	га́лстук (<u>G</u>AHL-stook)
	k (ba<u>k</u>e)	k	дóг (daw<u>k</u>)
Д д	d (<u>d</u>are)	d	до́ктор (<u>D</u>AWK-tuhr)
	t (<u>t</u>oll)	t	кóд (kaw<u>t</u>)
Ж ж	zh (lei<u>s</u>ure)	zh	ко́жа (KAW-<u>zh</u>eh)
	sh (<u>sh</u>ow)	sh	ло́жка (LAW<u>SH</u>-kuh)
З з	z (<u>z</u>ebra)	z	за́втра (<u>Z</u>AHF-truh)
	s (<u>s</u>ign)	s	ра́з (rah<u>s</u>)
Й й	always silent*	—	хоро́ший (khah-RAW-shee)
Ш ш	sh (<u>sh</u>ow)	sh	шу́м (<u>SH</u>OOM)
Щ щ	shch	shch	я́щик (YAH-<u>shch</u>yk)
Ъ ъ	silent hard sign (separates vowels and consonants, providing a syllable break)	—	объясня́ть (ahb-yee-SNYAT′)
Ь ь	silent soft sign (softens preceding consonant)		пла́тье (PLAHT′-ych)

* See following section, vowels combined with й

Vowels combined with й

Although **й** does not make a sound on its own, it does affect the pronunciation of vowels, when placed directly after them.

Russian Letters	Approximate Sound in English	Phonetic Symbol	Example
ой	oy (t<u>oy</u>)	oy	**мо́й** (M<u>OY</u>)
ай	ie (t<u>ie</u>)	ahy	**ма́й** (M<u>AHY</u>)
ей	yay (<u>yea</u>)	yay	**друзе́й** (droo-ZYAY)

Intonation

Russian intonation is quite different from English intonation. Here, we will briefly discuss the most common Russian intonational constructions. The first is IC-1, which is characteristic of the declarative sentence. In an IC-1 sentence, the words preceding the point of emphasis in the sentence are pronounced on a level, medium tone, smoothly and without pauses. Those words located after the point of emphasis are pronounced on a lower pitch.

Я хочу́ éсть.　　　(yah khah-CHOO yehst′)　　　I want to eat.

The second intonational construction is IC-2, used in interrogative sentences that contain a question word. The stressed word in the sentence is pronounced with a slightly rising tone and strong emphasis. Those words that precede it are pronounced on a lower pitch, with a slight fall on the last syllable.

Кто́ говори́т?　　　(KTAW gah-vah-REET?)　　　Who is speaking?

IC-3 is used in interrogative sentences that do not contain a question word. As in IC-1, those words which precede the point of emphasis of the sentence are pronounced on a level, medium tone. The stressed part of the sentence is pronounced in a sharply higher tone, and the rest of the sentence is pronounced on a low pitch with a slight fall at the last syllable, as in IC-1 and IC-2.

Вы́ бы́ли в　　　(vy BY-lee f　　　Have you been to
Санкт-Петербурге?　　　Sawnkt Peeteerboorgi?)　　　St. Petersburg?

EXPLANATORY NOTES

Literal translations are in parentheses. Colloquial is abbreviated to coll.

Gender is indicated by m. for masculine, f. for feminine, n. for neuter.

Case is indicated by nom. for nominative, acc. for accusative, dat. for dative, gen. for genitive, inst. for instrumental, and prep. for prepositional case.

Imperfective verb forms are not identified as such. If a verb is shown in its perfective form, however, this is indicated as: (perf.). In aspectual pairs, the first form is the imperfective form.

Other abbreviations are:

adj.	adjective	pl.	plural
adv.	adverb	prep.	preposition
conj.	conjunction	pron.	pronoun
dim.	diminutive	refl.	reflexive verb
imp.	imperfective verb	sg.	singular
ind.	indeclinable	tr.	transitive verb
interj.	interjection	v.	verb
intr.	intransitive verb	v.i.	verb intransitive
num.	numeral	v.t.	verb transitive
perf.	perfective verb		

LIVING LANGUAGE®

RUSSIAN
DICTIONARY

RUSSIAN–ENGLISH
ENGLISH–RUSSIAN

REVISED & UPDATED

RUSSIAN–ENGLISH

A

*а -but, and, or (first letter of alphabet)

Вот ру́чка, а вот бума́га. Here is a pen, and here is paper.

Не он, а его́ сестра́. Not he, but his sister.

Потороли́сь, а то опозда́ешь. Hurry, or you'll be late.

абажу́р lampshade

абитурие́нт high school graduate applying to a university

абрико́с apricot

абсолю́тный absolute

абстра́ктный abstract

абсу́рд absurdity

довести́ (perf.) **до абсу́рда** to carry to the point of absurdity

абсу́рдный absurd

абсце́сс abscess

ава́нс advance

плати́ть ава́нсом to pay in advance

получа́ть ава́нс в счёт зарпла́ты to receive an advance on salary

авантю́ра adventure, gamble

а́вгуст August

в а́вгусте in August

авиа́тор aviator, pilot

авиа́ция aviation, aircraft

*аво́сь perhaps, maybe

наде́яться на аво́сь to take a chance

на аво́сь on the off chance

автобиогра́фия autobiography

*авто́бус bus

автокра́тия autocracy

*автома́т automatic machine

телефо́н-автома́т pay telephone

автомати́ческий automatic

*автомоби́ль (m.) automobile, car

*автоно́мия autonomy

*а́втор author

*авторите́т authority

по́льзоваться авторите́том to use one's authority

а́вторские royalties (to an author)

а́вторское пра́во copyright

*авторучка fountain pen

автосе́рвис auto mechanic shop

аге́нт agent, factor

аге́нтство agency

агита́тор instigator

агита́ция agitation, propaganda

аго́ния agony

агресси́вный aggressive

агре́ссия aggression

агрикульту́ра agriculture

агробиоло́гия agricultural biology

ад hell

адвока́т lawyer

адвокату́ра legal profession, the bar

занима́ться адвокату́рой to be a practicing attorney

*администра́тор administrator; manager

администра́ция administration, management

*а́дрес address

адресова́ть (imp., perf.) to address, direct

аза́ртно recklessly

аза́ртно игра́ть to gamble

*а́збука alphabet

азо́т nitrogen

за́кись азо́та nitrous oxide

о́кись азо́та nitric oxide

акаде́мия academy

акваре́ль (f.) watercolor

акваре́лист water-color painter

акко́рд chord

аккордео́н accordion

аккура́тность (f.) accuracy, carefulness, punctuality

аккура́тный careful, neat, punctual

акт act

выпускно́й акт graduation ceremony

обвини́тельный акт indictment

актёр actor

активизи́ровать (imp., perf.) to make more active, stir up

*акти́вно actively

актри́са actress

актуа́льность (f.) topicality

аку́ла shark

акуше́р, акуше́рка obstetrician (m., f.), midwife

акце́нт accent

акционе́р stockholder

а́кция share

а́кции па́дают shares go down (in value)
а́лгебра algebra
алкого́ль (m.) alcohol
　алкого́льный напи́ток alcoholic beverage, strong drink
алкало́ид alkaloid
алле́я lane, path
алта́рь (m.) altar
алфави́т alphabet
　по алфави́ту in alphabetical order
альбо́м album
альтруи́зм altruism, unselfishness
алюми́ний aluminum
амби́ция ambition, self-love, pride
амбулато́рия clinic
Аме́рика America
америка́нец, америка́нка American (m., f.)
америка́нский American (adj.)
*****ана́лиз** analysis, test
　сде́лать (perf.) **ана́лиз кро́ви** to take a blood test
анало́гия analogy
анана́с pineapple
анато́мия anatomy
а́нгел angel
англи́йский English
　англи́йская була́вка safety pin
　по-англи́йски in English
англича́нин (m.) Englishman
англича́нка (f.) Englishwoman
анекдо́т anecdote, joke
анке́та questionnaire, survey
　запо́лнить (perf.) **анке́ту** to fill in a form
анкети́рование polling, surveying, evaluation
анса́мбль musical group
антагони́ст antagonist
антагонисти́ческий antagonistic
антипа́тия antipathy, aversion
　пита́ть антипа́тию к чему́-нибудь to feel an aversion for something
　почу́вствовать (perf.) **антипа́тию к кому́-нибудь** to take a dislike to someone
антрополо́гия anthropology
анчо́ус anchovy
аншла́г the "sold out" notice

Пье́са идёт с аншла́гом. The house (play) is sold out every night.
апельси́н orange
аплоди́ровать to applaud, cheer
*****аппара́т** apparatus, instrument
　фотоаппара́т camera
*****аппети́т** appetite
　прия́тного аппети́та bon appetit
аппети́тный appetizing, tempting
апре́ль (m.) April
*****апте́ка** drugstore, pharmacy
аранжи́ровать to arrange
арбу́з watermelon
аргуме́нт argument (in conversation)
　ве́ский аргуме́нт significant or telling argument
аре́нда lease
　взять в аре́нду to take on a lease
*****аре́ст** arrest
　взять под аре́ст to arrest
*****арифме́тика** arithmetic
*****а́рмия** army
арома́т aroma, fragrance, perfume
арома́тный aromatic, scented
арти́ст, арти́стка artist, master, actor (m., f.)
артисти́ческий artistic
археоло́гия archeology
архите́ктор architect
аспира́нт postgraduate student
аспири́н aspirin
ассортиме́нт selection, assortment
ассоциа́ция association
　по ассоциа́ции by association of ideas
а́тлас atlas
атле́т athlete
атмосфе́ра atmosphere
а́томный atomic
　а́томная эне́ргия atomic energy
аттеста́т зре́лости high school diploma
аукцио́н auction
　продава́ть с аукцио́на to sell by auction
аутотре́нинг self-training
афи́ша poster, bill, placard
ах! oh!, ah!
а́хать (а́хнуть) to exclaim, gasp, sigh

он и а́хнуть не успе́л before he knew where he was (he didn't even have time to gasp)

аэродро́м airfield

Б

ба́бочка butterfly

*__ба́бушка__ grandmother

бага́ж baggage

ручно́й бага́ж hand or small luggage

у́мственный бага́ж store of knowledge

ба́за base, basis

ба́за да́нных data base

подводи́ть (подвести́) ба́зу под что́-нибудь to give good grounds for something

сырьева́я ба́за source of raw materials

экономи́ческая ба́за economic basis

*__база́р__ market

устро́ить (perf.) база́р to create an uproar

бази́роваться to be based on, rest on, depend

бакале́йный grocer

бакале́йная ла́вка grocery store

бакала́вр holder of Bachelor of Arts degree

сте́пень бакала́вра Bachelor of Arts degree

баклажа́н eggplant

бактериоло́гия bacteriology

*__бал__ dancing party, ball

бала́нс balance

бале́т ballet

*__балко́н__ balcony

бало́ванный spoiled (by indulgence)

*__балова́ть__ to spoil, indulge

*__ба́ловень__ pet (about a person), favorite

быть о́бщим ба́ловнем to be everyone's favorite

бана́н banana

*__банк__ bank

*__ба́нка__ jar

бараба́н drum

бараба́нная перепо́нка eardrum

бара́нина mutton, lamb

бара́нина жа́реная roast lamb

ба́рхат velvet

барье́р barrier

бассе́йн basin

бассе́йн для пла́вания swimming pool

бассе́йн реки́ river basin

*__бастова́ть__ to strike, to go on strike

*__башма́к__ shoe

быть под башмако́м у жены́ to be henpecked

ба́шня (f.) tower

*__бе́гать, бежа́ть__ to run

бежа́ть бего́м (спеши́ть) to hurry

Его́ глаза́ бе́гают. He has roving eyes.

бе́гло fluently, superficially

Он бе́гло говори́т по-ру́сски. He speaks Russian fluently.

Я бе́гло просмотре́л кни́гу. I looked the book over quickly.

бего́м running, double-quick

Беги́ бего́м! Hurry! (Come on the double!)

*__беда́__ misfortune, trouble

Быть беде́! Look out for trouble!

В то́м-то и беда́. That's just the trouble.

Не беда́. It doesn't matter.

бедне́ть (обедне́ть) to become poor

*__бе́дность__ (f.) poverty

Бе́дность не поро́к. Poverty is not a vice.

бе́дность по́чвы poverty of the soil

бе́дный poor, unfortunate

бедня́га, бедня́жка poor fellow, poor thing (m., f.)

бедро́ thigh

*__бе́дствие__ calamity, disaster

*__без__ without (prep. with gen.)

безбе́дно comfortably

жить безбе́дно to be fairly well off financially

безболе́зненный painless

безви́нный innocent, guiltless

5

безвку́сие lack of taste
безвку́сный tasteless
безво́лие lack of will
безвре́дный harmless, innocuous
безвре́менно untimely
безвре́менье hard times
*безгра́мотность** illiteracy
безгра́мотный illiterate
безда́рный untalented
безда́рность (f.) mediocrity, lack of talent
безде́йствие inactivity
безде́льничать to idle, loaf
безду́шный heartless, callous
безжи́зненный lifeless, insipid
*безрабо́тный** carefree, lighthearted
беззако́нный lawless, unlawful
беззасте́нчивый shameless, impudent
беззащи́тный defenseless, unprotected
беззву́чный soundless, silent
*безнадёжность** (f.) hopelessness
безнадзо́рность (f.) neglect
*безнра́вственность** (f.) immorality
безнра́вственный immoral, dissolute
*безобра́зие** outrage, disgrace
Там творя́тся безобра́зия.
  Disgraceful things are going on there.
Что за безобра́зие! It's scandalous!
*безопа́сность** (f.) safety, security
безотве́тственность (f.) irresponsibility
*безрабо́тица** unemployment
безразли́чие indifference
безразли́чно indifferently
  Мне соверше́нно безразли́чно.
  It's all the same to me.
безу́мец madman
безу́мие folly, insanity
  люби́ть до безу́мия to be madly in love
безу́мно madly, terribly
  быть безу́мно уста́лым to be terribly tired
  люби́ть безу́мно to love madly
*безусло́вно** undoubtedly, absolutely

безуспе́шно unsuccessfully
безыску́сственный unaffected, simple
бейсболи́ст baseball player
бейсбо́льный baseball (adj.)
беко́н bacon
бе́лка squirrel
беллетри́ст fiction writer
беллетри́стика fiction
белоку́рый blond, fair-haired
  белоку́рая же́нщина blonde (woman)
*бе́лый** white
бельё linen
  ни́жнее бельё underwear
  посте́льное бельё bedclothes
бензи́н benzine, gasoline
бе́рег shore, coast, bank
берёза birch tree
бере́менная pregnant
бере́чь (сбере́чь) to guard, save, take care of
  бере́чь своё вре́мя to make the most of one's time
  бере́чь своё здоро́вье to take care of one's health
  бере́чь та́йну to keep a secret
бес demon, devil
бесе́да conversation, talk
бесе́довать to converse, talk
бесконе́чно infinitely, endlessly
бесконе́чность (f.) endlessness, eternity
беспа́мятность (f.) forgetfulness
беспа́мятство unconsciousness, frenzy
*беспла́тно** free of charge, gratis
беспода́бный matchless, incomparable
*беспоко́ить** to worry, to disturb
беспоко́иться to be anxious, to worry about
  Не беспоко́йтесь. Don't trouble yourself. Don't worry.
беспоко́йный troubled, uneasy
беспопе́зность (f.) uselessness
*беспо́мощность** helplessness
*беспоря́док** disorder, confusion
беспричи́нно without cause, without reason
беспу́тный dissipated, dissolute

бессерде́чность (f.) heartlessness, callousness

бесси́льный feeble, weak, helpless

бессме́ртный immortal

бессмы́сленно senselessly, foolishly

бессо́вестный dishonest, unscrupulous

бессты́дный shameless

беста́ктный tactless

бестсе́ллер best-seller

бесце́льный aimless

бесце́нный priceless, invaluable, beloved

бесче́стить (обесче́стить) to disgrace, dishonor

бесчу́вственный unfeeling, insensible

  бесчу́вственный челове́к unfeeling person

  находи́ться в бесчу́вственном состоя́нии to be unconscious

бе́шенство fury, rage

  довести́ (perf.) **до бе́шенства** to drive wild

библиоте́ка library

Би́блия Bible

бизнесме́н businessman

бикарбона́т bicarbonate

биле́т ticket

биллио́н billion

бино́кль binoculars

бинт bandage

бинтова́ть (забинтова́ть) to bandage

***биогра́фия** biography

био́лог biologist

биоло́гия biology

биосвя́зь ESP

биохи́мик biochemist

биохи́мия biochemistry

биполя́рность (f.) bipolarity

би́ржа stock exchange, stock market

бирю́к lone wolf, morose fellow

  смотре́ть бирюко́м to look sullen

бис encore

бисульфа́т bisulphate

***бить (поби́ть)** to beat, hit, struggle against

  бить в цель to hit the mark

  бить в ладо́ши to clap hands

  бить ключо́м to be in full swing

  бить на эффе́кт to strike for effect

  бить трево́гу to sound the alarm

би́ться to fight with, hit, strike, beat

  би́ться над зада́чей to struggle with a problem

  как он ни би́лся no matter how he tried

  Се́рдце си́льно бьётся. The heart is beating hard.

***бифште́кс** steak

  бифште́кс натура́льный regular steak

  бифште́кс ру́бленый chopped steak

бла́го blessing, good

  Жела́ю вам всех благ. I wish you every happiness.

***благодари́ть (поблагодари́ть)** to thank

благода́рность (f.) gratitude, thanks

благода́рный grateful

благодаря́ thanks to (with dat.)

  благодаря́ тому́, что thanks to the fact that

благоду́шие good humor, placidity

благонра́вие good behavior

***благополу́чно** all right, well

  Всё ко́нчилось благополу́чно. Everything ended happily.

благослове́ние blessings

благотвори́тель (m.) philanthropist, benefactor

блаже́нство bliss, felicity

  на верху́ блаже́нства in perfect bliss

бледне́ть (побледне́ть) to grow pale

  бледне́ть от стра́ха to blanch with terror

***бле́дность** (f.) pallor, colorlessness

блеск luster, brilliance

***блесну́ть** (perf.) flash, make a brilliant display

  Блесну́ла мо́лния. Lightning flashed.

  У меня́ блесну́ла мысль. An idea flashed across my mind.

Он лю́бит блесну́ть свои́м умо́м.
He likes to show off his wit.

*блестéть shine, glitter, sparkle
глаза́ блестя́т eyes sparkle
Он ниче́м не бле́щет. He does not shine in anything.

блестя́ще brilliantly
Дела́ иду́т блестя́ще. Things are going excellently.

*близ near (prep. with gen.)

бли́зиться to draw near, to approach

бли́зкий near, close, similar (to)
бли́зкий ро́дственник close relative
бли́зкий по ду́ху челове́к kindred spirit

*бли́зко (от) near

близнецы́ twins

*близору́кий nearsighted

бли́нчики pancakes

*блонди́н, блонди́нка blond or fair-haired person (m., f.)

*блу́зка blouse

блю́до dish, course
его́ люби́мое блю́до his favorite dish
обе́д из трёх блюд three-course dinner

*Бог God
не дай Бог God forbid
ра́ди бо́га for God's sake

богатéть (разбогатéть) to grow rich

бога́тство wealth
есте́ственные бога́тства natural resources

*бога́тый rich, wealthy

*бо́дрый cheerful, brisk

боже́ственный divine

*бо́йкий smart, sharp, ready
бо́йкий ум ready wit

*бок side
сбо́ку from the side
на боку́ sideways

*бо́лее more

боле́знь (f.) illness, disease

*болéть (заболéть) to ache, hurt
У меня́ боли́т голова́. I have a headache.
У него́ боля́т зу́бы. His teeth ache. He has a toothache.

боль (f.) pain, heartache
душе́вная боль mental suffering

*больни́ца hospital

*бо́льно painful
Ему́ бо́льно. He is in pain.
ему́ бо́льно, что it grieves him that

больно́й sick
больно́е воображе́ние morbid imagination
больно́й вопро́с sore subject

*бо́льше more
бо́льше всего́ most of all
бо́льше никогда́ never again
Он бо́льше не живёт там. He doesn't live there anymore.

болта́ть to chatter, babble
болта́ть глу́пости to talk nonsense

болту́н, болту́нья chatterbox (m., f.)

*большинство́ majority

большо́й big
Большо́е спаси́бо. Thanks a lot.

бормота́ть (пробормота́ть) to mutter, mumble

бо́рный boric
бо́рная кислота́ boric acid

*борода́ beard

*боро́ться to fight, contend, struggle
боро́ться с сами́м собо́й to struggle with oneself

*борьба́ struggle, fight, wrestling

*босико́м barefooted

*бося́к hobo

*боти́нок boot

боя́знь (f.) dread, fear

*боя́ться to fear
Бою́сь сказа́ть. I am afraid to say.
Бою́сь, что он не придёт. I am afraid he won't come.
Не бо́йся. Don't worry. Don't be afraid.

*брак marriage, wedlock; defective goods

*брат brother
двою́родный брат first cousin

*брать (взять) to take
брать взаймы́ to borrow
брать на себя́ сме́лость to take the liberty

брать себя́ в рýки to pull oneself together

брáться (взя́ться) to undertake, begin

брáться за чте́ние to begin to read

Он взя́лся за э́ту рабóту. He undertook the work.

бред delirium

бриллиáнт diamond

бри́тва razor

бри́тый clean-shaven

*бри́ться (побри́ться) to shave (oneself)

бровь (f.) eyebrow

броди́ть to wander, roam, rove (only by foot)

бром bromide

брóмистый кáлий potassium bromide

*бросáть (брóсить) to throw, cast

бросáть взгля́д to cast a look

бросáть кáмни to throw stones

бросáть кури́ть to give up smoking

бросáть семьёй to desert one's family

бросáться (брóситься) to throw oneself, to dash

бросáться на пóмощь to rush to help

бросáться на ше́ю комý-нибýдь to throw one's arms around someone's neck

брошю́ра pamphlet

*брю́ки trousers

*брюне́т, брюне́тка dark-haired person, brunet, brunette

*бýдет that will do, that's enough

Бýдет тебе́ плáкать! Stop crying!

буди́льник alarm clock

*буди́ть (разбуди́ть) to awaken

*бýдто as if, as though, apparently

Говоря́т, бýдто он уе́хал. It seems (they say) that he has gone away.

У вас такóй вид, бýдто вы не пóняли. You look as if you did not understand.

бýдущее (noun) the future

в бýдущем in the future

бýдущий future

на бýдущей неде́ле next week

*бýква letter (of the alphabet)

буквáльно literally, word for word

*бýлка roll (bread)

бульвáр avenue, boulevard

*бумáга document, paper

бумáжник wallet

бумáжный cotton, paper

бумáжная мате́рия cotton material

бýрный stormy

*бýря tempest, bad storm

*бутербрóд sandwich

*буты́лка bottle

*бывáть to be sometimes

бывáет, что it happens that

Ве́чером он бывáет дóма. He is at home in the evenings.

Он когдá-то чáсто бывáл у них. At one time he visited them often.

*бы́вший former

бы́вший президе́нт former president

*бы́стро rapidly

быстротá speed

бы́стрый quick, rapid

бытовы́е отхóды household refuse

*быть to be

бюдже́т budget

В

*в to, into—direction (with acc.) in, at—location (with prep.)

в 1944 годý in 1944

в слýчае, éсли if, in case

в три часá at three o'clock

в четвéрг on Thursday

в январé in January

Я идý в гóрод. I am going to the city.

Я живý в гóроде. I live in the city.

*вагóн railway car

вáжничать to put on airs

вáжно importantly

Вáжно, что он пойдёт. It is important that he go.

*вáжный important, pompous

вáза vase, bowl

*вака́нсия vacancy
вальс waltz
*ва́нна bath
  приня́ть ва́нну to take a bath
ва́нная bathroom
ва́режки mittens
варёный boiled, cooked
*варе́нье jam, preserves
вариа́ция variation
*вари́ть (свари́ть) boil, cook
вари́ться (свари́ться) to be cooking
*ваш, ва́ша, ва́ше, ва́ши your, yours
*вбира́ть to absorb
введе́ние introduction, preface
вводи́ть (ввести́) to introduce
  ввести́ зако́н в де́йствие to implement a law
  вводи́ть кого́-нибу́дь в заблужде́ние to lead someone astray
  вводи́ть мо́ду to introduce a fashion
*вдво́е double, twice
  вдво́е бо́льше twice as much
  вдво́е ме́ньше half as much
  Мы вдвоём пошли́. The two of us went.
вдова́ widow
вдове́ц widower
*вдоль along (prep. with gen.)
вдохнове́ние inspiration
*вдруг suddenly
вду́мчивость (f.) thoughtfulness
ведро́ (с му́сором) trash can
веду́щий leading, chief
  веду́щий (телепереда́чи) TV-show host, anchor
ведь but, indeed, of course
*ве́жливость (f.) politeness, courtesy
ве́жливый polite, courteous
*везде́ everywhere
*век century, epoch
  Век живи́, век учи́сь. Live and learn.
ве́ксель (m.) promissory note, bill of exchange
*вели́кий great, big
*великоду́шно generously, magnanimously
*великоле́пно splendidly, fine

*велосипе́д bicycle
*ве́на vein
вентиля́тор ventilator, fan
*венча́ть (повенча́ть) to marry (in church)
*ве́ра faith, belief
*верёвка rope, cord, string
ве́рить (пове́рить) to believe, trust
*ве́рно right, correctly
  ве́рно говори́ть to speak correctly
  ве́рно петь to sing on key
  соверше́нно ве́рно quite right
*верну́ть(ся)—see возвраща́ть(ся)
ве́рный correct, right, faithful
  ве́рный друг true friend
вероя́тность (f.) probability
  по всей вероя́тности in all probability
вертика́льно vertically
*верх top, head
  е́здить верхо́м to ride horseback
  одержа́ть (perf.) верх to gain the upper hand
верши́на top, summit
*вес weight, influence
  изли́шек ве́са overweight
  име́ть большо́й вес to be very influential
  приба́вить (perf.) в ве́се to put on weight
  уде́льный вес specific weight or gravity
весели́ться to enjoy oneself
*весёлый cheerful, gay
*весна́ spring
  весно́й in the spring
*вести́, води́ть (повести́) to lead, conduct
  вести́ войну́ to carry on a war
  вести́ дом to manage a household
  вести́ собра́ние to conduct a meeting
  Куда́ ведёт э́та доро́га? Where does this road lead?
  Он о́чень пло́хо ведёт себя́. He behaves badly.
*весь, вся, всё, все all, the whole
  во весь го́лос at the top of one's lungs
  всего́ хоро́шего all of the best
  всё же all the same

всё-таки́   nevertheless
весьма́   very, extremely
*ве́тер   wind, breeze
ве́тхий   decrepit, dilapidated
ве́тхое пла́тье   threadbare clothes
*ве́чер   evening, evening party
ве́чером   in the evening
вечери́нка   evening party
*ве́чный   eternal, everlasting
*ве́шалка   clothes stand, hanger
*ве́шать (пове́сить)   to hang up
ве́шать го́лову   to hang one's head, be dejected
*вещь   (f.) thing
   Вот э́то вещь!   That's something like it!
   Это хоро́шая вещь.   That's a good thing.
взад и вперёд   to and fro
взаи́мно   mutually
взаи́мная по́мощь   mutual aid
взаперти́   locked up
   жить взаперти́   to live in seclusion
взволно́ванно   with emotion, with agitation
*взгляд   look, stare, glance
бро́сить взгляд   to cast a glance
на мой взгляд   in my opinion
на пе́рвый взгляд   on first sight
*вздор   nonsense
вздох   deep breath, sigh
*вздыха́ть (вздохну́ть)   to breathe, heave a sigh, yearn for
*взро́слый   grown-up, adult
взрыв   explosion, outburst
взрыв сме́ха   outburst of laughter
*взять—see брать
*вид   appearance, view
вид из окна́   view from the window
име́йте в виду́   keep in mind, take notice (imperative)
   У вас уста́лый вид.   You look tired.
видеомагнитофо́н   VCR
*ви́деть (уви́деть)   to see
ви́димо   apparently
*ви́дно   visible, clear
   всем бы́ло ви́дно, что   it was clear to everyone that
визи́т   call, visit

прийти́ (perf.) с визи́том к кому́-нибу́дь   to pay someone a visit
*ви́лка   fork
электри́ческая ви́лка   electric plug
вина́   fault, guilt
   Ва́ша вина́.   It's your fault.
свали́ть (perf.) вину́ на кого́-ли́бо   to put the blame on someone
виндсерфинг   wind-surfing
*вино́   wine
*винова́тый   guilty
   Я винова́т.   It's my fault.
виногра́д   grapes
*висе́ть   to hang, be suspended
   Пальто́ виси́т в шкафу́.   The coat is hanging in the closet.
витри́на   display window
*ви́шня   cherry
вкла́дывать (вложи́ть)   to put in, insert
вкла́дывать в конве́рт   to enclose in an envelope
вкла́дывать всю ду́шу во что́-ли́бо   to put one's whole soul into something
*включа́ть (включи́ть)   to include, insert
включа́ть ра́дио   to switch on the radio
*вкус   taste
быть го́рьким на вкус   to taste bitter
одева́ться со вку́сом   to dress tastefully
челове́к со вку́сом   a man of taste
   Это не по моему́ вку́су.   That's not to my taste.
вку́сный   tasty
владе́ть   to own, possess, control
владе́ть аудито́рией   to hold one's audience
владе́ть свое́й те́мой   to be master of one's subject
владе́ть собо́й   to control oneself
*власть   (f.) power, authority, rule
*влия́ние   influence, authority
влия́ть (повлия́ть)   to influence
влюблённый   in love
влюблённая па́ра   loving couple

*влюбля́ться (влюби́ться) to fall in love
вме́сте together
*вме́сто instead of (prep. with gen.)
вме́шиваться (вмеша́ться) to implicate, interfere
   вме́шиваться в чужи́е дела́ to meddle with other people's business
*внача́ле at first, in the beginning
*вне outside (prep. with genitive)
   вне зако́на illegal
   вне себя́ от ра́дости beside oneself with joy
   вне сомне́ния without a doubt
вне́шний outward, outer
   вне́шний вид outer appearance
   вне́шняя поли́тика foreign policy
вниз down, downward
   спуска́ться вниз to go down, descend
*внизу́ below
   Он внизу́. He is down below.
*внима́ние attention
   обрати́ть внима́ние to pay attention
внима́тельно carefully, attentively
*внук grandson
вну́тренний inner, internal
   вну́тренние боле́зни internal diseases
   вну́тренние причи́ны intrinsic causes
*внутри́ inside, within (prep. with gen.)
*во вре́мя during (prep. with gen.)
во́время on time
*во́все quite
   во́все не not at all
*вода́ water
   как с гу́ся вода́ like water off a duck's back
*води́ть, вести́ (повести́) to lead, conduct
*во́дка vodka
водоворо́т whirlpool
водоро́д hydrogen
возбужда́ть (возбуди́ть) to excite, arouse
   возбужда́ть аппети́т to stimulate the appetite

возбужда́ть наде́жды to raise hopes
возбуждённый excited
*возвраща́ть (верну́ть) to return, give back
возвраща́ться (верну́ться) to return, come back
*во́здух air
возду́шный airy
   возду́шные за́мки castles in the air
   возду́шный ша́рик balloon
*вози́ть, везти́ to carry, transport (by conveyance)
*возмо́жно possible, it may be likely
   возмо́жно скоре́е as soon as possible
   ско́лько возмо́жно as much as possible
возмо́жность (f.) possibility, opportunity
   материа́льные возмо́жности means (financial)
во́зраст age
   одного́ во́зраста of the same age
*война́ war
   «Война́ и мир» "War and Peace"
*войти́—see входи́ть
*вокза́л railway station
*вокру́г round, around (prep. with gen.)
   верте́ться вокру́г да о́коло to beat around the bush
*волна́ wave
волне́ние agitation, emotion
   быть в волне́нии to be agitated
   На о́зере волне́ние. The lake is rough.
*во́лосы hair
*во́льность (f.) liberty, freedom
   позволя́ть себе́ во́льности to take liberties
   поэти́ческая во́льность poetic license
вольфра́м tungsten
*во́ля will
   име́ть си́лу во́ли to have will power
   Он на во́ле. He is free (from captivity).
   по до́брой во́ле voluntarily

*воображать (вообразить) to
  imagine, fancy
воображение imagination
вообразить—see воображать
*вообще in general, altogether
  вообще говоря generally
  speaking
  Он вообще такой. He is always
  like that.
*вопрос question
  вопрос жизни и смерти matter
  of life or death
  Вопрос не в этом. That is not the
  question.
  остаться (perf.) под вопросом to
  remain undecided
  спорный вопрос moot point
*ворота gates
*воротник collar
восемнадцать eighteen
восемнадцатый eighteenth
восемь eight
восклицать (воскликнуть) to
  exclaim
воскресение resurrection
*воскресенье Sunday
воспитание upbringing, training
воспитывать (воспитать) to bring
  up, educate, train
воспользоваться (perf.) to take
  advantage of, profit by
  воспользоваться случаем to
  take advantage of the opportunity
воспоминание recollection,
  reminiscence
  Осталось одно воспоминание.
  All that is left is memory.
воспрещать(ся) (воспретить) to
  prohibit
  вход воспрещается no
  admittance
  курить воспрещается no
  smoking
восток east
восторг delight, enthusiasm
  быть в восторге to be in raptures
*восхитительный delightful,
  exquisite
восьмидесятый eightieth
восьмой eighth
*вот here is, here are
  Вот как! Is that so!

вот почему that's why
  Вот пример. Here is an example.
впервые for the first time, first
*вперёд forward, in the future
  платить вперёд to pay in
  advance
  Часы идут вперёд. The clock is
  fast.
впереди in front, before
  У него ещё целая жизнь впереди.
  His whole life is before him.
*впечатление impression, effect
вполголоса in an undertone, under
  one's breath
вполне quite, fully
  вполне достаточно quite enough
  вполне заслужить fully deserve
  вполне успокоенный fully
  reassured
впускать (впустить) to let in,
  admit
*враг enemy, foe
*врач physician, doctor
*вредно harmful, injurious
  Ему вредно курить It's bad for
  him to smoke.
*время time
  вовремя on time
  во все времена at all times
  время года season
  Время покажет. Time will tell.
  всё время all the time
  в скором времени soon
  за последнее время lately
всевозможный all kinds of, every
  possible sort
  всевозможные средства every
  possible means
всегда always
всерьёз seriously, in earnest
всё-таки all the same, nevertheless
вскакивать (вскочить) to jump
  onto, leap up
  вскочить на ноги to jump to
  one's feet
вскипать (вскипеть) to boil up
*вслух aloud
*вспоминать (вспомнить) to
  recollect, recall
вспомнить—see вспоминать
вспотеть—see потеть
вставать (встать) to get up, rise

Встал вопро́с. The question
  arose.
  встать гру́дью за что́-нибудь to
    stand up staunchly for something
  встать на но́ги to become
    independent
встать—see **встава́ть**
встре́ча meeting, reception
  при встре́че с ке́м-нибудь on
    meeting someone
  оказа́ть раду́шную встре́чу to
    give a hearty welcome to
встре́тить(ся)—see **встреча́ть(ся)**
встреча́ться (встре́титься) to
  meet
  встреча́ть госте́й to welcome
    one's guests
  встреча́ть ла́сковое отноше́ние
    to meet with kindness
  встреча́ться с затрудне́ниями to
    meet with difficulties
вступа́ть (вступи́ть) to enter, join
  вступа́ть в до́лжность to assume
    office
  вступа́ть в спор to enter into an
    argument
  вступа́ть в си́лу to come into
    effect
вступи́ть—see **вступа́ть**
вся́кий any, every
  во вся́кое вре́мя at any time
  во вся́ком слу́чае at any rate
  Вся́кое быва́ет. Anything is
    possible.
  вся́кий раз each time
  на вся́кий слу́чай just in case
вта́йне in secret
вта́лкивать (втолкну́ть) to push,
  shove (into something)
втолкну́ть—see **вта́лкивать**
вто́рник Tuesday
  во вто́рник on Tuesday
  по вто́рникам every Tuesday, on
    Tuesdays
второ́й second
вход entrance
  пла́та за вход admission fee
входи́ть (войти́) to enter, go or
  come in (on foot)
  войти́ в исто́рию to go down in
    history
  входи́ть в долги́ to get into debt

входи́ть в привы́чку to become a
  habit
входи́ть в соглаше́ние to enter
  into an agreement
вчера́ yesterday
  иска́ть вчера́шнего дня to run a
    wild-goose chase
въезд entrance, entry
въезжа́ть (въе́хать) to drive in,
  enter (by vehicle)
въе́хать—see **въезжа́ть**
вы you (plural, or polite form)
выбира́ть (вы́брать) to choose,
  select
вы́брать—see **выбира́ть**
вы́бор choice, selection
  У него́ нет вы́бора. He has no
    choice.
выбра́сывать (вы́бросить) to
  throw out, reject
  вы́бросить из головы́ to put out
    of one's head
  вы́бросить това́р на ры́нок to
    throw goods on the market
вы́годно advantageously, it is
  profitable
выдава́ть (вы́дать) to distribute
  give out
выделе́ние isolation (chem.)
вы́делить(ся)—see **выделя́ть(ся)**
выделя́ть(ся) (вы́делить(ся)) to
  single out, to isolate
вы́держать—see **выде́рживать**
выде́рживать (вы́держать) to
  sustain, endure
  вы́держать экза́мен to pass an
    examination
  вы́держать хара́ктер to stand
    firm
  Он не вы́держал и запла́кал. He
    broke down and cried.
  **Он не мог э́того бо́льше
    вы́держать.** He could not stand
    it any longer.
вы́держка self-control,
  endurance
вы́думанный made-up, invented
выду́мывать (вы́думать) to
  invent, fabricate
вы́звать—see **вызыва́ть**
вызыва́ть (вы́звать) to call, send
  for, challenge

14

вы́звать на дуэ́ль　to challenge to a duel

вызыва́ть из ко́мнаты　to call out of the room

вы́звать любопы́тство　to provoke curiosity

вы́играть—see **выи́грывать**

выи́грывать (вы́играть)　to win

вы́играть де́ло　to win one's case

От э́того он то́лько вы́играет.　He will only benefit from that.

вы́йти—see **выходи́ть**

вы́кройка　sewing pattern

вылива́ть (вы́лить)　to pour out, empty

вы́лить see **вылива́ть**

вынима́ть (вы́нуть)　to pull out, draw out

вы́нуть—see **вынима́ть**

вы́нудить—see **вынужда́ть**

вынужда́ть (вы́нудить)　to compel, make

вынужда́ть призна́ние　to force admission or recognition

выпа́ривание　evaporation, steaming

вы́парить—see **па́рить**

вы́пить—see **пить**

выполне́ние　fulfillment, realization

вы́полнить—see **выполня́ть**

*****выполня́ть (вы́полнить)**　to carry out, fulfill

выполня́ть жела́ния　to fulfill wishes

выполня́ть свои́ обя́занности　to carry out one's duties

вы́пуск　graduating class

выпускни́к　senior (in high school), graduate

выраба́тывать (вы́работать)　to manufacture, work out

вы́работать—see **выраба́тывать**

*****выража́ть(ся) (вы́разить(ся))**　to express (oneself), voice

выража́ть слова́ми　to put into words

Мне тру́дно выража́ться по-ру́сски.　It is difficult to express myself in Russian.

мя́гко выража́ясь　to put it mildly

выраже́ние　expression

идиомати́ческое выраже́ние　idiomatic expression

Он знал по выраже́нию её лица́.　He knew by her look.

вы́разить(ся)—see **выража́ть(ся)**

выраста́ть (вы́расти)　to grow up, increase

вы́расти́ на 20%　to increase by 20%

вы́расти—see **выраста́ть**

выска́кивать (вы́скочить)　to jump out, leap out

вы́скочить—see **выска́кивать**

высо́кий　(adj.) high, tall

высо́кий челове́к　tall fellow

высо́кие це́ли　lofty aims

*****высоко́**　(adv.) high

высота́　height

вы́ставка　exposition, display

вы́стирать—see **стира́ть**

вы́стрел　shot

высу́шивать (вы́сушить)　to dry

вы́сушить—see **высу́шивать**

*****вы́сший**　highest

вы́тереть—see **вытира́ть**

вытира́ть (вы́тереть)　to wipe dry

выу́чивать (вы́учить)　to learn, teach

вы́учить наизу́сть　to learn by heart

вы́учить—see **выу́чивать**

*****вы́ход**　exit, way out, coming out

вы́ход на у́лицу　exit to street

по́сле вы́хода кни́ги　after the book had appeared

У него́ не́ было друго́го вы́хода.　He had no other way out.

выходи́ть (вы́йти)　to go out (on foot)

вы́йти из мо́ды　to go out of fashion

вы́йти в отста́вку　to resign, retire

вы́йти за́муж　to get married (of women)

выходи́ть и́з дому　to go out of the house

Из э́того ничего́ не вы́йдет.　Nothing will come of it.

Кни́га уже́ вы́шла.　The book was already published.

Окно́ выхо́дит в сад.　The window faces the garden.

выходно́й день day off
вычита́ние subtraction
вяза́ть (связа́ть) to knit, crochet,
  bind up
вя́ло limply, sluggishly

Г

гада́лка fortune-teller
га́дость (f.) filth, muck
  сде́лать (perf.) га́дость кому́-либо
    to play a dirty trick on someone,
    double-cross
газ gas, gauze, gossamer
газе́та newspaper
газоли́н gasoline
гала́нтный gallant
газо́н lawn, grass
га́йка nut (screw)
галере́я gallery
галло́н gallon
гало́ша overshoes, rubbers (pl.)
га́лстук necktie
гара́ж garage
гаранти́ровать to guarantee
гара́нтия guarantee, security
гардеро́б wardrobe
гармо́ния harmony
гармони́ст accordion player
гарни́р garnish, vegetables served
  with main course
гастроно́м grocery store
*__где́__ where–location
  где́-то somewhere
  где́-нибудь anywhere
гениа́льность (f.) genius, greatness
*__ге́ний__ (noun, m.) genius
геогра́фия geography
геоме́трия geometry
*__геро́й__ (noun, m.) hero
ги́бкий flexible, pliant
ги́бнуть (поги́бнуть) to perish
гига́нтский gigantic
  дви́гаться гига́нтскими шага́ми
    to progress at a great rate
гипно́з hypnosis
*__гита́ра__ guitar
*__глава́__ head, chief; chapter
  глава́ прави́тельства head of the
    government

  стоя́ть во главе́ to be at the head
    of
*__гла́вный__ main, chief
*__глаго́л__ verb
*__гла́дить (погла́дить)__ to iron,
    press, caress
гла́дкий smooth, even, sleek
  гла́дкая доро́га smooth road
  гла́дкий материа́л solid-color
    material
*__глаз__ eye
*__глота́ть__ to swallow, gulp
  глота́ть слёзы to choke down
    one's tears
глото́к one swallow, mouthful
*__глубо́кий__ deep
  занима́ться до глубо́кой но́чи
    to work until late at night
  глубо́кая печа́ль deep
    sorrow
  глубо́кая таре́лка soup plate
глубоко́ deeply, profoundly
*__глу́пость__ (f.) foolishness
глу́пый foolish, stupid
*__глухо́й__ deaf
  глухо́й лес dense forest
  глуха́я ночь still night
  Он глух к мои́м про́сьбам. He is
    deaf to my entreaties.
  Он соверше́нно глух. He is
    completely deaf.
гляде́ть (погляде́ть) to look at,
    gaze at
гнев anger, ire
гнездо́ nest
гнуть (согну́ть) to bend, drive
  гнуть спи́ну перед ке́м-либо to
    kowtow to someone
  Я ви́жу, куда́ он гнёт. I see what
    he is driving at.
*__говори́ть (сказа́ть)__ to say, tell
  говори́ть по-ру́сски to speak
    Russian
  говоря́т they say
  Он говори́т, что он бо́лен. He
    says he is ill.
  Он сказа́л, что он бо́лен. He
    said he is ill.
*__год__ year
годи́ться to be fit for, serve
  ни на что́ не годи́тся not fit for
    anything

Он не годи́тся в учителя́. He is
not suited to be a teacher.

годовщи́на anniversary

*****голова́** head, mind

Мне пришла́ в го́лову мысль. A
thought occurred to me.

потеря́ть (perf.) **го́лову** to lose
one's head

челове́к с голово́й a man with
sense

*****го́лод** hunger

умира́ть с го́лоду to starve to
death

голо́дный hungry

*****го́лос** voice

в оди́н го́лос unanimously

пра́во го́лоса the right to vote

го́лый naked, bald

го́лые но́ги bare legs

спать на го́лом полу́ to sleep on
the bare floor

гоня́ть to drive, chase

*****гора́** mountain

ходи́ть по гора́м to climb
mountains

*****гора́здо** much, by far

гора́здо лу́чше much better

го́рдый proud

*****го́ре** grief, misfortune

*****горе́ть (сгоре́ть)** to burn, shine

горе́ть в жару́ to burn with fever

горе́ть жела́нием to burn with
desire

дом гори́т. The house is burning.

горизонта́льно horizontally

*****го́рло** throat

во всё го́рло at the top of one's
lungs

*****го́род** town, city

за́ город out of town (direction)

за го́родом out of town (location)

горо́ско́п horoscope

горо́шек peas

горчи́ца mustard

*****го́рький** bitter

*****горя́чий** hot, passionate (objects
or emotions)

горя́чее жела́ние ardent wish

горя́чий ко́фе hot coffee

горя́чее сочу́вствие heartfelt
sympathy

го́спиталь (m.) hospital

господи́н Mr., sir

госпожа́ Mrs., lady

гости́ная living room

гости́ница hotel

*****гость** (m.) guest

У нас сего́дня го́сти. We have
company today.

ходи́ть в го́сти to visit

госуда́рство state

*****гото́вить (пригото́вить)** to
prepare, make ready, cook

гото́вить кни́гу к печа́ти to
prepare a book for the press

гото́вить уро́к to do a lesson

Она́ хорошо́ гото́вит. She is a
good cook.

гото́виться (пригото́виться) to
prepare oneself

гото́вый ready, prepared

гото́вое пла́тье ready-made
clothes

Обе́д гото́в. Dinner is ready.

Он гото́в на всё. He is ready to
do anything.

гра́дус degree

у́гол в 60 гра́дусов angle of 60
degrees

Сего́дня 10 гра́дусов тепла́. The
temperature is 10 degrees above
zero today.

граждани́н, гражда́нка citizen
(m., f.)

грамма́тика grammar

гра́мотность (f.) literacy

грани́ца boundary, border

вы́йти из грани́ц to overstep the
limits

за грани́цу abroad

грацио́зный gracefully

гребешо́к comb

*****греть (согре́ть)** to warm up, heat

греть суп to warm up the soup

*****грех** sin

гре́шный sinful

гриб mushroom

*****гроза́** thunderstorm, tempest

гро́зный terrible, threatening

грома́дный enormous

гро́мкий loud

*****гро́мко** loudly

гру́бый rough, coarse

гру́бая мате́рия coarse material

грýбая оши́бка   flagrant error
грýбый вкус   bad taste
грýбое слóво   rude word
*грудь   (f.) breast, chest, bosom
грýппа   group
*грусти́ть   to be sad, melancholy
грýстный   sad, melancholy
  У негó грýстное настроéние.   He is in low spirits.
грýша   pear
гря́зный   dirty, muddy
*грязь   (f.) dirt, filth
*губá   lip
*гуля́ть (погуля́ть)   to walk, take a stroll
гуманита́рный   humanitarian
*густóй   thick, dense
  густы́е брóви   bushy eyebrows
  густóй лес   dense forest
  густы́е сли́вки   heavy cream
  густóй тумáн   heavy fog

Д

*да   yes
да   and, but
  да ещё   and what is more
  он да я   he and I
  Он охóтно сдéлал бы э́то, да у негó нет врéмени.   He would gladly do it, but he has no time.
давáй, давáйте   let us (with inf.)
*давáть (дать)   to give, allow
  давáть своё соглáсие   to give one's consent
  дать концéрт   to give a concert
  дать мéсто   to make room for
  Емý не дáли говори́ть.   They didn't let him speak.
давлéние   pressure
  высóкое давлéние   high pressure
  окáзывать давлéние   to put pressure on
  под давлéнием   under pressure
*давнó   long ago, for a long time
  давны́м-давнó   long ago
  Ужé давнó порá уходи́ть.   It is high time to go.
*дáже   even
далёкий   distant, remote

далёкое прóшлое   remote past
  Они́ далёкие друг дрýгу лю́ди.   They have little in common.
*далекó   far
  далекó за пóлночь   long after midnight
  Он далекó не дурáк.   He is far from being a fool.
*дальнозóркий   farsighted
*дáльше   farther
*дáма   lady
дáнные   data
дар   gift
дари́ть (подари́ть)   to give a present
*дáром   gratis, in vain
  Весь день дáром пропáл.   The whole day has been wasted.
  Он э́того и дáром не возьмёт.   He wouldn't even have it as a gift.
*дать—see давáть
*дáча   country house, summer cottage
  éхать на дáчу   to go to the country
  на дáче   in the country
два, две   two
  кáждые два дня   every other day
двáдцать   twenty
двадцáтый   twentieth
двенáдцать   twelve
двенáдцатый   twelfth
*дверь   (f.) door
  поли́тика откры́тых дверéй   open-door policy
  при закры́тых дверя́х   in private, closed hearing
двéсти   two hundred
дви́гатель   (m.) motor
*дви́гат(ся) (дви́нуть(ся))   to move, set in motion
*движéние   motion, movement, traffic
  мнóго движéния на дорóге   a lot of traffic on the road
  Он вéчно в движéнии.   He is always on the move.
  рабóчее движéние   working class movement
дви́нуть(ся)—see дви́гать(ся)
двóе   two (collective)
  Их двóе.   There are two of them.

двойно́й   double, twofold

двою́родный брат, двою́родная сестра́   first cousin (m., f.)

двуспа́льная крова́ть   double bed

*__де́вушка__   young girl (unmarried)

де́вочка   little girl

девяно́сто   ninety

девяно́стый   ninetieth

девятна́дцать   nineteen

девятна́дцатый   nineteenth

де́вять   nine

девятсо́т   nine hundred

девя́тый   ninth

*__де́душка__   (m.) grandfather

де́душка моро́з   Santa Claus (Grandfather Frost)

дежу́рить   to be on duty

*__де́йствие__   action, act, effect

Де́йствие происхо́дит в Москве́.   The action takes place in Moscow.

ока́зывать де́йствие   to have an effect on

приводи́ть в де́йствие   to put into action

пье́са в трёх де́йствиях   play in three acts

*__действи́тельно__   really, actually

де́йствовать (поде́йствовать)   to act, operate, function

де́йствовать на не́рвы   to get on one's nerves

Как де́йствовать да́льше?   What is to be done next?

Лека́рство уже́ де́йствует.   The medicine is already taking effect.

дека́брь   (m.) December

декольте́   low-necked (dress)

де́лать (сде́лать)   to do, make

де́лать вид, что   to pretend

де́лать визи́т   to pay a visit

де́лать докла́д   to make a report

де́лать кого́-либо счастли́вым   to make someone happy

де́лать рабо́ту   to do work

де́лать шля́пы   to make hats

не́чего де́лать   nothing to do

де́латься (сде́латься)   to become, grow

Там де́лаются стра́нные ве́щи.   Strange things happen there.

Что с ним сде́лалось?   What has happened to him?

деле́ние   division

делика́тность   (f.) gentleness, fact

*__дели́ть (раздели́ть)__   to divide

дели́ть попола́м   to divide in half

раздели́ть два́дцать на пятц   to divide twenty by five

дели́ться (раздели́ться)   to divide (into), share

дели́ться впечатле́ниями   to share impressions, compare notes

Она́ всём де́лится со мной.   She shares everything with me.

Река́ де́лится на два рукава́.   The river divides into two arms.

*__де́ло__   matter, business

В том-то и де́ло.   That's the point.

В чем де́ло?   What's the matter?

говори́ть по де́лу   to speak about business

де́ло в том, что   the fact is, that

де́ло ми́ра   cause of peace

Как дела́?   How are things?

на са́мом де́ле   as a matter of fact

У меня́ мно́го дел.   I have many things to do.

Это моё де́ло.   That is my affair.

*__день__   (m.) day

в два часа́ дня   at two o'clock in the afternoon

в оди́н прекра́сный день   one fine day

день рожде́ния   birthday

днём   in the daytime

со дня на́ день   from day to day

че́рез де́нь   every other day

*__де́ньги__   (pl.) money

дереве́нский   village, country (adj.)

*__дере́вня__   village, country

в дере́вне   in the country

*__де́рево__   tree

деревя́нный   wooden

*__держа́ть__   to hold, keep

держа́ть в ку́рсе собы́тий   to inform about a current situation

держа́ть в та́йне   to keep a secret

держа́ть кого́-нибудь за́ руку   to hold someone by the hand

держа́ть пари́   to make a bet

держа́ть сло́во   to keep one's word

держа́ть экза́мен   to take an exam

держа́ться   to hold on, stick to

держа́ться на нога́х to keep on
  one's feet
держа́ться того́ взгля́да to hold
  to the opinion
Держи́сь! Hold steady!
Пу́говица де́ржится на ни́точке.
  The button is hanging by a thread.
де́рзкий impudent, insolent, daring,
  fresh
де́рзость (f.) impudence, insolence
десе́рт dessert
деся́тка ten-ruble bill
де́сять ten
деся́тый tenth
*дета́ль (f.) detail
дета́льно in detail
детекти́в mystery (film, book);
  detective
*де́ти children
де́тский child's, children's
  де́тский городо́к playground
  детский сад kindergarten
*де́тство childhood
  впада́ть в де́тство to be in one's
    second childhood
  с де́тства from childhood
дефе́кт defect, blemish
*дёшево cheaply
  дёшево отде́латься to get off
    cheap
  Это дёшево сто́ит. It is worth
    little.
дешёвый inexpensive
джентльме́н gentleman
диа́гноз diagnosis
диагона́льно diagonally
диале́кт dialect
дива́н divan, sofa
дие́та diet
  соблюда́ть дие́ту to be on a diet
ди́кий wild, savage
дикто́вка dictation
  писа́тьподдикто́вку to take
    dictation
ди́ктор announcer
дисково́д для ги́бких ди́сков
  floppy disk drive
*дире́ктор director, manager
дирижёр conductor of an orchestra
дирижи́ровать to conduct an
  orchestra
дисбала́нс imbalance

диску́ссия discussion, debate
*дисципли́на discipline
*длина́ length
дли́нный long (distance)
*для for, intended for (prep. with
  gen.)
дно bottom
*до as far as, until, up to, before
  (with genitive)
  до сих пор until this time
  до свида́ния goodbye
  от ... до ... from ... to ...
доба́вить—see добавля́ть
добавле́ние addition, supplement
*добавля́ть (доба́вить) to add to,
  supplement
*добро́ good
  де́лать кому́-либо добро́ to be
    good to someone
  Он жела́ет вам добра́. He wishes
    you well.
*доброво́лец volunteer
доброво́льно voluntarily, by one's
  own will
доброде́тель (f.) virtue
*доброду́шный good-natured
доброта́ kindness, goodness
*до́брый good, kind
  бу́дьте добры́ would you be so
    kind
  всего́ до́брого all the best
  до́брый ве́чер good evening
  до́брый день good afternoon
  до́брое у́тро good morning
*дове́рие faith, confidence, trust
дове́рить—see доверя́ть
дове́рчивость (f.) trustfulness
доверя́ть (дове́рить) to entrust,
  commit
*дово́льно enough, rather
  Дово́льно! Enough! That will do.
  Он дово́льно хорошо́ говори́т.
    He speaks rather well.
дово́льный satisfied, pleased with
*догада́ться—see дога́дываться
дога́дываться (догада́ться) to
  guess, surmise
*догна́ть—see догоня́ть
договори́ться (perf.) to come to
  an understanding
*догово́р agreement, contract,
  treaty

догоня́ть (догна́ть) to catch up, gain on

*доезжа́ть (дое́хать) to get as far as, reach (by vehicle)

Он не дое́хал до го́рода. He didn't reach the city.

дое́хать—see доезжа́ть

*дождеви́к raincoat

*дождь (m.) rain

Дождь идёт. It is raining.

до́за dose

доказа́тельство proof, evidence

доказа́ть—see дока́зывать

*дока́зывать (доказа́ть) to prove, show

счита́ть дока́занным to take for granted

Это дока́зывает его́ вину́. This proves his guilt.

*докла́д lecture, paper, report

де́лать докла́д to make a report, give a talk

до́ктор doctor

документа́льный documentary (film)

*долг debt

брать в долг to borrow

входи́ть в долги́ to get into debt

долг че́сти debt of honor

плати́ть долг to pay a debt

*до́лго for a long time

*до́лжен, должна́, должно́, должны́ to owe, have to, be obliged to, must

должно́ быть probably

Ско́лько мы вам должны́? How much do we owe you?

Я должна́ написа́ть пи́сьма. I must write letters.

до́ллар dollar

*дом house, home

до́ма at home

Дом моде́лей house of couture

домо́й homeward (direction toward)

и́з дому out of the house

дополни́тельный additional, supplementary

*доро́га road, way

в доро́ге on a trip

да́льняя доро́га long journey

желе́зная доро́га railroad

Нам с ва́ми по доро́ге. We go the same way.

по доро́ге туда́ on the way there

до́рого expensively

*дорого́й dear, expensive

дорого́й мой my dear

Она́ ему́ дорога́. She is dear to him.

доса́да vexation, annoyance

с доса́ды out of vexation

доска́ board, blackboard

от доски́ до доски́ from cover to cover

*достава́ть (доста́ть) to get, obtain, reach

доста́точно enough

доста́ть—see достава́ть

достига́ть (дости́гнуть) to reach, attain (with genitive)

достига́ть бе́рега to reach land

достига́ть свое́й це́ли to attain one's objectives

дости́гнуть—see достига́ть

*достиже́ние achievement

досто́инство dignity, value

моне́та ма́лого досто́инства a coin of small denomination

чу́вство со́бственного досто́инства self-respect

досто́йный deserving, worthy

досу́г leisure

на досу́ге at leisure

до́сыта to one's heart's content

нае́сться (perf.) до́сыта to eat one's fill

*дохо́д profit, return

*дочь (f.) daughter

драгоце́нность (f.) jewel, treasure

драгоце́нный precious

*дра́ма drama

*дра́ться (imp.) to fight

дрема́ть to dose, drowse

дрова́ (pl.) firewood

*дрожа́ть (imp.) to quiver, shake

дрожа́ть за кого́-либо to tremble for someone's safety

дрожа́ть от ра́дости to thrill with joy

дрожа́ть от хо́лода to shiver with cold

*друг friend

each other
to each other
друг о дру́ге   about each other
*друго́й   other, another, different
други́ми слова́ми   in other words
и тот и друго́й   both
оди́н за други́м   one after another
Он мне каза́лся други́м.   He
   seemed different to me.
с друго́й стороны́   on the other
   hand
*дру́жба   friendship
дру́жеский   friendly
по-дру́жески   in a friendly way
*ду́мать (поду́мать)   to think,
   believe
дура́к   fool
ду́рно   badly
дурно́й   evil, ill
*дуть   (imp.) to blow
Ве́тер ду́ет.   It's windy.
Здесь ду́ет.   There's a draft here.
*дух   spirit, courage
быть не в ду́хе   to be out of
   spirits
злой дух   evil spirit
не в моём ду́хе   not to my taste
па́дать ду́хом   to lose courage
духи́   perfume, scent
духо́вка   oven
духо́вный   spiritual
духо́вная жизнь   spiritual life
душ   shower
*душа́   soul
в глубине́ души́   at heart
всей душо́й   with all one's heart
   and soul
говори́ть с душо́й   to speak with
   feeling
ско́лько душе́ уго́дно   to one's
   heart's content
ду́шно   stuffy
дуэ́т   duet
*дым   smoke
Нет ды́ма без огня́.   Where
   there's smoke there's fire.
ды́ня   melon
дыра́, ды́рка   hole
дыха́ние   breathing
*дыша́ть   (imp.) to breathe
*дю́жина   dozen
*дя́дя   (m.) uncle

Е Ё

европе́йский   European
*его́, её, его́   his, hers, its
*еда́   food
во вре́мя еды́   while eating
*едва́   hardly, just
Он едва́ на́чал говори́ть.   He had
   just begun to speak.
Он едва́ не упа́л.   He nearly fell.
Он едва́ подня́л э́то.   He could
   hardly lift it.
единообра́зие   uniformity
еди́нственно   only
еди́нственно возмо́жный спо́соб
   the only possible way
*еди́нственный   only, sole
ежего́дно   annually
ежедне́вно   daily
*е́здить, е́хать   (imp.) to go (ride,
   travel)
ёлка   fir tree, Christmas tree
ёлочный база́р   Christmas tree
   market
ерунда́   nonsense!
*е́сли   if
*есте́ственный   natural
*есть (съесть)   to eat
Я хочу́ есть.   I want to eat.
*есть   to be (present tense), is, are
е́хать—see е́здить
*ещё   more, still, yet
Ещё бы!   And how!
ещё по стака́нчику   another glass
   each
ещё раз   once again
Он ещё не ел.   He hasn't eaten yet.
Он пока́ ещё оста́нется здесь.
   He'll stay here for the time being.
Хоти́те ещё ко́фе?   Would you
   like more coffee?
Что ещё?   What else?

Ж

жа́дный   greedy
жа́жда   thirst, craving
возбужда́ть жа́жду   to make
   thirsty

жа́жда зна́ний thirst for knowledge

*жале́ть (пожале́ть) to regret, be sorry

жа́лкий pitiful, wretched

жа́лоба complaint

жа́лованье salary

*жа́ловаться (пожа́ловаться) to complain

жа́лость (f.) pity

*жаль It is a pity.

Ему́ жаль куска́ хле́ба. He grudges a bit of bread.

Как жаль! What a shame!

Очень жаль. It's a great pity.

жар heat, fever

говори́ть с жа́ром to speak with fervor

У него́ жар. He has a fever.

жара́ heat

жа́реный fried

жа́рить(ся) to fry

жа́ркий hot, ardent

жа́ркий кли́мат hot climate

жа́ркий спор heated discussion

*жа́рко hot (of weather or room temperature)

жарко́е roast meat, pot roast

*ждать (подожда́ть) to wait

Вре́мя не ждёт. There's no time to be lost.

Она́ его́ ждёт. She is waiting for him.

жела́ние desire, wish

*жела́ть (пожела́ть) to wish, covet

железа́ gland

*желе́зный ferrous

желе́зная доро́га railroad

желе́зная дисципли́на iron discipline

желе́зо iron

желто́к egg yolk

жёлтый yellow

желу́док stomach

жёмчуг pearl

*жена́ wife

жена́тый married (of men)

*жени́ться (пожени́ться) to marry (of men)

же́нский feminine, womanish

*же́нщина woman

же́ртва sacrifice, victim

жест gesture

жесто́кий cruel, brutal

жесто́кость (f.) cruelty

жечь (сжечь) to burn (down, up)

жи́во vividly, with animation

*живо́й live, animated, vivacious

жив и здоро́в safe and sound

живо́й ум lively wit

живо́й язы́к living language

живы́е кра́ски vivid colors

живы́е цветы́ natural flowers

жи́вопись (f.) painting

живо́тное (noun) animal

жи́дкий liquid, fluid (adj.)

жи́дкость (f.) liquid, fluid

жи́зненность (f.) vitality

*жизнь (f.) life

борьба́ за жизнь struggle for existence

вопро́с жи́зни и сме́рти matter of life or death

о́браз жи́зни way of life

проводи́ть что́-либо в жизнь to put something into practice

*жили́ще dwelling, living quarters

жир fat, grease

*жи́рный fat, greasy, rich

жи́рная земля́ rich soil

жи́рное пятно́ grease spot

жи́тель inhabitant, resident

*жить to live

жре́бий fate, destiny, lot

Жре́бий пал на него́. The lot fell to him.

тяну́ть жре́бий to draw lots

жу́лик rogue, swindler

журна́л periodical, magazine

журнали́ст journalist

З

*за for, behind, beyond—direction (with acc.) behind, beyond, after; for—location (with instrumental)

бежа́ть за ке́м-либо to run after someone

боро́ться за свобо́ду to fight for freedom

быть за мир to be for peace

день за днём day after day

За ваше здоровье To your health (toast)

за обедом during dinner

за последнее время recently

Кошка была за шкафом. The cat was behind the bureau.

купить за десять рублей to buy for ten rubles

Она пошла за угол. She went around the corner.

Она сидит за столом. She is sitting at the table.

Он счастлив за неё. He is happy for her sake.

Он уехал за город. He went out of town.

Они живут за городом. They live out of town.

послать (perf.) **за доктором** to send for the doctor

садиться за стол to sit down at the table

забава amusement

забавный amusing, funny

забастовка strike

*****заблудиться** to get lost, lose oneself

заблуждаться to err, be mistaken

*****заболеть** (perf.) to fall ill

забота anxiety, trouble

*****забывать (забыть)** to forget

забыть—see **забывать**

заведовать to manage, to head

Он заведует школой. He heads the school.

завидовать (позавидовать) to envy

Я не завидую вам. I don't envy you.

зависеть to depend (on)

Это зависит от обстоятельств. It depends on circumstances.

зависимость (f.) dependence

завистливый envious

зависть (f.) envy

завлекать (завлечь) to entice, seduce

завлечь—see **завлекать**

*****завод** plant, works, factory

*****завтра** tomorrow

*****завтрак** breakfast

на завтрак for breakfast

завтракать (позавтракать) to have breakfast

*****завязать**—see **завязывать**

завязывать (завязать) to tie up, knot.

*****загадка** riddle

загар suntan, sunburn

заговор plot, conspiracy

заговорить (perf.) to start to talk

загорать to sunbathe

загореть (perf.) to get a tan

*****заграница** foreign countries

загрязнение окружающей среды pollution of the environment

*****задавать (задать)** to give, set

задавать вопрос to ask a question

задавать тон to set the fashion

задать—see **задавать**

задание task, mission

*****задача** problem

задержать—see **задерживать**

задерживать (задержать) to detain, delay

Его задержали. He was delayed.

задержать дыхание to hold one's breath

задержать уплату to hold back payment

*****задний** back, hind

задолго long in advance

задумчивость (f.) pensiveness

задуматься (perf.) to become thoughtful

зажечь—see **зажигать**

заживать (зажить) to heal

*****зажигать (зажечь)** to light, set fire to

зажигалка cigarette lighter

зажить—see **заживать**

заинтересоваться (perf.) to become interested in

зайти—see **заходить**

*****заказ** order

*****заказывать (заказать)** to order something to be made or done

заказать—see **заказывать**

*****закат** sunset

закипать (закипеть) to begin to boil

закипеть—see **закипать**

заключа́ть (заключи́ть) to conclude, infer

заключа́ть догово́р to conclude a treaty

заключа́ть речь to finish a speech

из ва́ших слов я заключа́ю from what you say I can conclude

Из чего́ вы заключа́ете? What makes you think that?

заключа́ться to consist of

тру́дность заключа́ется в том, что the difficulty lies in the fact that

заключе́ние conclusion, inference

заключи́ть—see **заключа́ть**

*****зако́н** ruling, law

вне зако́на unlawful

Её сло́во для него́ зако́н. Her word is law with him.

по зако́ну according to law

зако́нный legal, legitimate

закружи́ть (perf.) to turn, send whirling

закружи́ть кому́-либо го́лову to turn someone's head

закружи́ться—see **кружи́ться**

*****закрыва́ть (закры́ть)** to shut, close

закры́ть лицо́ рука́ми to cover one's face with one's hands

закры́ть на ключ to lock

закры́ть собра́ние to close the meeting

закры́ть шко́лу to close down the school

закры́ть—see **закрыва́ть**

закры́тый closed

заку́пка purchase

де́лать заку́пки to buy supplies

закури́ть to light up a cigarette or pipe

заку́сывать (закуси́ть) to have a bite to eat

закуси́ть—see **заку́сывать**

зал hall, reception room

зама́нчивый tempting, alluring

*****заме́на** replacement, substitution

замени́ть—see **заменя́ть**

*****заменя́ть (замени́ть)** to substitute

замени́ть мета́лл де́ревом to substitute wood for metal

Не́кому его́ замени́ть. There is no one to take his place.

*****замерза́ть (замёрзнуть)** to freeze

Река́ замёрзла. The river has frozen up.

замёрзнуть—see **замерза́ть**

*****замести́тель** (m.) substitute

замести́ть—see **замеща́ть**

заме́тить—see **замеча́ть**

*****заме́тно** noticeably, it is noticeable

Заме́тно, как он постаре́л. It is noticeable how he has aged.

Он заме́тно постаре́л. He looks much older.

*****замеча́ние** remark, observation, reproof

сде́лать замеча́ние to reprove

*****замеча́тельно** remarkable, out of the ordinary

замеча́тельный remarkable

замеча́ть (заме́тить) to notice, observe

замеща́ть (замести́ть) to act as substitute for

замо́к lock

запере́ть на замо́к to lock up

*****замолча́ть** (perf.) to become silent

замо́лкнуть (perf.) to become silent

заморо́женный frozen

заморо́женные проду́кты frozen foods

*****за́муж** married (of women)

быть за́мужем за ке́м-либо to be married to someone

вы́ти (perf.) **за́муж за кого́-либо** to get married to someone

за́мужем to be married

за́навес curtain

*****занима́ть (заня́ть)** to occupy, take up, borrow

Его́ занима́ет вопро́с. He is preoccupied with the question.

занима́ть до́лжность to fill a position

занима́ть кварти́ру to occupy an apartment

занима́ть мно́го ме́ста to take up a lot of room

занима́ть пе́рвое ме́сто to take first place

*занима́ться (заня́ться) to be
  occupied with, to study
  занима́ться спо́ртом to go in for
  sports
  занима́ться хозя́йством to be
  occupied with one's household
  duties
  Она́ занима́ется. She is studying.
*заня́тие occupation,
  employment
за́нятый busy
заня́ть(ся)—see занима́ть(ся)
заостри́ть—see заостря́ть
заостря́ть (заостри́ть) to sharpen,
  emphasize
  заостря́ть каранда́ш to sharpen
  a pencil
  заостря́ть противоре́чия to
  emphasize the contradictions
за́пад west
за́падный western
*запа́с fund, supply
  большо́й запа́с слов large
  vocabulary
  быть в запа́се to be in the
  military reserve
  проверя́ть запа́с to take stock
*за́пах smell, odor
запере́ть—see запира́ть
*запира́ть (запере́ть) to lock
*запи́ска note
  запи́ски notes, memoirs
запи́сывать(ся) (записа́ть(ся)) to
  write down, record; to sign up
  записа́ться в кружо́к to join a
  club
  записа́ться к врачу́ to make an
  appointment with the doctor
  запи́сывать на плёнку/пласти́нку
  to record
  запи́сывать ле́кцию to take
  notes on a lecture
записа́ть(ся)—see запи́сывать(ся)
запла́кать (perf. of пла́кать) to
  burst into tears, begin to cry
заплати́ть—see плати́ть
заполня́ть (запо́лнить) to fill in,
  occupy
  заполня́ть анке́ту to fill in a
  questionnaire
  заполня́ть вре́мя to occupy
  time

запо́лнить—see заполня́ть
запомина́ть (запо́мнить) to
  memorize
запо́мнить—see запомина́ть
запрети́ть—see запреща́ть
*запреща́ть (запрети́ть) to forbid,
  prohibit
  запреща́ется it is forbidden
*зараба́тывать (зарабо́тать) to
  earn
  зараба́тывать мно́го де́нег to
  earn a lot of money
зарабо́тать—see зараба́тывать
*зара́нее beforehand
заре́зать to stab to death
зарубе́жный foreign
заря́ daybreak, dawn
заслу́живать (заслужи́ть) to
  deserve, merit
  заслужи́ть чьё-либо дове́рие to
  earn someone's confidence
заслужи́ть—see заслу́живать
засмея́ться (perf.) to burst out
  laughing
засну́ть—see засыпа́ть
заста́вить—see заставля́ть
*заставля́ть (заста́вить) to force,
  compel
  Он заста́вил его́ замолча́ть. He
  silenced him.
  Он заста́вил нас ждать. He
  made us wait.
засте́нчивость (f.) shyness,
  bashfulness
засте́нчивый shy, bashful
засчита́ть—see засчи́тывать
засчи́тывать (засчита́ть) to take
  into consideration
*засыпа́ть (засну́ть) to fall
  asleep
*зате́м thereupon, subsequently
зате́рянный lost
*зато́ on the other hand
*затрудне́ние difficulty,
  embarrassment
  вы́йти (perf.) из затрудне́ния to
  get out of difficulty
  де́нежное затрудне́ние financial
  difficulty
заходи́ть (зайти́) to call on, drop
  in, stop in on the way

захоте́ть to begin wanting something, suddenly want to, get a desire to

захоте́ться—see **хоте́ться**

*****заче́м** why, wherefore, what for

зачёркивать (зачеркну́ть) to cross out

зашто́пать—see **што́пать**

защити́ть—see **защища́ть**

*****защища́ть (защити́ть)** to defend, protect

защища́ть диссерта́цию to defend one's thesis

*****звать** (imp.) to call

Как вас зову́т? What is your name?

звать на по́мощь to cry for help

*****звезда́** star

звезда́ пе́рвой величины́ star of the first magnitude

звезда́ экра́на film star

па́дающие звёзды falling stars

звёздочка asterisk, little star

*****зверь** (m.) wild animal, beast

звон peal, ringing

звон в уша́х ringing in the ears

*****звони́ть (позвони́ть)** to ring

Вы не туда́ звони́те. You've got the wrong number.

звони́ть по телефо́ну to telephone

зво́нкий ringing, clear

*****звоно́к** ring

Я жду ва́шего звонка́. I am waiting for your phone call.

*****звук** sound

гла́сный звук vowel

не издава́ть ни зву́ка to never utter a sound

пусто́й звук merely a name

согла́сный звук consonant

зву́чно loudly, sonorously

зда́ние building

здесь here

зде́шний of this place, local

Он не зде́шний. He is a stranger here.

здоро́ваться (поздоро́ваться) to greet, to say, "Hello"

здо́рово well done! magnificently

Мы здо́рово порабо́тали. We have done good work.

здоро́вый healthy, strong

здоро́вый кли́мат healthful climate

здоро́вая пи́ща wholesome food

Он здоро́вый ма́льчик. He's a healthy youngster.

*****здоро́вье** health

пить за здоро́вье кого́-либо to drink to someone's health

*****здра́вствуйте** hello, how do you do

зева́ть (зевну́ть) to yawn

зевну́ть—see **зева́ть**

зелёный green

зе́лень (f.) greens, vegetables

*****земля́** earth, land, soil

*****зе́ркало** mirror

*****зерно́** grain, seed, kernel

*****зима́** winter

зимо́й in the winter

Ско́лько лет, ско́лько зим! I haven't seen you in ages!

зли́ться to be in a bad temper, to be angry

зло evil, harm

злой wicked, vicious, angry

змея́ snake, serpent

знак sign, symbol

вопроси́тельный знак question mark

дать знак to give a signal

де́нежный знак bank note

знак ра́венства sign of equality

*****знако́миться (познако́миться)** to become acquainted with

знако́мый (noun or adj.) acquaintance or familiar

Он мой знако́мый. He is an acquaintance of mine.

У него́ знако́мое лицо́. He has a familiar face.

знамени́тый famous

зна́ние knowledge

знато́к expert

*****знать** to know

дава́ть себя́ знать to make itself felt

дать (perf.) **знать кому́-либо** to let someone know

знать в лицо́ to know by sight

наско́лько я зна́ю as far as I know

не знать поко́я to know no rest
значе́ние significance, meaning
　име́ть ва́жное значе́ние to have particular importance
значи́тельно considerably, significantly
зна́чить to mean, signify
　Что э́то зна́чит? What does that mean?
зо́лото gold
золото́й golden, gilded
зо́нтик umbrella
зре́ние sight
　по́ле зре́ния field of vision
　сла́бое зре́ние weak eyesight
　то́чка зре́ния point of view
*зуб tooth
зубно́й dental
　зубно́й врач dentist

И Й

*и and, also
　и...и... both...and...
　и так да́лее and so forth
иго́лка needle
　сиде́ть как на иго́лках to be on pins and needles
иглотерапи́я acupuncture
*игра́ game, acting performance
　аза́ртная игра́ game of chance
　за игро́й at play
　игра́ приро́ды freak of nature
*игра́ть (сыгра́ть) to play, perform
　игра́ть в ка́рты, в мяч to play cards, play ball
　игра́ть на роя́ле, на скри́пке to play the piano, the violin
　игра́ть роль to play a part
　Это не игра́ет ро́ли. It is of no importance.
*игру́шка toy
идеалисти́ческий idealistic
идеа́льный perfect, ideal
иде́йный lofty, high-principled
*иде́я idea, conception
　гениа́льная иде́я brilliant idea
　иде́я рома́на theme of a novel
　навя́зчивая иде́я fixed idea
*идти́, ходи́ть to go, walk

Вот он идёт. Here he comes.
Де́ло хорошо́ идёт. Business is going well.
Дождь идёт. It is raining.
идти́ как по ма́слу to go swimmingly
идти́ пешко́м to go by foot
Иду́т перегово́ры. Negotiations are going on.
Лес идёт до реки́. The forest goes as far as the river.
О чём идёт речь? What are you talking about?
По́езд идёт в пять. The train leaves at five o'clock.
Фильм идёт. A movie is playing.
Этот цвет вам идёт. That color becomes you.
*из from, out of (with gen.)
из-за because of, from behind
из-под from under
　из стра́ха out of fear
　лу́чший из всех best of all
　оди́н из его́ друзе́й one of his friends
　пить из стака́на to drink from a glass
　приезжа́ть из Москвы́ to arrive from Moscow
　сде́лано из де́рева made of wood
изба́вить—see **избавля́ть**
избавля́ть (изба́вить) to save, deliver from
　изба́ви Бог! God forbid!
　избавля́ть от сме́рти to save from death
　Изба́вьте меня́ от ва́ших замеча́ний. Spare me your remarks.
избало́ванный spoiled (child)
избега́ть (избегну́ть) to avoid, shun
избегну́ть—see **избега́ть**
избра́ние election
и́збранный selected
изве́стие news, information
изве́стно it is known
　ему́ изве́стно he is aware
　наско́лько мне изве́стно as far as I know
изве́стность (f.) reputation, fame
изве́стный well-known, famous
извине́ние apology

извини́ть(ся) — see **извиня́ть(ся)**

*__извиня́ть(ся) (извини́ть(ся))__ to forgive, pardon (apologize)
   Она́ извини́лась. She apologized.

издава́ть (изда́ть) to publish

и́здали from far away

изда́ние publication, edition

изда́ть — see **издава́ть**

издёрганный harried, worried, run-down

изжо́га heartburn

*__из-за__ from behind, because of
   вста́ть из-за стола́ to get up from the table
   из-за до́ма from behind the house
   Из-за ле́ни она́ не ко́нчила рабо́ту. Out of laziness she didn't finish her work.

излече́ние recovery, cure

изле́чивать (излечи́ть) to cure

излечи́ть — see **изле́чивать**

изли́шек surplus, excess

изли́шество overindulgence

изло́манный broken

измене́ние change, alteration

измени́ть — see **изменя́ть**

изменя́ть (измени́ть) to change, alter, betray

изнаси́ловать — see **наси́ловать**

изобража́ть (изобрази́ть) to depict, portray, imitate

изобрази́ть — see **изобража́ть**

изоли́рованный isolated

и́зредка now and then, seldom

изуми́тельный amazing, wonderful

изумле́ние amazement, consternation

изуча́ть (изучи́ть) to study, learn

изучи́ть — see **изуча́ть**

изю́м raisins

изя́щный refined, elegant, graceful

ико́на icon, sacred image

икра́ roe, caviar

икс-лучи́ X-rays

*__и́ли__ or
   и́ли... и́ли... either... or...

иллю́зия illusion

иллюстра́тор illustrator

имби́рь (m.) ginger

име́ние estate

и́менно namely, exactly, just

Вот и́менно! Exactly!

Вот и́менно э́то он и говори́л. That's exactly what he was saying.

и́менно потому́ just because

*__име́ть__ to have, bear (in mind)
   име́йте в виду́, что keep in mind that
   име́ть большо́е значе́ние to matter very much
   име́ть бу́дущность to have a future
   име́ть возмо́жность to be a possibility
   име́ть де́ло с ке́м-либо to deal with someone
   име́ть успе́х to be a success

и́мидж image

иму́щество property, belongings

*__и́мя__ name
   и́мя прилага́тельное adjective
   и́мя существи́тельное noun
   челове́к с и́менем a well-known man

*__и́наче__ differently, otherwise

инде́йка turkey

индивидуали́ст individualist

индивидуа́льность (f.) individuality

инжене́р engineer

инжи́р fig

инициати́ва initiative

*__иногда́__ sometimes

ино́й different, other
   ины́ми слова́ми in other words
   не кто ино́й, как no other than
   тот и́ли ино́й one or another

инопланетя́нин alien (n.)

иностра́нец foreigner

институ́т institute

инстру́ктор instructor

инструме́нт instrument

интеллиге́нтный cultured, educated

интервью́ interview

интере́с interest

интере́сный interesting, attractive
   Она́ о́чень интере́сная же́нщина. She is a very attractive woman.

интересова́ться(заинтересова́ться) to be interested in

инти́мность (f.) intimacy

иро́ния irony

*иска́ть to seek, search

исключа́ть (исключи́ть) to exclude, eliminate

исключе́ние exception

исключи́тельно exceptionally

исключи́ть—see исключа́ть

ископа́емое fossil, mineral

и́скра spark

и́скренний sincere, frank, unaffected

искуси́тель (m.) tempter

искуси́ть—see искуша́ть

иску́сственный artificial

иску́сство art, skill

искуша́ть (искуси́ть) to tempt, seduce

искуше́ние temptation

испа́нец, испа́нка Spaniard (m., f.)

испа́нский Spanish

испари́ться (perf.) to evaporate

испе́чь—see печь

и́споведь (f.) confession

исполне́ние fulfillment, execution

исполни́тель performer

испо́лнить—see исполня́ть

исполня́ть (испо́лнить) to carry out, fulfill, to perform

испо́ртить(ся)—see по́ртить(ся)

испо́рченный spoiled, rotten

испра́вить(ся)—see исправля́ть(ся)

исправля́ть(ся) (испра́вить(ся)) to correct, repair, improve

*испу́г fright, scare

испуга́ть(ся)—see пуга́ть(ся)

иссле́дование investigation, research

иссле́довать (imp., perf.) to investigate, explore

и́стина truth

и́стинно truly

истори́ческий historical

*исто́рия history, story, tale

истра́тить—see тра́тить

исчеза́ть (исче́знуть) to disappear, vanish

исче́знуть—see исчеза́ть

италья́нец, италья́нка Italian (m., f.)

италья́нский Italian (adj.)

и т. п. (и тому́ подо́бное) and the like, etc.

*их their, theirs, them (gen. and acc. of они́)

ию́ль (m.) July

ию́нь (m.) June

К

к to, toward, for (with dat.)

заходи́ть к кому́-либо to call on someone

к ва́шим услу́гам at your service

к сожале́нию unfortunately

к сча́стью fortunately

к тому́ же moreover

Он добр к ней. He is kind to her.

он нашёл к свое́й ра́дости, что he found to his joy that

Это ни к чему́. It's of no use.

кабине́т study, consulting room

каблу́к heel

быть у кого́-либо под каблуко́м to be under someone's thumb

кавале́р partner, admirer

кавы́чки quotation marks

*ка́ждый every, each

*каза́ться (показа́ться) to seem, appear

Ка́жется, бу́дет дождь. It looks like rain.

каза́лось бы one would think

ка́жется, что it seems that

мне ка́жется it seems to me

Он ка́жется у́мным. He seems to be intelligent.

*как how, what, as, like

Бу́дьте как до́ма. Make yourself at home.

Вот как! Is that so!

как бу́дто бы as if

как бы не так nothing of the sort

Как вас зову́т? What is your name?

как ви́дно as can be seen

как до́лго how long

Как он э́то сде́лал? How did he do it?

как то́лько as soon as

с тех пор, как since

широ́кий как мо́ре wide as the sea

Это как раз то, что мне нужно.
That's exactly what I need.

как-нибудь somehow, anyhow

какой what, what a, what kind of

  Кака́я краси́вая де́вушка! What a pretty girl!

  Како́й он у́мный! How clever he is!

  какой-то a certain

  Каку́ю кни́гу вы чита́ете? What book are you reading?

какофо́ния cacophony, noise

*ка́к-то somehow

  Он ка́к-то устро́ился. He arranged it somehow.

календа́рь (m.) calendar

ка́менный stony, hard

ка́мень (m.) stone, rock

  драгоце́нный ка́мень precious stone

  моги́льный ка́мень tombstone

  се́рдце как ка́мень heart of stone

  У него́ ка́мень лежи́т на се́рдце. A weight lies heavy on his heart.

ка́мерный chamber

  ка́мерная му́зыка chamber music

ками́н fireplace, chimney

кандида́т candidate

кани́кулы (only pl.) vacation, school holiday

кану́н eve

  кану́н но́вого го́да New Year's Eve

канцеля́рия office

капита́л capital

капита́н captain

*ка́пля drop

  похо́жи как две ка́пли воды́ like two peas in a pod

  после́дняя ка́пля the last straw

капри́з whim, caprice

капри́зничать to be naughty, cranky

*капу́ста cabbage

  цветна́я капу́ста cauliflower

*каранда́ш pencil

карма́н pocket

карнава́л carnival

ка́рта card, map, chart

  коло́да карт pack of playing cards

карти́на picture

карто́фель (m.) potatoes

  карто́фельное пюре́ mashed potatoes

ка́рточка card, photograph

  ка́рточка вин wine list

  креди́тная ка́рточка credit card

карье́ра career

каса́ться (косну́ться) to touch, concern

  что каса́ется меня́ as far as I am concerned

  Это его́ не каса́ется. That is not his business.

ка́сса box office, cashier's office, window

кассе́ты cassettes (tapes)

кастрю́ля pot, pan, saucepan

катало́г catalogue

ката́ться (поката́ться) to ride, drive (for pleasure)

  ката́ться на конька́х to skate

категори́чески categorically

катего́рия category

кача́ние rocking, swinging

кача́ть (качну́ть) to rock, swing

  Ве́тер кача́ет дере́вья. The wind shakes the trees.

  Он кача́л голово́й. He shook his head.

ка́чество quality, virtue

  в ка́честве наблюда́теля in the capacity of an observer

  высо́кого ка́чества of high quality

качну́ть—see кача́ть

*ка́ша cereal, porridge, jumble

  гре́чневая ка́ша buckwheat cereal

  завари́ть (perf.) ка́шу to stir up trouble

  У него́ каша во рту́. He mumbles.

ка́шель (m.) cough

*ка́шлять to cough

квадра́т square

квалифика́ция qualification

квалифици́рованный qualified, skilled

кварта́л block, quarter of the year

*кварти́ра apartment

ке́ды (pl.) canvas high-tops

кейс   attaché case
кекс   cake
ке́пка   cap
кероси́н   kerosene
киломе́тр   kilometer
кино́   movies
кио́ск   kiosk, stand
   кни́жный кио́ск   book stand
кипе́ние   boiling
   то́чка кипе́ния   boiling point
кипе́ть   (imp.) to boil, seethe
   кипе́ть зло́бой   to boil with
     hatred
   Рабо́та кипи́т.   Work is in full
     swing.
кипято́к   boiling water
кисе́ль   (m.) jellylike pudding,
   dessert
кислоро́д   oxygen
кислота́   acid, sourness
   кисло́тные дожди́   acid rain
ки́слый   sour
кита́ец, китая́нка   Chinese (m., f.)
кита́йский   Chinese (adj.)
кичли́вый   conceited
кла́дбище   cemetery
кла́няться (поклони́ться)   to bow,
   greet
класс   class
классифика́ция   classification
класси́ческий   classical
*__класть (положи́ть)__   to lay, put (in
   a horizontal position)
   класть на ме́сто   to put
     something in its place
   класть са́хар в чай   to put sugar
     in one's tea
   класть фунда́мент   to lay a
     foundation
   положи́ть коне́ц чему́-либо   to
     put an end to something
   положи́ть себе́ на таре́лку   to
     help oneself to food
клевета́   slander
кле́ить   to glue, paste
кле́йкий   sticky
кли́мат   climate
кли́чка   nickname
клуб   club
клубни́ка   strawberry
клю́ква   cranberry
ключ   key, clue

*__кни́га__   book
ковёр   rug
*__когда́__   when
   когда́-нибудь   sometime
   когда́-то   once, formerly
ко́е-ка́к   haphazardly
ко́жа   skin
коке́тка   coquette
коке́тничать   (imp.) to flirt, pose,
   show off
ко́лба   retort (chemical)
*__колбаса́__   sausage
коле́но   knee
колесо́   wheel
коли́чество   quantity, number,
   amount
колле́га   colleague
колле́дж   college
ко́локол   bell
колосса́льный   colossal
*__колхо́з__   collective farm
колхо́зник   collective farmer
колыбе́ль   (f.) cradle
кольцо́   ring
   кольцо́ ды́ма   ring of smoke
   обруча́льное кольцо́   wedding
     ring
колю́чий   prickly, thorny
кома́нда   team
кома́ндовать   to give orders,
   command
комбина́т   industrial complex
комбина́ция   combination
коме́дия   comedy (play)
коми́ссия   committee,
   commission
кома́р   mosquito
коммерса́нт   business person
комме́рция   commerce, trade
комме́рческий   commercial
*__ко́мната__   room
комо́д   chest of drawers
компане́йский   sociable
компа́ния   company
   весёлая компа́ния   lively crowd
компенса́ция   compensation
комплиме́нт   compliment
кли́мат   climate
компози́тор   composer
компо́т   compote
компроми́сс   compromise
компью́тер   computer
конве́рт   envelope

*конец end
  в конце дня at the close of the day
  в конце концов in the end
  приходить к концу to come to an end
  Пришёл конец. It was the end. The end came.
  сводить концы с концами to make both ends meet
*конечно of course, certainly
конкретный concrete, specific
конкурент rival, competitor
конкуренция competition
консервативный conservative
конспект summary, synopsis
конституция constitution
конструктивный constructive
консул consul
консульство consulate
консультант consultant
континент continent
контора office
контракт contract, agreement
контраст contrast
контроль (m.) control
  под контролем under the control
конфета candy
конфирмация confirmation (church)
конфликт conflict
конфузиться (сконфузиться) to become embarrassed
концентрат concentrated product
  пищевые концентраты food concentrates
концерт concert
концертант concert performer
*кончать (кончить) to end, finish
  кончать работу to finish one's work
  кончать университет to finish college, to graduate
  плохо кончить to come to a bad end
  кончаться (кончиться) to end, finish
  кончиться ничем to come to nothing
  на этом всё и кончилось and that was the end of it

Школа кончается в середине мая. School is over in the middle of May.
  кончено enough, finished
  Всё кончено. All is over.
кончик tip
кончить(ся)—see кончать(ся)
конь (m.) horse, steed
  Дарёному коню в зубы не смотрят. Never look a gift horse in the mouth.
коньки (pl.) skates
коньяк cognac
кооператив cooperative (n.)
кооператор cooperator, member of a cooperative
*копейка kopeck
  до последней копейки to the last penny
  копейка в копейку exactly
копирка carbon paper
копировать (скопировать) to copy, imitate
копия duplicate, copy
  снимать копию чего-либо to make a copy of something
кора crust, bark
корабль (m.) ship, vessel
коренной житель native
*корень (m.) root
  в корне fundamentally
  вырывать с корнем to tear up by the roots
  квадратный корень square root
  краснеть до корней волос to blush to the roots of one's hair
  пустить корни to take root
  смотреть в корень чего-либо to get at the root of something
корзина basket
  корзина для бумаги wastepaper basket
коридор corridor
коричневый brown
кормить (накормить) to feed
  Здесь хорошо кормят. The food is good here.
  кормить обещаниями to feed with promises
коробка box
корова cow
коронка crown

ста́вить коро́нку на зуб   to put a crown on a tooth
коро́ткий short
   в коро́ткий срок   in a short time
   коро́ткая волна́   short wave
   коро́ткий путь   short cut
ко́ротко briefly
коро́че shorter
   коро́че говоря́   in short
ко́рпус body
   дипломати́ческий ко́рпус diplomatic corps
   пода́ться всем ко́рпусом вперёд lean forward
корре́ктор proofreader
корреспонде́нт correspondent, reporter
корыстолю́бие self-interest, greed
коры́то trough
коря́вый rough, uneven
коса́ braid; scythe
   заплета́ть ко́су   to braid one's hair
косме́тика cosmetics
   космети́ческий кабине́т   beauty parlor
косну́ться—see **каса́ться**
косо́й slanting, oblique, cross-eyed
костёр bonfire, campfire
кость (f.) bone
   игра́ть в ко́сти   to play or throw dice
   промо́кнуть (perf.) **до косте́й**   to get drenched to the skin
   слоно́вая кость   ivory
костю́м suit
костя́к skeleton
кот tomcat
котёнок kitten
котле́та cutlet
*****кото́рый** which, who
   в кото́ром часу́   at what time
   его́ мать, кото́рая живёт далеко́   his mother who lives far away
   кото́рый из них   which of them
   Кото́рый час?   What time is it?
   кни́га, кото́рая лежи́т на столе́   the book lying on the table
ко́фе coffee
кофе́йник coffeepot
ко́фта, кофто́чка woman's jacket
ко́шка cat

кошма́р nightmare
кра́жа theft, larceny
край (m.) border, edge
   на са́мом краю́   on the very brink
   по края́м   along the edges
   по́лный до краёв   filled to the brim
кра́йне (adv.) extremely
*****кра́йний** extreme, the last
   в кра́йнем слу́чае   at the worst
   кра́йности extremes
   кра́йняя необходи́мость   urgency
   по кра́йней ме́ре   at least
краса́вец, краса́вица handsome man, handsome woman
краси́вый beautiful, handsome
кра́сить(ся) (покра́сить(ся)) to color, paint
   кра́ситься   to put on make-up
кра́ска paint, dye
   акваре́льная кра́ска   water colors
   ма́сляная кра́ска   oil paint
   писа́ть кра́сками   to paint
красне́ть (покрасне́ть) to redden, blush
кра́сный red
красота́ beauty
красть (укра́сть) to steal
кра́ткий short, brief
крахма́л starch
кра́шеный painted, colored
креве́тка shrimp
крем cream
   крем для бритья́   shaving cream
Кремль Kremlin
*****кре́пкий** strong, firm
   кре́пкое здоро́вье   robust health
   кре́пкая ткань   strong cloth
   кре́пкий чай   strong tea
кре́пко fast, strong
   Держи́тесь кре́пко!   Hold tight!
   кре́пко заду́маться   to fall into deep thought
   кре́пко спать   to sleep soundly
кре́сло armchair
крест cross
крести́ть (окрести́ть) to baptize
криво́й crooked, curved
кри́зис crisis
крик cry, shout
   после́дний крик мо́ды   last word in fashion

кри́кнуть—see **крича́ть**

криста́лл crystal

кристаллиза́ция crystallization

кри́тика criticism

  ни́же вся́кой кри́тики beneath criticism

крити́ческий critical

*****крича́ть (кри́кнуть)** to shout, scream

кров shelter

крова́ть (f.) bed

кровь (f.) blood

*****кро́ме** besides, except (with gen.)

  кро́ме того́ besides that

  кро́ме шу́ток joking aside

кроссо́вки running shoes, tennis shoes, sneakers

круг circle

  в семе́йном кругу́ in the family circle

  круг знако́мых circle of acquaintances

  пло́щадь кру́га area of a circle

  прави́тельственные круги́ government circles

кру́глый round

  в кру́глых ци́фрах in round numbers

  кру́глый год the whole year round

круго́м (adj.) around, round

  Вы круго́м винова́ты. You alone are to blame.

  Он круго́м до́лжен. He owes money all around.

  поверну́ться круго́м to turn around

кружи́ться (закружи́ться) to spin, go round

  У него́ кру́жится голова́. He feels dizzy.

кру́пный large-scale, big

крути́ть to twist, roll up

круто́й steep

крыло́ wing

  подреза́ть кры́лья кому́-либо to clip someone's wings

крыльцо́ porch

кры́тый sheltered, covered

  кры́тый мост covered bridge

кры́ша roof

кста́ти (adv.) by the way

  Замеча́ние бы́ло сде́лано кста́ти. The remark was to the point.

  Кста́ти, как его́ здоро́вье? By the way, how is he?

*****кто** who

  кто́-нибудь anyone

  кто́-то someone

ку́бики children's playing blocks

*****куда́** where, in which direction, where to (answer should be in accusative case)

кудря́вый curly

кузе́н, кузи́на cousin (m., f.)

ку́кла doll

  теа́тр ку́кол puppet show

кукуру́за corn

кула́к fist

*****культу́ра** culture

культу́рный educated, cultured

купа́льный bathing

купа́льник bathing suit

*****купа́ться (искупа́ться)** to bathe

  купа́ться в зо́лоте to roll in money

купи́ть—see **покупа́ть**

куре́ние smoking

кури́ть to smoke

ку́рица hen, chicken

куро́рт health resort

курс course

куса́ть to bite off, sting

*****кусо́чек, кусо́к** piece

ку́хня kitchen

*****ку́шать** to eat or take some food

  Пожа́луйста, ку́шайте пиро́г. Please have some pie.

куше́тка couch

Л

лаборато́рия laboratory

лавр laurel

  лавро́вый лист bay leaf

  пожина́ть ла́вры to reap laurels

  почи́ть (perf.) **на ла́врах** to rest on one's laurels

ла́герь (m.) camp

*****ла́дно** very well, all right

лакони́ческий laconic, short-spoken

ла́мпа lamp
ла́ндыш lily of the valley
ла́ска caress, endearment
ласка́тельный caressing, endearing
  ласка́тельное и́мя pet name (diminutive)
ласка́ть to caress, fondle, pet
  ласка́ть себя́ наде́ждой to flatter oneself with hope
ла́сковый affectionate, tender, sweet
ла́ять to bark
лгать to lie
лев lion
*__**ле́вый**__ left
  встать (perf.) **с ле́вой ноги́** to get up on the wrong side of the bed
*__**лёгкий**__ light, easy
  лёгкая инду́стрия light industry
  лёгкая просту́да slight cold
  лёгкая рабо́та light work
  лёгкий слог easy style
легко́ lightly, easily
  Он легко́ отде́лался. He got off easy.
легкомы́сленно thoughtlessly, light-mindedly
легкомы́сленность (f.) lightness, thoughtlessness
ле́гче easier, lighter
лёд ice
  Лёд разби́т. The ice is broken.
ледени́ть to freeze, chill
*__**лежа́ть**__ to lie
  Го́род лежи́т на берегу́ мо́ря. The town is by the seashore.
  Он лежи́т в посте́ли. He lies in bed.
лека́рство medicine
ле́ктор lecturer
ле́кция lecture
лени́вый lazy
ле́нта ribbon
лентя́й, лентя́йка lazy person (m., f.)
лень (f.) laziness, idleness
лес forest, woods
ле́стница stairway, stairs, ladder
ле́стный flattering, complimentary
лесть (f.) flattery
лета́ years

Они́ одни́х лет. They are the same age.
Ско́лько вам лет? How old are you?
*__**лета́ть, лете́ть**__ to fly
  лете́ть на всех пара́х to rush at full speed
ле́тний summer (adj.)
*__**ле́то**__ summer
  ле́том in the summer
  на всё ле́то for the whole summer
летучий flying (adj.)
  летучая мышь bat
лётчик pilot
лече́ние medical treatment
  на лече́нии undergoing medical treatment
лечи́ть to treat medically
лечь—see **ложи́ться**
ли whether, if
  ли . . . ли . . . whether . . . or . . .
  сего́дня ли, за́втра ли whether today or tomorrow
  Он не по́мнит, ви́дел ли он его́. He doesn't remember whether he has seen him.
  Посмотри́, там ли де́ти. Go and see if the children are there.
ли́бо or
  ли́бо . . . ли́бо . . . either . . . or . . .
лигату́ра alloy
ли́лия lily
лило́вый lilac, violet (color)
лимо́н lemon
  лимо́нная кислота́ citric acid
лине́йка ruler
ли́ния line
  крива́я ли́ния curved line
  ли́ния поведе́ния line of policy
  ли́ния наиме́ньшего сопротивле́ния the path of least resistance
лири́ческий lyrical
лист leaf, sheet
  дрожа́ть как лист to tremble like a leaf
  загла́вный лист title page
литера́тор writer, man of letters
литерату́ра literature
*__**лить (нали́ть)**__ to pour, run (of liquid)

Дождь льёт как из ведра. The rain is coming down in buckets.

лить слёзы to shed tears

лифт elevator

лифчик brassiere

лихора́дочный feverish

*лицо́ face

в лице́ кого́-либо in the person of someone

де́йствующие ли́ца cast (of a play)

знать в лицо́ to know by sight

исчéзнуть (perf.) **с лица́ земли́** to disappear from the face of the earth

Это ему́ к лицу́. This becomes him.

ли́чно personally

ли́чность (f.) personality

переходи́ть на ли́чности to become personal

ли́чный personal

лиша́ть (лиши́ть) to deprive, rob

лиша́ть кого́-либо насле́дства to disinherit someone

Он лишён чу́вства ме́ры. He lacks a sense of proportion. He doesn't know when to stop.

лише́ние deprivation

лиши́ть—see **лиша́ть**

ли́шний extra, superfluous, unnecessary

лоб forehead

*лови́ть (пойма́ть) to catch

лови́ть ка́ждое сло́во to devour every word

лови́ть моме́нт to seize an opportunity

лови́ть ры́бу to fish

ло́вкий adroit, deft

логи́ческий logical

ло́дка boat

ложи́ться (лечь) to lie down

ложи́ться спать to go to bed

На него́ ложи́тся обя́занность. It is his duty.

ло́жка spoon

столо́вая ло́жка tablespoon

ча́йная ло́жка teaspoon

ложь (f.) lie, falsehood

ло́коть (m.) elbow

лома́ть (слома́ть) to break

ло́паться (ло́пнуть) to break, burst

чуть не ло́пнуть (perf.) **со́ сме́ху** to burst one's sides laughing

ло́пнуть—see **ло́паться**

лососи́на salmon

лотере́я lottery

ло́шадь (f.) horse

луг meadow

лу́жа puddle, pool

сесть (perf.) **в лу́жу** to get into a mess, to blunder

лужа́йка lawn

лук onion

луна́ moon

луч ray, beam

*лу́чше better

как нельзя́ лу́чше never better

лу́чше всего́ best of all

Лу́чше оста́ться здесь. It is better to stay here.

Мне лу́чше. I am better.

тем лу́чше so much the better

лу́чший better, best

всего́ лу́чшего all the best

к лу́чшему for the better

лы́жи skis

лы́сина bald spot

лы́сый bald, bald-headed

любе́зность (f.) courtesy, kindness

любе́зный polite, amiable, obliging

люби́мец pet, favorite

люби́мый favorite, loved one

люби́тель (m.) amateur, fancier

люби́тельский спекта́кль amateur performance

Он люби́тель цвето́в. He loves flowers.

люби́ть to like, to love

Он её лю́бит. He loves her.

Он лю́бит, когда́ она́ поёт. He likes her singing.

любова́ться to admire

любо́вный loving, amorous

*любо́вь (f.) love

любозна́тельный inquisitive, curious

любо́й every, any

любо́е вре́мя at any time

любопы́тство curiosity

любопы́тный curious

лю́бящий loving, affectionate

*лю́ди (nom. pl. of челове́к)
   people, men and women
  лю́ди у́мственного труда́ white-
   collar workers
  лю́ди физи́ческого труда́ blue-
   collar workers
лю́стра chandelier
лягу́шка frog

M

маг magician
*магази́н store, shop
  магази́н гото́вого пла́тья ready-
   made clothing store
  универса́льный магази́н
   department store
магни́т magnet
магнитофо́н tape recorder
ма́зать (imp.) to grease, lubricate,
   spread
  ма́зать хлеб ма́слом to butter the
   bread
мазу́т fuel oil
мазь (f.) ointment
*май (m.) May
ма́йка T-shirt, tank top
майоне́з mayonnaise
ма́кси long skirt
максима́льный maximum, highest
   possible
ма́ксимум maximum, upper limit
  вы́жать (perf.) ма́ксимум из to
   get the most out of
ма́ленький small, little
мали́на raspberries
*ма́ло little, few
  ма́ло изве́стный little-known
  ма́ло наро́ду few people
  ма́ло того́ moreover
  ма́ло того́, что it is not enough
   that
  Мы его́ ма́ло ви́дим. We see little
   of him.
малоду́шие faintheartedness
малоизве́стный little-known, not
   popular
малоле́тний juvenile, under-age
ма́ло-пома́лу gradually, little by
   little

ма́лый small
  Зна́ния его́ сли́шком малы́. His
   knowledge is scanty.
  ма́лый ро́стом short
  са́мое ма́лое the least
*ма́льчик boy, lad
ма́ма mama
манеке́нщица model
мане́ра manner, style
  У него́ хоро́шие манёры. He has
   good manners.
ма́рка stamp, mark; make, brand
ма́ркетинг marketing
мармела́д fruit jelly
март March
маршру́т route, itinerary
масли́на olive
*ма́сло butter, oil
  всё идёт, как по ма́слу. Things
   are going swimmingly.
  писа́ть ма́слом to paint in oils
ма́сса mass, a large amount
  в ма́ссе as a whole
  ма́сса рабо́ты a lot of work
ма́стер master
  быть ма́стером своего́ де́ла to
   be an expert at one's job
ма́стерски (adv.) skillfully
матема́тик mathematician
матема́тика mathematics
материа́л material, stuff, fabric
  строи́тельные материа́лы
   building materials
  Это хоро́ший материа́л для
   кинокарти́ны. That would be
   good material for a film.
материали́зм materialism
мате́рия cloth, fabric; matter
матра́с mattress
матро́с sailor
мать (f.) mother
маха́ть (махну́ть) to wave, flap
  махну́ть руко́й to give up as
   hopeless
  Он махну́л мне руко́й. He waved
   his hand to me.
махну́ть—see маха́ть
маши́на car; machine, engine
машина́льно absentmindedly,
   mechanically
машини́стка typist (woman)
маши́нка typewriter

машинопи́сный typewritten

машиностроéние mechanical engineering

мгла haze

мгновéние instant, moment

мéбель (f.) furniture

меблирóванный furnished

мёд honey

медвéдь (m.) bear

медици́на medicine (field of)

мéдленно slowly

мéдлить to linger, hesitate, be slow

мéдный copper (adj.)

медóвый honeyed

  медóвый мéсяц honeymoon

  медóвые рéчи honeyed words

медсестрá nurse

медь (f.) copper

*__**мéжду**__ between, among (with inst.)

  мéжду двумя́ и тремя́ between two and three o'clock

  мéжду нáми говоря́ just between us

  мéжду óкнами between the windows

  мéжду прóчим by the way

  мéжду тем meanwhile

  чита́ть мéжду строк to read between the lines

междунарóдный international

мезони́н attic

мел chalk

меланхоли́ческий melancholy (adj.)

меланхóлия melancholy

мéлкий small, petty, shallow

  мéлкие дéньги small change

  мéлкий дождь drizzling rain

  мéлкий человéк petty person

мелоди́ческий melodious

мелóдия melody

мéлочность (f.) meanness, pettiness

мéлочь (f.) small things, small change, details

мель (f.) shoal, shallow

мелькáть (мелькну́ть) to flash, gleam

  У негó мелькну́ла мысль. An idea flashed across his mind.

мелькну́ть—see **мелькáть**

мéнеджер manager

мéнее less

  бóлее и́ли мéнее more or less

  Ему́ мéнее сорокá лет. He is not forty yet.

  мéнее всегó least of all

  тем не мéнее nevertheless

*__**мéньше**__ smaller, less

  не бóльше не мéньше как neither more nor less than

мéньший lesser, younger

  мéньшая часть lesser part

меньшинствó minority

меню́ menu

меня́ть(ся) (поменя́ть(ся)) to change; to switch

  меня́ть дéньги to change one's money

  меня́ть пла́тье to change one's clothes

  меня́ть своé мнéние to change one's opinion

  меня́ться роля́ми to switch roles

мéра measure

  в значи́тельной мéре in a large measure

  мéры длины́ linear measure

  не знать мéры to be immoderate, to know no limits

  по кра́йней мéре at least

  реши́тельные мéры drastic measures

  соблюда́ть мéру to keep within limits

мерза́вец villain

мёрзлый frozen

мёрзнуть (замёрзнуть) to freeze

мéрить (примéрить, смéрить) to measure

  примéрить пла́тье to try on a dress

  смéрить взгля́дом to measure with one's eyes, to give a dirty look

мероприя́тие arranged event

мёртвый dead, lifeless

  мёртвая тишина́ dead silence

  мёртвая тóчка standstill

  мёртвый язы́к dead language

  спать мёртвым снóм to be sound asleep, to sleep like a rock

ме́стный   local
  ме́стный жи́тель   inhabitant
*ме́сто   place, seat, locality
  знать своё ме́сто   to know one's place
  иска́ть ме́ста   to look for a job
  Нет ме́ста.   There is no room.
  уступа́ть ме́сто кому́-либо   to give up one's place to someone
  хоро́шее ме́сто для до́ма   an excellent site for a house
местоиме́ние   pronoun
*ме́сяц   month, moon
мета́лл   metal
металлу́рг   metallurgist
металлурги́я   metallurgy
метла́   broom
ме́тод   method
мето́дика   methods
методи́ческий   systematic, methodical
метр   meter
метро́   subway
механиза́ция   mechanization
механизи́рованный   mechanized
меха́ник   engineer
меха́ника   mechanics
механи́ческий   mechanical
меч   sword
меч-ры́ба   swordfish
мечта́   daydream
мечта́тельный   dreamy, pensive
мечта́ть   to daydream
*меша́ть   to hinder
  е́сли ничто́ не помеша́ет   if nothing interferes
мешо́к   bag, sack
  Костю́м сиди́т на нём мешко́м.   His clothes are baggy.
  мешки́ под глаза́ми   bags under one's eyes
миг   instant, moment
  ми́гом   in a flash
мига́ть (мигну́ть)   to blink, wink
  мигну́ть кому́-либо   to wink at someone
мигну́ть—see мига́ть
микроско́п   microscope
микрофо́н   microphone
милиционе́р   policeman
мили́ция   police station
миллиа́рд   billion

миллио́н   million
милосе́рдие   mercy, clemency
ми́лость   (f.) favor, grace
  быть в ми́лости у кого́-либо   to be in someone's good graces
  из ми́лости   out of charity
  ми́лости про́сим   welcome
  Сде́лайте ми́лость.   Do me a favor.
*ми́лый   dear, lovely
ми́ля   mile
ми́мо   past, by (prep. with gen.)
мимолётный   fleeting
ми́на   mine
минда́ль   (m.) almond
минера́л   mineral
ми́нимум   minimum
ми́ни-ЭВМ   electronic minicomputer
минова́ть   (imp., perf.) to escape, pass
  Ему́ э́того не минова́ть.   He cannot escape it.
  Опа́сность минова́ла.   The danger is past.
  Чему́ быть, того́ не минова́ть.   What will be, will be.
*мину́та   minute
  под влия́нием мину́ты   on the spur of the moment
  Подожди́те мину́ту.   Wait a minute.
  сию́ мину́ту   this very minute
*мир   peace, world
  литерату́рный мир   literary world
  Мир победи́т войну́.   Peace will triumph over war.
  со всего́ ми́ра   from every corner of the globe
*мири́ться (помири́ться)   to reconcile
  помири́ться с кем-ли́бо   to be reconciled with someone
  примири́ться   (perf.) со свои́м положе́нием   to reconcile oneself to one's situation
ми́рный   peaceful
мировоззре́ние   world outlook
ми́ска   basin, soup tureen
ми́стика   mysticism
мла́дший   younger, junior
мне́ние   opinion

быть о себе́ сли́шком высо́кого мне́ния to think too much of oneself
Я того́ мне́ния. I am of that opinion.
мно́гие many
во мно́гих отноше́ниях in many respects
*мно́го** much, many, a lot
мно́го рабо́ты much work
о́чень мно́го very much
прошло́ мно́го вре́мени a long time passed
многозначи́тельно significantly
многокра́тно repeatedly
многообра́зие variety, diversity
многосторо́нний versatile, many-sided
многоуважа́емый respected
многоуго́льник polygon
мно́жество great number
Их бы́ло мно́жество. There were many of them.
моги́ла grave
мо́да fashion, vogue
быть оде́тым по мо́де to be fashionably dressed
модери́зм modernism
мо́дный fashionable, stylish
мо́жет быть perhaps
Не мо́жет быть. It is impossible.
*мо́жно** one may, it is possible
е́сли мо́жно if possible
Здесь мо́жно кури́ть. One may smoke here.
как мо́жно скоре́е as soon as possible
Мо́жно откры́ть окно́? May I open the window?
мозг brain
*мой, моя́, моё, мои́** my
мо́кнуть (промо́кнуть) to become wet
мо́кро It is wet.
На у́лице мо́кро. It is wet outside.
мо́крый wet, moist
моле́кула molecule
молекуля́рный вес molecular weight
моли́тва prayer
моли́ть to pray, entreat

мо́лния lightning
молодёжь (f. collective) youth, young people
*молоде́ц** fine fellow
вести́ себя́ молодцо́м to behave oneself magnificently
Молоде́ц! Well done!
молодо́й young, youthful, new
мо́лодость (f.) youth
не пе́рвой мо́лодости not in one's first youth
молоко́ milk
мо́лот hammer, mallet
мо́лча (adv.) silently, without a word
молчали́вый taciturn, silent
молча́ние silence
молча́ть to be silent
моль (f.) moth
моме́нт moment, instant
момента́льно instantly
моне́та coin
зво́нкая моне́та hard cash
плати́ть кому́-либо той же моне́той to pay someone in his own coin
приня́ть за чи́стую моне́ту to take at its face value
моното́нность (f.) monotony
мора́ль (f.) moral
мора́льный moral, ethical
мо́ре sea
морко́вь (f.) carrot
моро́женое ice cream
моро́женый frozen, chilled
моро́з frost, freezing weather
морска́я сви́нка guinea pig
морщи́на wrinkle (facial)
москви́ч inhabitant of Moscow
моско́вский Moscow (adj.)
мост bridge
мото́р motor, engine
*мочь (смочь)** to be able
мрак gloom, darkness
мра́мор marble
мра́чный gloomy, somber
мсти́тельность (f.) vindictiveness, vengefulness
*мстить (отомсти́ть)** to avenge oneself
мудре́ц sage, wise man
му́дрость (f.) wisdom
му́дрый wise, sage

муж   husband
му́жество   courage, fortitude
мужско́й   (grammatical) masculine
  мужско́й портно́й   men's tailor
*__му́жчина__   (m.) man
музе́й   museum
му́зыка   music
музыка́льный   musical
музыка́нт   musician
му́ка   torment, torture
мука́   flour
мультипликацио́нный фильм
  cartoon, animated film
му́мия   mummy
мураве́й   ant
му́скул   muscle
му́сор   trash, rubbish, refuse
  мусоросжига́тельная печь
  incinerator
му́тный   dull, cloudy, muddy
  лови́ть ры́бу в му́тной воде́   to
  fish in troubled waters
му́ха   fly
  де́лать из му́хи слона́   to make
  mountains out of molehills
  Кака́я му́ха его́ укуси́ла?   What's
  troubling him?
муче́ние   torture, torment
му́чить   (imp.) to torment, worry
  Э́то му́чит мою́ со́весть.   It lies
  heavily on my conscience.
*__мы__   we
мы́ло   soap
мы́сленно   mentally
мы́слить   to think, reflect
мысль   (f.) thought, idea
  Мысль пришла́ ему́ в го́лову.   A
  thought occurred to him.
  предвзя́тая мысль   preconceived
  idea
мы́слящий   thinking, intellectual
мы́ть(ся) (помы́ть(ся), вы́мыть(ся))
  to wash; to wash (oneself)
мышь   (f.) mouse
  лету́чая мышь   bat
мя́гкий   soft, gentle
  мя́гкий звук   mellow sound
  мя́гкий кли́мат   mild climate
  мя́гкое движе́ние   gentle
  movement
  мя́гкое се́рдце   soft heart
мя́гко   softly, mildly

мя́гкость   (f.) softness, gentleness
мягчи́ть (смягчи́ть)   to soften
мя́со   meat
мяч   ball
  игра́ть в мяч   to play ball

Н

*__на__   on, onto—direction—(with
  acc.); for extent of time (with
  acc.); on in, at—location—(with
  prep.)
  говори́ть на иностра́нном языке́
  to speak in a foreign language
  е́хать на по́езде   to ride on the
  train
  име́ть что́-либо на свое́й со́вести
  to have something on one's
  conscience
  Кни́га лежи́т на столе́.   The book
  is lying on the table.
  на э́той неде́ле   this week
  на се́вер   to the north
  на се́вере   in the north
  Он прие́хал на неде́лю.   He came
  for a week.
  переводи́ть на друго́й язы́к   to
  translate into a different language
  помно́жить пять на три   to
  multiply five by three
  ре́зать на куски́   to cut into pieces
  сесть на по́езд   to take the train
  уро́к на за́втра   lesson for
  tomorrow
  Я положи́л кни́гу на стол.   I put
  the book on the table.
на, на́те   here, here you are, take it
  (familiar)
набира́ть (набра́ть) очки́   to earn
  points (also in sports)
набира́ться (набра́ться)   to
  accumulate, acquire
  набра́ться но́вых сил   to find new
  strength
  набра́ться ума́   to acquire wisdom
наблюда́тель   (m.) observer
наблюда́ть   to observe, keep one's
  eyes on, control
на́божность   (f.) devotion, piety
набра́ться—see **набира́ться**

набро́сок   sketch, outline

наве́к, наве́ки   forever

*наве́рно   surely, most likely

наве́рх   up, upward (motion toward)

наверху́   above, upstairs

на́волочка   pillowcase

навсегда́   forever

навстре́чу   to meet
  идти́ навстре́чу кому́-либо   to go to meet someone

навы́ворот   inside out

нагиба́ть (нагну́ть)   to bend

на́глость   (f.) impudence, insolence

нагляде́ться   (perf.) to see enough
  не нагляде́ться на кого́-либо   never to be tired of looking at someone

нагну́ть—see нагиба́ть

нагоня́ть (нагна́ть) це́ну   to inflate the price, to boost the value

наготове   in readiness, at call
  держа́ть наготове   to keep in readiness

награ́да   reward, prize

нагрева́ть (нагре́ть)   to warm, heat

нагре́ть—see нагрева́ть

*над   above, over (with inst.)
  висе́ть над столо́м   to hang over the table
  засыпа́ть над кни́гой   to fall asleep over a book
  рабо́тать над те́мой   to work at a subject
  смея́ться над ке́м-либо   to laugh about someone

наде́жда   hope
  в наде́жде   in the hope of
  пита́ть наде́жды   to cherish hopes
  подава́ть наде́жды   to offer hope, to show promise

надёжность   (f.) reliability

надёжный   reliable, trustworthy

надели́ть—see наделя́ть

наделя́ть (надели́ть)   to allot, provide

*наде́яться   to hope
  наде́яться на кого́-либо   to rely on someone
  Я наде́юсь уви́деть вас сего́дня.   I hope to see you today.

на́до   it is necessary, one must
  мне на́до   I need

на́добность   (f.) necessity
  в слу́чае на́добности   in case of need
  Нет никако́й на́добности.   There is no need whatever.

надоеда́ть (надое́сть)   to pester, bore
  Он мне до́ смерти надое́л.   He bored me to death.

надое́сть—see надоеда́ть

надо́лго   for a long time

надписа́ть—see надпи́сывать

надпи́сывать (надписа́ть)   to inscribe

на́дпись   (f.) inscription

надува́ть (наду́ть)   to inflate, puff out
  наду́ть гу́бы   to pout

наду́ть—see надува́ть

наеда́ться (нае́сться)   to eat one's fill

нае́сться—see наеда́ться

нажа́ть—see нажима́ть

нажима́ть (нажа́ть)   to press, put pressure on

нажива́ться (нажи́ться)   to make a fortune

*наза́д   back, backward
  смотре́ть наза́д   to look back
  тому́ наза́д   ago
  мно́го лет тому́ наза́д   many years ago
  шаг наза́д   a step backward

назва́ние   name (inanimate things)

назва́ть(ся)—see называ́ть(ся)

назнача́ть (назна́чить)   to appoint, fix, set
  назнача́ть день   to set a day
  назнача́ть це́ну   to fix a price

назна́чить—see назнача́ть

называ́ть (назва́ть)   to call, name
  Де́вочку нельзя́ назва́ть краса́вицей.   The girl cannot be called a beauty.
  Его́ называ́ют Ва́ней.   They call him Vanya.
  называ́ть ве́щи свои́ми имена́ми   to call a spade a spade

называ́ться (назва́ться)   to be called

наибо́лее most
  наибо́лее удо́бный most convenient
наизу́сть by heart
  знать наизу́сть to know from memory
найти́(сь)—see **находи́ть(ся)**
нака́з order, instruction
наказа́ние punishment
накану́не on the eve of
наклоне́ние inclination, mood (gram.)
накло́нность (f.) inclination, leaning
  име́ть накло́нность к чему́-либо to have an inclination for something
наконе́ц at last, finally
накорми́ть—see **корми́ть**
накрахма́ленный starched stiff
накрыва́ть (накры́ть) to cover
  накрыва́ть стол ска́тертью to cover the table with a cloth
  накры́ть стол to set the table
накры́ть—see **накрыва́ть**
нале́во to the left
*****налива́ть (нали́ть)** to pour out, fill
  нали́ть ча́шку ча́я to pour out a cup of tea
нали́ть—see **налива́ть**
нали́чный available, on hand
  нали́чные (де́ньги) cash on hand
нало́г tax
намёк hint
  поня́ть намёк to take a hint
  сде́лать намёк to drop a hint
намека́ть (намекну́ть) to hint at, imply
намекну́ть—see **намека́ть**
наме́рение intention, purpose
наме́ренный intentional, deliberate
наме́тить—see **намеча́ть**
намётка basting
намеча́ть (наме́тить) to plan, outline
намока́ть (намо́кнуть) to get wet
намо́кнуть—see **намока́ть**
нанима́ть (наня́ть) to rent, hire
наня́ть—see **нанима́ть**
наоборо́т on the contrary
напева́ть (напе́ть) to hum

напе́ть—see **напева́ть**
напеча́тать—see **печа́тать**
написа́ние spelling
написа́ть—see **писа́ть**
напи́ток drink, beverage
напо́лнить—see **наполня́ть**
наполня́ть (напо́лнить) to fill
напомина́ние reminder
напомина́ть (напо́мнить) to remind
  напо́мним, что we would remind you that
  Он напомина́ет свою́ мать. He resembles his mother.
напо́мнить—see **напомина́ть**
напра́вить—see **направля́ть**
направле́ние direction, trend
  во всех направле́ниях in all directions
  литерату́рное направле́ние literary school, movement
направля́ть (напра́вить) to direct, turn
  Меня́ напра́вили к вам. I was directed to you.
  направля́ть внима́ние to direct attention
  направля́ть свои́ шаги́ to direct one's steps
напра́во to the right
напра́сно in vain, to no purpose, wrongly
  вы напра́сно так ду́маете you are mistaken if you think that
  Его́ напра́сно обвини́ли. He was wrongly accused.
  Напра́сно ждать чего́-либо от него́. It is useless to expect anything of him.
наприме́р for instance
напрока́т for hire (only object, not person)
  взять напрока́т to hire
*****напро́тив** on the contrary
напряга́ть (напря́чь) to strain
напряже́ние effort, tension; voltage
  высо́кое напряже́ние high tension; high voltage
напряжённый strained, tense
напря́чь—see **напряга́ть**
напи́сано it is written

напу́ганный   frightened, scared

напуга́ть   (perf.) to frighten

напуга́ться   to become frightened

напу́дриться—see пу́дриться

напуска́ть (напусти́ть)   to fill

  напусти́ть воды́ в ва́нну   to fill a bathtub

напусти́ть—see напуска́ть

нараспе́в   in a singsong voice

нареза́ть (наре́зать)   to slice, to cut into pieces

наре́зать—see нареза́ть, ре́зать

нарисова́ть—see рисова́ть

*наро́д   nation, people

  мно́го наро́ду   crowd, many people

наро́дность   (f.) nationality

наро́дный   folk, national

наро́чно   purposely

  как наро́чно   as luck would have it

нару́жно   outwardly

нару́жность   (f.) appearance, exterior

наруша́ть (нару́шить)   to break, disturb

  наруша́ть поко́й   to disturb the peace

  наруша́ть сло́во   to break one's promise

наруше́ние   breach, violation

нару́шить—see наруша́ть

наря́д   attire, smart clothes

наря́дно   smartly (dressed)

наряду́   side by side, at the same time

  наряду́ с э́тим   at the same time

насеко́мое   insect

населе́ние   population

наси́лие   violence, coercion

наси́ловать (изнаси́ловать)   to force, violate, rape

наси́льно   by force, under compulsion

наскво́зь   through, throughout

  ви́деть кого́-либо наскво́зь   to see through someone

  наскво́зь промо́кнуть   (perf.) to get wet through and through

наско́лько   how much, as far as

  наско́лько мне изве́стно   as far as I know

Наско́лько он ста́рше вас?   How much older is he than you?

на́скоро   hastily, carelessly

  де́лать что́-либо на́скоро   to do something carelessly

наску́чить   (perf.) to bore, annoy

Мне наску́чило э́то.   I am bored by this.

наслади́ться—see наслажда́ться

наслажда́ться (наслади́ться)   to take pleasure in, enjoy

  наслажда́ться му́зыкой   to enjoy the music

наслажде́ние   delight, enjoyment

насле́дник   heir, successor

насле́довать (унасле́довать)   to inherit, succeed

насле́дственный   hereditary

насле́дство   inheritance, legacy

насмеха́ться   to mock, deride

насме́шка   mocking

на́сморк   head cold

насоли́ть—see соли́ть

насо́с   pump

наста́ивать (настоя́ть)   to insist on, persist

  наста́ивать на своём   to insist on having one's own way

на́стежь   (adv.) wide

О́кна бы́ли на́стежь откры́ты.   The windows were wide open.

настига́ть (насти́гнуть)   to overtake

насти́гнуть—see настига́ть

насто́йчивость   (f.) persistence, insistence

насто́йчивый   persistent, urgent

насто́лько   so, this much

настоя́тельность   (f.) urgency

настоя́ть—see наста́ивать

настоя́щее   the present (noun)

настоя́щий   present, real, genuine

  настоя́щее вре́мя   present tense

  настоя́щий друг   true friend

  настоя́щий мужчи́на   real man

настрое́ние   mood, frame of mind

  быть в настрое́нии   to be in good spirits

  У меня́ нет для э́того настрое́ния.   I am not in the mood for that.

наступа́ть (наступи́ть)   to come (of time)

наступи́ла весна́. Spring came.
Наступи́ло коро́ткое молча́ние.
A brief silence ensued.
наступи́ть—see наступа́ть
наступле́ние coming, approach,
offensive attack (military)
насчёт as regards, concerning
насчёт э́того so far as that matter
is concerned
насы́пать—see насыпа́ть
насыпа́ть (насы́пать) to pour, fill
(dry products)
насы́тить—see насыща́ть
насыща́ть (насы́тить) to saturate,
satiate
насы́щенность (f.) saturation
насы́щенный saturated
нату́ра nature
Он по нату́ре о́чень до́брый
челове́к. He is a kind man by
nature.
плати́ть нату́рой to pay in kind
рисова́ть с нату́ры to paint from
life
Это ста́ло у него́ второ́й нату́рой.
It became second nature with him.
натура́льный natural
в натура́льную величину́ life-
size
натура́льный шёлк genuine silk
нау́ка science, study
занима́ться нау́кой to be a
scientist
то́чные нау́ки exact sciences
научи́ть (perf.) to teach
научи́ть кого́-либо англи́йскому
языку́ to teach someone
English
научи́ться (perf.) to learn
something
нау́чно scientifically
нау́чно-иссле́довательский (adj.)
scholarly
нау́чный scientific
нау́чный сотру́дник research
assistant
наха́льство impudence
находи́ть (найти́) to find, discover
Его́ нахо́дят у́мным. He is
considered clever.
находи́ть утеше́ние to find
comfort

Он ника́к не мог найти́ причи́ну
э́того. He never managed to
discover the cause of it.
находи́ться (найти́сь) to be found
or situated
Дом нахо́дится в па́рке The
house is in a park.
Он всегда́ найдётся. He is never
at a loss.
Рабо́та для всех найдётся. We
will find work for everyone.
нахму́риться—see хму́риться
националисти́ческий
nationalistic
национа́льность (f.) nationality
на́ция nation
*нача́ло beginning
в нача́ле го́да in the beginning of
the year
для нача́ла to start with
с нача́ла from the beginning
нача́льный elementary, initial
нача́льные гла́вы рома́на
opening chapters of the novel
нача́льная шко́ла elementary
school
нача́ть—see начина́ть
начина́ть (нача́ть) to begin, start
нача́ть пить to start drinking
начина́ть день прогу́лкой to
begin the day with a walk
Он на́чал рабо́тать He began
working.
нача́ться—see начина́ться
начина́ться (нача́ться) (intr.) to
begin, to start
начина́ющий beginner
начи́нка filling, stuffing
начи́танный well-read
*наш, на́ша, на́ше, на́ши our
нашива́ть (наши́ть) to sew on
наши́ть—see нашива́ть
нашуме́ть (perf.) to make much
noise
*не not
не́ на кого положи́ться no one
to rely on
не то́лько not only
не тру́дный, но и не просто́й not
difficult but not simple
Он не мо́жет чита́ть. He cannot
read.

Э́то не ва́ша кни́га.   It is not your book.

Э́то не так.   That is not so.

Э́то не шу́тка.   It is no joke.

не-   negative prefix with adjectives, "un-"

неаккура́тный   inaccurate, unpunctual, messy

небе́сный   celestial, heavenly

неблагода́рность   (f.) ingratitude

неблагоразу́мие   imprudence

неблагоскло́нность   (f.) unfavorable attitude

*не́бо   sky, heaven

  быть на седьмо́м не́бе   to be in seventh heaven

  под откры́тым не́бом   in the open air

небоскрёб   skyscraper

небо́сь   it is most likely, one must be

  Он, небо́сь, уста́л.   He must be tired.

*небре́жность   (f.) carelessness, negligence

небре́жный   careless, slipshod

небри́тый   unshaven

небыва́лый   unprecedented, fantastic

небью́щийся   unbreakable

  небью́щееся стекло́   safety glass

нева́жно   (interj.) never mind, it is unimportant

нева́жно   (adv.) poorly, indifferently

  Он себя́ нева́жно чу́вствует.   He doesn't feel well.

  Рабо́та сде́лана нева́жно.   The work is poorly done.

неве́дение   ignorance

  находи́ться в неве́дении   to be in ignorance

неве́домый   unknown, mysterious

неве́жество   ignorance

неве́жественный   ignorant

неве́жливый   impolite, rude

неве́рно   incorrectly

невероя́тно   incredibly, inconceivably

невероя́тность   (f.) incredibility

невесо́мость   (f.) weightlessness

неве́ста   (f.) fiancée, bride

невзго́да   (f.) adversity

невзра́чный   homely, ill-favored

неви́димый   invisible

неви́нность   (f.) innocence, naiveté

неви́нный   innocent, harmless

невку́сный   not tasty

невнима́тельный   inattentive, careless

невозвра́тность   irrevocability

невоздё́ржанность   lack of self-control

невозмо́жно   impossible, it is impossible

нево́льно   involuntarily, unintentionally

невоспи́танный   unmannerly

невреди́мый   safe, unharmed

невы́годно   disadvantageously, it is not advantageous

невы́годный   disadvantageous, not advantageous

  ста́вить в невы́годное положе́ние   to place at a disadvantage

*негати́вный   negative

*не́где   nowhere, no place (plus infinitive)

  Не́где сесть.   There is nowhere to sit.

него́дность   (f.) unfitness, worthlessness

негодова́ние   indignation

негодя́й   scoundrel, villain

негра́мотность   (f.) illiteracy

грацио́зный   ungraceful

*неда́вно   recently, not long ago

*недалеко́   not far

  Им недалеко́ идти́.   They have a short way to go.

  недалеко́ то вре́мя, когда́   the time is not far, when

недалё́кость   (f.) narrow-mindedness, dull-wittedness

неда́ром   not without reason, not in vain

  неда́ром говоря́т   not without reason is it said

неделика́тный   indelicate, rough

*неде́ля   week

  ка́ждую неде́лю   every week

  че́рез неде́лю   in a week

недё́шево   at a considerable price

  Это ему́ недё́шево доста́лось.   It cost him dearly.

недове́рие   distrust

недове́рчивый distrustful
недово́льный dissatisfied
недово́льство dissatisfaction,
discontent
недоеда́ние malnutrition
недоко́нченный unfinished
недо́лго not long
  недо́лго ду́мая without a second
  thought
недооце́нивать (недооцени́ть) to
  underestimate, undervalue
недооцени́ть—see **недооце́нивать**
недоразуме́ние misunderstanding
недостава́ть (недоста́ть) to lack,
be missing
  **Ему́ недостаёт слов, что́бы
  вы́разить ...** he cannot find
  words to express ...
  Нам о́чень недостава́ло вас. We
  missed you very much.
  Чего́ вам недостаёт? What do
  you lack?
недоста́ток shortage, defect
  за недоста́тком чего́-либо for
  want of something
  име́ть серьёзные недоста́тки to
  have serious shortcomings
недоста́точно insufficiently
недоста́ть—see **недостава́ть**
недостижи́мый unattainable
недосто́йный unworthy
недоуме́ние bewilderment,
perplexity
недохо́дный unprofitable
недружелю́бный unfriendly
неду́рно not bad! (interj.), rather
well (adv.)
неесте́ственный unnatural,
affected
нежена́тый unmarried (of a man)
не́жность (f.) tenderness
не́жный tender, delicate, loving
  не́жный во́зраст tender age
  не́жное здоро́вье delicate health
  не́жный сын loving son
незабыва́емый unforgettable
незави́симость (f.) independence
незави́симый independent
незако́нный illegal
незакономе́рный irregular
незако́нченный incomplete,
unfinished

незаме́тно imperceptible, not
noticeable
незаму́жняя unmarried (of
women)
незаслу́женный undeserved
нездоро́вый unwell, indisposed
незнако́мец stranger
незначи́тельный negligible,
unimportant
незре́лый unripe, immature
неизве́стно It is not known.
неизве́стный unknown, obscure
неи́скренний insincere
неи́скренность (f.) insincerity
неискушённый inexperienced,
unsophisticated
неквалифици́рованный unskilled
***не́который** some
  до не́которой сте́пени to a
  certain extent
  не́которое вре́мя some time
  не́которые из них some of them
некраси́вый unattractive, ugly
некульту́рный uncivilized,
uncultured
неле́пость (f.) absurdity
неле́пый ridiculous, incongruous
нелётный (о пого́де) nonflying,
unsuitable for flying (about
weather)
нелицеме́рный sincere, frank
нело́вкий awkward, clumsy,
inconvenient
  нело́вкое молча́ние awkward
  silence
  **оказа́ться (perf.) в нело́вком
  положе́нии** to find oneself in an
  awkward situation
***нельзя́** it is impossible, one
cannot
  Здесь кури́ть нельзя́. Smoking is
  not permitted here.
  как нельзя́ лу́чше in the best
  way possible
  Там нельзя́ дыша́ть. It is
  impossible to breathe there.
нелюбе́зность (f.) coldness,
discourtesy
нелюбе́зный ungracious,
discourteous
нелюди́мый unsociable
неме́дленно immediately

не́мец, не́мка   German (m., f.)

неме́цкий   German (adj.)

немилосе́рдный   merciless, unmerciful

пемину́емо   inevitably, unavoidably

*****немно́го**   a little, a few

немно́жко   a trifle, a bit

немо́й   mute, deathly still

   немо́е обожа́ние   mute adoration

   немо́й   mute person

ненави́деть   (imp.) to hate, detest

не́нависть   (f.) hatred

ненадёжный   unreliable, untrustworthy

ненадо́лго   for a short while

ненаме́ренно   unintentionally

необразо́ванный   uneducated

необходи́мо   it is necessary

   Необходи́мо ко́нчить рабо́ту.   It is necessary to finish the work.

необходи́мость   (f.) necessity

необходи́мый   necessary, indispensable

необыкнове́нный   unusual

неограни́ченный   unlimited

неодобри́тельный   disapproving

неодушевлённый   inanimate

неожи́данно   unexpectedly

неожи́данность   (f.) suddenness, unexpectedness

неопра́вданный   unjustified

неопределённый   indefinite, indeterminate

нео́пытный   inexperienced

неоргани́ческий   inorganic (chemistry)

неотврати́мость   (f.) inevitability

неотчётливый   vague, indistinct

неохо́та   reluctance

неохо́тно   unwillingly, reluctantly

неплодоро́дный   barren, infertile

неплохо́й   not bad, quite good

неподви́жно   motionlessly

неподви́жный   immovable, stationary

неподку́пный   incorruptible, someone who can't be bought

неподходя́щий   unsuitable, inappropriate

неполноце́нность   (f.) inferiority

непо́лный   incomplete, imperfect

непонима́ние   incomprehension, misunderstanding

непоря́дочный   dishonorable, ungentlemanly

непоси́льный   beyond one's strength

*****непра́вда**   untruth, falsehood

непра́вильно   irregularly, erroneously, incorrectly

*****непреме́нно**   certainly, without fail

непреодоли́мый   insurmountable, unconquerable

непреры́вно   uninterruptedly, continuously

непреры́вность   (f.) continuity

приве́тливый   unfriendly, ungracious

непривлека́тельный   uninviting, unpleasant

неприли́чный   indecent, unseemly

   Како́е неприли́чное поведе́ние!   What disgraceful behavior!

непринуждённо   without embarrassment, nonchalantly

   чу́вствовать себя́ непринуждённо   to feel at ease

непринуждённый   natural, free and easy

   непринуждённая по́за   natural attitude, poise

неприя́тно   unpleasant, it is unpleasant

неприя́тность   (f.) trouble, annoyance

неприя́тный   unpleasant, disagreeable

непрости́тельный   unpardonable, inexcusable

непрямо́й   indirect, hypocritical

нера́венство   inequality

неразлу́чный   inseparable

неразу́мие   foolishness, unreason

неразу́мный   unreasonable, unwise

нерасчётливость   (f.) extravagance

нерасчётливый   extravagant, wasteful

нерв   nerve

   де́йствовать кому́-либо на не́рвы   to get on someone's nerves

   страда́ть не́рвами   to have a nervous disease

не́рвничать   to be nervous

не́рвный   nervous
нереши́тельность   (f.) indecision
перо́вный   uneven, rough
несвя́зно   incoherently
несгора́емый   fireproof
*__несколько__   several, some, a few
нескро́мный   immodest, indiscreet
несло́жный   simple, uncomplicated
неслы́шный   inaudible
несмотря́ на то, что   despite the
    fact that
несно́сный   unbearable, intolerable
несоверше́нный   imperfect,
    incomplete
несовмести́мый   incompatible
несогла́сие   dissent, disagreement,
    difference of opinion
несомне́нно   undoubtedly, beyond
    all question
неспоко́йный   restless, uneasy
неспосо́бный   incapable,
    incompetent
несправедли́вость   (f.) injustice,
    unfairness
несправедли́вый   unjust, unfair
несравне́нно   incomparably,
    matchlessly
несрави́мый   incomparable,
    unmatched
нестерпи́мый   unbearable,
    intolerable
нести́, носи́ть   to bear, carry
    нести́ отве́тственность   to bear
    the responsibility
несчастли́вый   unfortunate
несча́стный   unhappy, unfortunate
несча́стье   misfortune
    к несча́стью   unfortunately
несъедо́бный   inedible
*__нет__   no, there is (are) not
    Бу́дет он там и́ли нет?   Will he
    be there or not?
    Его́ нет до́ма.   He is not at home.
    ещё нет   not yet
    Почему́ нет?   Why not?
    совсе́м пет   not at all
    Там никого́ нет.   There is no one
    there.
нетерпели́во   impatiently
нетерпели́вый   impatient
нетерпе́ние   impatience
нетерпи́мый   intolerant

нетре́бовательный   unpretentious,
    modest
неуважи́тельно   disrespectfully
неуве́ренный   uncertain, hesitating
неуго́дный   undesirable
неуда́ча   failure
неуда́чный   unsuccessful,
    unfortunate
неудо́бный   uncomfortable,
    inconvenient
неудо́бство   inconvenience,
    discomfort
неудовлетвори́тельный
    unsatisfactory, inadequate
неудово́льствие   displeasure
*__неуже́ли!__   Really! Is it possible!
неуклю́жий   clumsy, awkward
неутоми́мый   tireless
неую́тный   bleak, not cozy
нефтяно́й та́нкер   oil tanker
не́хотя   unwillingly, reluctantly
*__неча́янно__   accidentally
нече́стный   dishonest
нечи́стый   unclean, impure
    нечи́стая со́весть   guilty
    conscience
    нечи́стое де́ло   suspicious affair
*__ни__   not a
    Не мог найти́ ни одного́ приме́ра.
    He could not find a single
    example.
    Ни ка́пли не упа́ло.   Not a single
    drop fell.
    ни . . . ни . . .   neither . . . nor . . .
    Ни ра́зу не ви́дела его́.   She
    never saw him.
*__нигде́__   nowhere
*__ни́жний__   lower
    ни́жнее бельё   underwear
    ни́жний эта́ж   ground floor
*__ни́зкий__   low, short, inferior
    ни́зкий го́лос   deep voice
    ни́зкое ка́чество   poor quality
*__ника́к__   in no way
    Ника́к нельзя́.   It is quite
    impossible.
    Он ника́к не мог откры́ть я́щик.
    In no way could he open the box.
*__никогда́__   never
    никогда́ бо́льше   never again
    никогда́ в жи́зни   never in one's
    life

почти́ никогда́   hardly ever

*__никто́__   no one

*__никуда́__   nowhere

   никуда́ не годи́тся   won't do at all

   никуда́ не го́дный челове́к
   good-for-nothing

*__ниско́лько__   not at all, not in the
   least

   Э́то ниско́лько не тру́дно.   It is
   not difficult at all.

ни́тка   thread

   вдева́ть ни́тку в иго́лку   to
   thread a needle

   нитра́ты   nitrates

*__ничего́__   nothing, never mind, it
   doesn't matter

   Ничего́!   It is nothing! No harm
   done.

   Ничего́ не ви́дел.   He saw
   nothing.

   Ничего́ не поде́лаешь.   There's
   nothing that can be done.

   ничего́ подо́бного   nothing of the
   sort

   Э́то ему́ ничего́.   It is nothing to
   him.

   Э́то ничего́ не зна́чит.   It means
   nothing.

ничто́жный   insignificant, worthless

*__но__   but

нова́торство   innovation

новомо́дный   new-fashioned,
   modern

новосе́лье   housewarming

но́вость   (f.) news

*__но́вый__   new, modern

   Что но́вого?   What's new?

*__нога́__   foot, leg

   вверх нога́ми   upside down

   встать с ле́вой ноги́   to get up on
   the wrong side of the bed

   идти́ в но́гу   to keep pace

   со всех ног   as fast as one can run

   стать на́ ноги   to become
   independent

но́готь   fingernail, toenail

*__нож__   knife

*__но́жницы__   scissors

*__но́мер__   number, hotel room

но́рма   standard, norm

норма́льно   normally

норма́льный   normal, same

норма́льные усло́вия   normal
   conditions

*__нос__   nose

   говори́ть в нос   to speak nasally

   не ви́деть да́льше своего́ но́са   to
   see no further than one's nose

   носово́й плато́к   handkerchief

   перед но́сом   under one's nose

   сова́ть нос во что́-либо   to pry
   into something

   уткну́ться но́сом во что́-либо   to
   bury oneself into something

*__носи́ть__   to carry (by hand), wear
   (clothes)

носи́ться   to wear

   Э́та мате́рия бу́дет хорошо́
   носи́ться.   This material will
   wear well.

посо́к, носки́   sock, socks

но́ты   music (printed music)

   игра́ть без нот   to play without
   music

*__почева́ть__   (imp.) to spend the
   night

*__ночь__   (f.) night

   но́чью   at night

   споко́йной но́чи   good night

ноя́брь   (m.) November

нрав   disposition, temper

   У него́ весёлый нрав.   He has a
   cheerful disposition.

   Э́то ему́ не по нра́ву.   It goes
   against his grain.

*__нра́виться (понра́виться)__   to
   please

   Ему́ нра́вится её лицо́.   He likes
   her face.

   Она́ стара́ется понра́виться ему́.
   She tries to make him like her.

   Э́то ему́ не понра́вилось.   He did
   not like it.

нра́вственный   moral

*__нра́вы__   (pl.) customs, morals and
   manners

ну!   Well, now!

   Ну, и что же да́льше?   Well, and
   what then?

   Ну, коне́чно.   Why, of course.

   Ну так что́ же?   Well, what of it?

нужда́   need

   в слу́чае нужды́   in case of need

нужда́ться   to need, want

*ну́жно it is necessary, one should
  мне ну́жно I need
  Э́то ну́жно сде́лать. It must be
  done.
ну́жный necessary
нуль (m.) zero, nought
  своди́ть к нулю́ to bring to
  nothing
ны́не the present
ны́нче today
ню́хать (поню́хать) to smell, sniff
ня́ня nursemaid, nurse

О

*о, об about, concerning (with
  prep.)
  ду́мать о ко́м-либо to think of
  someone
  кни́га об а́томной эне́ргии a
  book about atomic energy
о́ба, о́бе both (m. and n.), f.)
обвине́ние charge, accusation
обвини́ть—see обвиня́ть
обвиня́ть (обвини́ть) to accuse,
  charge
обгоре́лый burnt
обду́манно after long
  consideration, deliberately
обду́мать—see обду́мывать
обду́мывать (обду́мать) to
  consider, think over
обе́д dinner
*обе́дать (пообе́дать) to dine
обедне́вший impoverished
обезья́на monkey
обеща́ние promise
обеща́ть to promise
обже́чь—see обжига́ть
обжига́ть (обже́чь) to burn,
  scorch
обжо́ра glutton
обзо́р survey, review
оби́деть(ся)—see обижа́ть(ся)
оби́дно offensively
обижа́ть(ся) (оби́деть(ся)) to
  offend, hurt someone's feelings; to
  be offended
  Не обижа́йтесь. Don't be
  offended.

  Они́ его́ оби́дели. They have
  offended him.
оби́женный offended
оби́лие abundance, plenty
оби́льный abundant, plentiful
о́блако cloud
о́бласть (f.) sphere, province
  о́бласть зна́ний field of
  knowledge
облегча́ть (облегчи́ть) to
  facilitate, make easier, relieve
облегчи́ть—see облегча́ть
обма́н fraud, deception
обману́ть—see обма́нывать
обма́нчивый deceptive, delusive
обма́нывать (обману́ть) to
  deceive, swindle
обме́н exchange
о́бморок fainting fit
  упа́сть (perf.) в о́бморок to faint
обнима́ть (обня́ть) to embrace
  обнима́ть умо́м to comprehend
обня́ть—see обнима́ть
обогати́ть—see обогаща́ть
обогаща́ть (обогати́ть) to enrich
  обогати́ть свой о́пыт to enrich
  one's experience
обогрева́ть (обогре́ть) to warm
обогре́ть—see обогрева́ть
ободре́ние encouragement
ободри́ть—see ободря́ть
*ободря́ть (ободри́ть) to
  encourage, reassure
обожа́ние adoration
обожа́ть to adore, worship
обознача́ться (обозна́читься) to
  show, appear
обозна́читься—see обознача́ться
обойти́—see обходи́ть
обою́дно mutually
обраба́тывать (обрабо́тать) to
  work up, process
обрабо́тать—see обраба́тывать
обра́доваться—see ра́доваться
*о́браз image, shape, form
  гла́вным о́бразом most
  importantly
  о́браз жи́зни way of living
  таки́м о́бразом in this way
*образова́ние education,
  formation
  дать образова́ние to educate

образова́ние слов word formation
образо́ванный (well)-educated
образова́тельный (о програ́мме) educational
обрати́ть—see обраща́ть
*обра́тно back
идти́ обра́тно to return, go back
туда́ и обра́тно round trip, to and fro
обра́тный reverse
в обра́тную сто́рону in the opposite direction
обраща́ть (обрати́ть) to turn, direct
обраща́ть внима́ние to pay attention
обрати́ть в шу́тку to turn into a joke
обруче́ние betrothal
обслу́живание service, maintenance
обслу́живать (обслужи́ть) to attend, serve
обслужи́ть—see обслу́живать
обста́вить—see обставля́ть
обставля́ть (обста́вить) to furnish, arrange
обстано́вка furniture; conditions, situation, environment
обстоя́тельство circumstance
ни при каки́х обстоя́тельствах under no circumstances
смягча́ющие вину́ обстоя́тельства extenuating circumstances
обсуди́ть—see обсужда́ть
обсужда́ть (обсуди́ть) to discuss
обходи́ть to go around, pass
обхо́дный roundabout
общежи́тие dormitory
общесою́зный all-union
обще́ственный public, social
обще́ственное мне́ние public opinion
обще́ственный строй social system
о́бщество society
о́бщий general, common
не име́ть ничего́ о́бщего to have nothing in common
о́бщее де́ло common cause
о́бщее собра́ние general meeting
о́бщий язы́к common language

объе́кт object
объекти́вный objective (adj.)
объём volume, size
объяви́ть—see объявля́ть
объявле́ние announcement, declaration
объявля́ть (объяви́ть) to declare, announce
объясне́ние explanation
объясни́ть—see объясня́ть
объясня́ть (объясни́ть) to explain
объя́тие embrace
обыкнове́нно usually, as a rule
обыкнове́нный usual, ordinary
обы́чай custom, usage
по обы́чаю according to custom
обы́чно usually
обя́занность (f.) duty, responsibility
исполня́ть свои́ обя́занности to attend to one's duties
обя́занный obliged
быть обя́занным кому́-либо to be indebted to someone
быть обя́занным что́-либо сде́лать to be obliged to do something
*обяза́тельно certainly, without fail
обяза́тельный obligatory, compulsory
о́вощи vegetables
овра́г ravine
овца́ sheep
оглуши́тельный deafening
огово́рка reservation
с огово́ркой with reserve
оголённый nude
*ого́нь (m.) fire
огоро́д vegetable garden
ограбле́ние robbery
ограниче́ние limitation, restriction
ограни́ченность scantiness, narrow-mindedness
ограни́чивать (ограни́чить) to limit, restrict
ограни́чить—see ограни́чивать
огро́мный huge, enormous
*огуре́ц cucumber
о́да ode
одева́ть(ся) (оде́ть(ся)) to dress someone; to dress oneself
оде́жда clothes

оде́ть(ся)—see **одева́ть(ся)**

одея́ло blanket, quilt

***оди́н, одна́, одно́, одни́,** one, alone, only (m., f., n., plural)

  оди́н за други́м one after another

  оди́н из них one of them

  Оди́н он мо́жет сде́лать э́то. Only he can do it.

  оди́н раз once

  Одно́ бы́ло ему́ я́сно. One thing was clear to him.

  Он был совсе́м оди́н. He was quite alone.

  Они́ живу́т в одно́м до́ме. They live in the same house.

  одни́м сло́вом in a word

  Там была́ одна́ вода́. There was nothing but water.

одина́ково equally

одина́ковый identical

оди́ннадцать eleven

оди́ннадцатый eleventh

одино́кий lonely

одино́чество solitude, loneliness

***одна́жды** once

одна́ко however, but

одновре́менно simultaneously

однообра́зный monotonous (sound)

однообра́зие monotony

однообра́зный monotonous

одолжа́ть (одолжи́ть) to lend, borrow

одолже́ние favor

одолжи́ть—see **одолжа́ть**

одушеви́ть(ся)—see **одушевля́ть(ся)**

одушевле́ние animation

одушевлённый animated

одушевля́ть(ся) (одушеви́ть(ся)) to animate (to become animated)

ожере́лье necklace

оживи́ть(ся)—see **оживля́ть(ся)**

оживлённо animatedly

оживля́ться (оживи́ться) to enliven, revive

ожида́ние expectation

***ожида́ть** to wait for, expect, anticipate

озабо́ченный preoccupied, anxious, worried

озаря́ть (озари́ть) to illuminate, light up

его́ озари́ло it dawned on him

озари́ть—see **озаря́ть**

***о́зеро** lake

озлобле́ние bitterness, animosity

ознако́миться—see **ознакомля́ться**

ознакомля́ться (ознако́миться) to familiarize oneself (with)

озоносфе́ра ozone layer

оказа́ть(ся)—see **ока́зывать(ся)**

ока́зывать(ся) (оказа́ть(ся)) to render, turn out to be, show up

  оказа́лось, что it turned out that

  ока́зывать влия́ние to exert, influence

  ока́зывать предпочте́ние to show a preference

  ока́зывать услу́гу to render (do) a service

  Трево́га оказа́лась напра́сной. There proved to be no grounds for alarm.

ока́нчивать (око́нчить) to finish, end

  око́нчить университе́т to graduate from university

океа́н ocean

окисле́ние oxidation

оклика́ть (окли́кнуть) to hail, call (to)

окли́кнуть—see **оклика́ть**

***окно́** window

***о́коло** near, approximately, about (with gen.)

  говори́ть вокру́г да о́коло to beat around the bush

  О́коло го́рода есть о́зеро. There is a lake near the town.

  Сейча́с о́коло трёх часо́в. It is now around three o'clock.

  У меня́ о́коло трёх до́лларов. I have approximately three dollars.

оконча́ние termination, finishing, ending

оконча́тельный final, definitive

око́нчить—see **ока́нчивать**

окрести́ть—see **крести́ть**

окре́стность (f.) environs, neighborhood

окружа́ть (окружи́ть) to surround, encircle

окружи́ть—see **окружа́ть**

окружа́ющая среда́ environment

окру́жность (f.) circumference

октя́брь (m.) October

ола́дьи pancakes

ома́р lobster

омле́т omelette

*он he (used when referring to any masculine noun, animate or inanimate)

*она́ she (used to refer to any feminine noun)

*они́ they (used to refer to any plural noun)

*оно́ it (used when referring to any neuter noun, animate or inanimate)

опа́здывать (опозда́ть) to be late

Извини́те, что я опозда́л. Pardon me for being late.

опозда́ть на по́езд to miss a train

опасе́ние fear, apprehension

опа́сно dangerously

опа́сность (f.) danger, peril

опа́сный dangerous, perilous

*о́пера opera

из друго́й о́перы quite a different matter

опера́тор operator, cameraman

опера́ция operation

перенести́ опера́цию to undergo an operation

описа́ние description

описа́ть — see опи́сывать

опи́сывать (описа́ть) to describe, portray

опозда́ние delay, tardiness

опозда́ть — see опа́здывать

оправда́ние justification, excuse

оправда́ть(ся) — see опра́вдывать(ся)

опра́вдывать (оправда́ть) to justify, excuse

опра́вдывать дове́рие кого́-либо to warrant someone's confidence

опра́вдываться (оправда́ться) to justify oneself, excuse

опра́вдываться пе́ред ке́м-либо to put oneself right with someone

Тео́рия оправда́лась. The theory proved to be correct.

определе́ние determination, definition

определённо definitely

определённо знать что́-либо to know something definitely

определённый specific, definite

определи́ть — see определя́ть

определя́ть (определи́ть) to define, determine

опро́с survey, poll

оптими́ст optimist

оптимисти́ческий optimistic

опубликова́ть — see публикова́ть

опуха́ть (опу́хнуть) to swell

опу́хнуть — see опуха́ть

о́пыт experiment, test, experience

о́пытный experienced

опя́ть again

ора́нжевый orange (color)

о́рган organ

о́рганы ре́чи organs of speech

о́рганы вла́сти organs of government

орга́н organ (musical instrument)

организо́ванный organized

органи́ческий organic

органи́ческая хи́мия organic chemistry

орёл eagle

оре́х nut

оригина́льный original, eccentric, unusual

ориенти́роваться to orient oneself

орке́стр orchestra

ору́дие instrument, tool

осведоми́ть — see осведомля́ть

осведомля́ть (осведоми́ть) to inform

освежа́ть (освежи́ть) to refresh

освежи́ть — see освежа́ть

освети́ть — see освеща́ть

освеща́ть (освети́ть) to illuminate, light up

освеще́ние lighting, illumination

освободи́ть — see освобожда́ть

освобожда́ть (освободи́ть) to liberate, release

освобожде́ние liberation, release

осво́ить to master, assimilate

осво́иться to make oneself familiar with

о́сень (f.) autumn

о́сенью in the autumn

оскорби́тельный insulting, abusive

оскорби́ть(ся) — see
оскорбля́ть(ся)
оскорбле́ние insult, outrage
оскорбля́ть (оскорби́ть) to insult,
outrage
оскорбля́ться (оскорби́ться) to
take offense
ослабе́ть — see слабе́ть
ослепи́тельный dazzling, blinding
ослепи́ть — see ослепля́ть
ослепля́ть (ослепи́ть) to blind,
dazzle
осле́пнуть (perf.) to lose one's sight
осложне́ние complication
осма́тривать (осмотре́ть) to
examine, survey
осме́ивать (осмея́ть) to ridicule
осмея́ть — see осме́ивать
осмотре́ть — see осма́тривать
осно́ва base, foundation, basis
на осно́ве чего́-либо on the basis
of something
приня́ть за осно́ву to assume as
a basis
основа́тель (m.) founder
основно́й fundamental, basic
осо́бенно especially, particularly
осо́бенность (f.) peculiarity
в осо́бенности in particular
остава́ться (оста́ться) to remain,
stay
До шести́ остаётся несколько
мину́т. A few minutes remain
until six (o'clock).
остава́ться на ночь to stay the
night
Ру́чка оста́лась на столе́. The
pen remained on the desk.
Э́то навсегда́ оста́нется в мое́й
па́мяти. It will always remain in
my memory.
оста́вить — see оставля́ть
оставля́ть (оста́вить) to leave,
abandon
Оставля́ет жела́ть лу́чшего. It
leaves much to be desired.
оставля́ть вопро́с откры́тым to
leave the question unsettled
оставля́ть наде́жду to give up
hope
оставля́ть в поко́е to leave alone
остально́й remaining, the rest of

остана́вливать (останови́ть) to
stop
*остана́вливаться (останови́ться)
to stop, come to a stop
внеза́пно останови́ться to stop
short
ни перед чем не остана́вливаться
to stop at nothing
останови́ть(ся) — see
остана́вливать(ся)
остано́вка stop, bus or trolley stop
оста́ться — see остава́ться
остолбене́ть (perf.) to be dumb-
founded
*осторо́жно carefully, cautiously
осторо́жность (f.) care, caution
осторо́жный careful, wary
остри́чься — see стри́чься
о́стро sharply, keenly
о́стров island
острота́ sharpness, pungency
остроу́мный witty
о́стрый sharp, acute
Он остёр на язы́к. He has a
sharp tongue.
о́страя боль acute pain
о́стрый нож sharp knife
о́стрый со́ус piquant, hot sauce
остуди́ть — see студи́ть
*от from (with gen.)
бли́зко от го́рода near the town
Он получи́л письмо́ от сестры́.
He received a letter from his
sister.
Он узна́л э́то от него́. He
learned it from him.
от го́рода до ста́нции from the
town to the station
от и́мени on behalf of
страда́ть от боле́зни to suffer
from an illness
отве́т answer, reply
отве́тить — see отвеча́ть
отве́тственность (f.) responsibility
*отвеча́ть (отве́тить) to answer,
reply
отвеча́ть за себя́ to answer for
oneself
отвеча́ть на письмо́ to answer a
letter
отвеча́ть на чьё-либо чу́вство to
return someone's feeling

отвыка́ть (отвы́кнуть) to become unaccustomed, grow out of a habit

отвы́кнуть—see отвыка́ть

оттада́ть—see отга́дывать

отга́дывать (отгада́ть) to guess

*отдава́ть (отда́ть) to give back, give up

  отдава́ть до́лжное кому́-либо to render someone his due

  отдава́ть свою́ жизнь to devote one's life

отда́ть—see отдава́ть

отде́л section, department

отделе́ние separation, section, department

отделить(ся)—see отделя́ть(ся)

отде́льно separately

отде́льный separate

отделя́ть(ся) (отдели́ть(ся)) to separate, detach; to become detached

отдохну́ть—see отдыха́ть

о́тдых rest, relaxation

отдыха́ть (отдохну́ть) to rest

*оте́ц father

оте́чество native land, fatherland

отжи́вший obsolete

отка́з refusal, rejection

отка́заться—see отка́зываться

*отка́зываться (отказа́ться) to refuse, decline

  отка́зываться вы́слушать кого́-либо to refuse to listen to someone

  отка́зываться от борьбы́ to give up the struggle

  отка́зываться от свои́х слов to retract one's words

откро́венно frankly, openly

откро́венность (f.) frankness, openness

откро́венный frank, outspoken

*открыва́ть (откры́ть) to open, discover

  открыва́ть пре́ния to open the debate

  открыва́ть ду́шу кому́-либо to open one's heart to someone

  откры́ть кран to turn on a faucet

*откры́тка postcard

откры́то openly, plainly

откры́тый open, frank

  на откры́том во́здухе in the open air

  откры́тое мо́ре open sea

  откры́тое пла́тье low-necked dress

  с откры́той душо́й open-heartedly

*откры́ть—see открыва́ть

*отку́да where from, whence

  отку́да вы? Where are you from?

  Отку́да вы э́то зна́ете? How do you come to know about it?

откуси́ть (perf.) to bite off

отлича́ть (отличи́ть) to distinguish

отлича́ться (отличи́ться) to differ from, be notable for

отли́чие difference, distinction

отлича́ть(ся)—see отлича́ть(ся)

отли́чно excellently, it is excellent

  отли́чно понима́ть to understand perfectly

отли́чный excellent, perfect

  отли́чное здоро́вье perfect health

  отли́чное настрое́ние high spirits

отложи́ть (perf.) to set aside

  отложи́ть в до́лгий я́щик to shelve, hold

  отложи́ть реше́ние to suspend one's judgment

отме́тить—see отмеча́ть

отме́тка mark

  хоро́шие отме́тки high grades

отмеча́ть (отме́тить) to mark, note, mention

относи́тельно relatively, concerning

  Она́ говори́ла мне относи́тельно бра́та. She spoke to me about her brother.

относи́ться (отнести́сь) to treat, regard

  Как вы отно́ситесь к моему́ пла́ну? What do you think of my plan?

  хорошо́ относи́ться к кому́-либо to treat someone well

  Э́то к нему́ не отно́сится. That's none of his business. It doesn't concern him.

отноше́ние attitude, relationship

  быть в хоро́ших отноше́ниях с ке́м-либо to be on good terms with someone

в прямо́м отноше́нии in direct ratio

в э́том отноше́нии in this respect

име́ть отноше́ние к чему́-либо to have a bearing on something

отойти́—see **отходи́ть**

отомсти́ть—see **мсти́ть**

отопле́ние heating system

о́тпертый unlocked

отпере́ть—see **отпира́ть**

отпира́ть (отпере́ть) to unlock

отпла́та repayment

отплати́ть—see **отпла́чивать**

отпла́чивать (отплати́ть) to pay back

отплати́ть кому́-либо за услу́гу to repay someone for his service

отплати́ть кому́-либо той же моне́той to pay someone in his own coin

отпра́виться—see **отправля́ться**

отправля́ться (отпра́виться) to set out, start

отпра́виться в путь to set out on a trip

По́езд отправля́ется в пять часо́в. The train leaves at five o'clock.

о́тпуск leave, vacation

отпуска́ть (отпусти́ть) to let go, set free

отпуска́ть во́лосы to let one's hair grow long

отпуска́ть сре́дства to allot resources, to budget

отпусти́ть—see **отпуска́ть**

отра́да delight, joy

отре́зок piece, segment

отрица́ние denial, negation

отрица́тельно negatively

отрица́тельный negative, unfavorable

отрица́тельное влия́ние bad influence

отрица́тельные ти́пы в рома́не negative characters in a novel

отрица́тельный отве́т negative answer

отрица́ть to deny, disclaim

отстава́ть (отста́ть) to lag, be slow

Часы́ отстаю́т. The watch (clock) is slow.

Э́тот учени́к отстаёт. This pupil lags behind.

отставно́й retired

отста́ть—see **отстава́ть**

отсу́тствие absence, lack

в моё отсу́тствие in my absence

за отсу́тствием де́нег for lack of money

отсу́тствовать to be absent

*__отсю́да__ from here, hence

отте́нок nuance, inflection, trace

отте́нок значе́ния shade of meaning

*__отту́да__ from there, thence

отхо́д departure

*__отходи́ть (отойти́)__ to go away from, move away, leave, diverge

отхо́ды waste products

отча́яние despair

отча́янно desperately

отчёркивать (отчеркну́ть) to mark off

отчеркну́ть—see **отчёркивать**

отчётливость distinctness

отчётливый distinct

отъе́зд departure

официа́нт waiter

охо́тник hunter

охо́тно willingly, readily

охрани́ть—see **охраня́ть**

охраня́ть (охрани́ть) to guard, protect

оцара́пать (perf.) to scratch

оцени́ть—see **цени́ть**

очарова́ние charm, fascination

очаро́ванный charmed, taken with

очарова́тельный charming, fascinating

очарова́ть (perf.) to charm, fascinate

очеви́дно obviously, apparently, it is obvious

*__о́чень__ very, very much, greatly

о́чередь (f.) turn

по о́череди in turn

стоя́ть в о́череди to stand in line

очки́ (only pl.) eyeglasses

ошиба́ться (ошиби́ться) to err, make a mistake

ошиби́ться—see **ошиба́ться**

*__оши́бка__ mistake, error

óщупью   gropingly, by sense of
touch
ощутить—see ощущáть
ощущáть (ощутить)   to feel, sense
ощущéние   sensation

П

*пáдать (упáсть)   to fall, slump,
diminish
вóлосы пáдают на лоб   hair falls
across the forehead
Отвéтственность за э́то пáдает на
вас.   The responsibility for this
falls on you.
пáдать дýхом   to lose courage
пакéт   parcel, package
пакт   pact
палáтка   tent, marquee
*пáлец   finger, toe
обвести кого-либо вокрýг пáльца
to twist someone around one's
finger
Он пáльцем никогó не трóнет.
He wouldn't hurt a fly.
пáлка   stick, cane
пáлка о двух концáх   double-
edged weapon
пáлуба   deck
пальтó   (not declined) coat,
overcoat
пáмятник   memorial, monument
пáмятный   memorable
пáмять   (f.) memory
любить кого-либо без пáмяти
to love someone to distraction
подарить на пáмять   to give as a
keepsake
панк   punk (fashion)
пансиóн   boarding school, boarding
house
*пáпа   papa, daddy
пар   steam
пáра   pair, couple
на пáру слов   for a few words
пáра сапóг   pair of boots
хорóшая пáра   fine couple
парáд   parade
параллéльный   parallel
парапсихóлог   parapsychologist

пáрень   (m.) fellow, lad, chap
пари   bet
держáть пари   to make a bet
парижский   Parisian
парикмáхер   barber
парикмáхерская   barbershop
пáрить (вы́парить)   to steam
парк   park
парохóд   steamship
пáртия   party
партнёр   partner
пáрус   sail
пáсмурно   it is cloudy, dull
пáсмурный   cloudy, dull, gloomy
пáсмурная погóда   dull weather
пáспорт   passport
пассажир, пассажирка   passenger
(m., f.)
пассивный   passive
пассивный балáнс   unfavorable
balance (economics)
пассивный харáктер   passive
temperament
пáста   paste
зубнáя пáста   toothpaste
пáстбище   pasture
Пáсха   Easter
пáуза   pause, interval
паýк   spider
паутина   cobweb
пáхнуть   to smell (of)
Пáхнет бедóй.   This means
trouble.
Пáхнет от негó винóм.   He
smells of wine.
пациéнт   patient
пáчка   package
певéц, певица   singer (m., f.)
пейзáж   landscape
пекáрня   bakery
пéкарь   baker
пельмéни   (pl.) meat dumplings
пéние   singing
пéнсия   pension
пéпельница   ashtray
пéрвенство   superiority
первоклáссный   first-rate
первоначáльно   originally, at first
первоначáльный   primary, original
первоначáльная причина   first
cause
*пéрвый   first, earliest

Он зна́ет э́то из пе́рвых рук. Hc has firsthand information.

пе́рвая по́мощь first aid

пе́рвого января́ on the first of January

пе́рвый эта́ж ground floor

с пе́рвого взгля́да at first sight

перева́ривать (перевари́ть) to overcook, digest

перевари́ть—see **перева́ривать**

перево́д translation

перевести́—see **переводи́ть**

переводи́ть (перевести́) to translate, interpret, transfer

перево́дчик translator, interpreter

перегиба́ться (перегну́ться) to lean over

перегну́ться—see **перегиба́ться**

переговори́ть (perf.) to discuss, talk over

перегово́ры negotiations

вести́ перегово́ры to carry on negotiations

*__пе́ред__ before, in front of (place or time) (with inst.)

Они́ ничто́ перед ним. They are nothing compared to him.

Пе́ред на́ми больша́я зада́ча. There is a great task before us.

пе́ред обе́дом before dinner

Стул стои́т пе́ред столо́м. The chair is standing in front of the table.

передава́ть (переда́ть) to pass, give

передава́ть по ра́дио to broadcast

Переда́йте, пожа́луйста, соль. Please pass the salt.

передава́ть приве́т to send regards

переда́ть—see **передава́ть**

переда́ча transmission; broadcast

передвига́ть (передви́нуть) to move, shift

Стол на́до передви́нуть. The table should be moved.

передви́нуть—see **передвига́ть**

переде́лать (perf.) to do again, alter

переде́лать пла́тье to alter a dress

пере́дник apron

пере́дняя entrance room, foyer

передово́й headmost, forward, progressive

передова́я статья́ editorial

передова́я те́хника advanced technique

переду́мать (perf.) to change one's mind

переезжа́ть (перее́хать) to move

переезжа́ть на но́вую кварти́ру to move to a new apartment

перее́хать—see **переезжа́ть**

пережа́ренный overcooked, overfried

пережива́ние experience

пережива́ть (пережи́ть) to experience; endure, outlive

тяжело́ пережива́ть что́-либо to feel something keenly

пережи́ть—see **пережива́ть**

переименова́ть to rename

перейти́—see **переходи́ть**

пе́рекись водоро́да hydrogen peroxide

перекýсывать (перекуси́ть) to have a bite to eat

перелиста́ть—see **перели́стывать**

перели́стывать (перелиста́ть) to turn over pages, leaf through

переломá́ть (perf.) to break

переме́на change

перемени́ть—see **меня́ть**

перемудри́ть (perf.) to be too clever

перенапряже́ние overstrain, overexertion

перенасы́щенный oversaturated

перенести́—see **переноси́ть**

переноси́ть (перенести́) to endure, bear, bring over (by hand)

перено́сный portable

в перено́сном смы́сле figuratively

переночева́ть (perf.) to spend the night

переоде́ть(ся) (perf.) to change (one's) clothes

перепеча́тать (perf.) to reprint, type again

переписа́ть—see **перепи́сывать**

перепи́ска correspondence

перепи́сывать (переписа́ть) to copy over

перепи́сываться (imp.) to correspond

перепла́чивать (переплати́ть) to overpray

переплёт binding (book cover)

перепо́лнить—see переполня́ть

переполня́ть (перепо́лнить) to overfill

переры́в interruption, intermission

переста́ть (perf.) to stop, cease

переступа́ть (переступи́ть) to overstep, transgress

переступа́ть грани́цы to overstep the limits

переступи́ть—see переступа́ть

переу́лок lane, alley

переутомле́ние overstrain

перехо́д crossing, transition

переходи́ть (перейти́) to cross, get over, pass on to

переходи́ть грани́цу to cross the frontier

переходи́ть к друго́му владе́льцу to change hands

перехо́дный transitional

пе́рец pepper

пери́од period, spell

периоди́ческий periodical

перпендикуля́рно perpendicular

пе́рсик peach

перспекти́ва perspective, outlook

перча́тка glove

пёс dog

*пе́сня song

тяну́ть всё ту же пе́сню to harp on one theme

Э́то ста́рая пе́сня. It's the same old story.

песо́к sand

са́харный песо́к granulated sugar

пёстрый many-colored

пестици́ды (pl.) pesticides

пе́тля loop, buttonhole

*петь (спеть) to sing, chant

петь ба́сом to sing in a bass voice

петь сла́ву to sing the praises

печа́ль (f.) grief, sorrow

печа́льный sad, wistful, mournful

печа́тать (напеча́тать) to print, type

печа́ть (f.) press, seal

быть в печа́ти to be in print

свобо́да печа́ти freedom of the press

печёнка liver

печёный baked

пече́нье baking, pastry, cookie

печь stove, oven

печь (испе́чь) to bake

пешко́м on foot

ходи́ть пешко́м to go on foot

пиани́но upright piano

пиани́ст pianist (m., f.)

пи́во beer

пиджа́к suit coat

пижа́ма pajamas

пика́нтный piquant, savory

пика́нтный анекдо́т spicy story

пикни́к picnic

пилю́ля pill

пирами́да pyramid

пиро́г pie, cake

пиро́жное pastry, fancy cake

писа́тель (m.) writer, author

*писа́ть (написа́ть) to write, paint

Ру́чка хорошо́ пи́шет. The pen writes well.

писа́ть карти́ны to paint pictures

писа́ть под дикто́вку to take dictation

писа́ть разбо́рчиво to write plainly

писа́ть стихи́ to write verses

писа́ться (imp.) to be spelled

Как э́то сло́во пи́шется? How do you spell that word?

пи́сьменно in writing

пи́сьменный written

пи́сьменная рабо́та written work

пи́сьменный стол desk

письмо́ letter

пита́ние nourishment

пита́ть (imp.) to feed, nourish

пита́ть симпа́тию to have a friendly feeling for

пита́ть чу́вство to entertain a feeling

*пить (вы́пить) to drink

Мне хо́чется пить. I'm thirsty.

пи́ща food

горя́чая пи́ща hot meal
дава́ть пи́щу слу́хам to feed
rumors
духо́вная пи́ща spiritual
nourishment
пла́вание swimming, sailing
пла́вать (плыть) to swim, sail
Всё плывёт пе́редо мно́й.
Everything is swimming before
my eyes.
пла́вки swimming trunks
пла́кать (imp.) to cry, weep
го́рько пла́кать to weep bitterly
Хоть плачь! It is enough to make
one cry!
план plan, scheme
плане́та planet
пласти́нка phonograph record,
plate
пласти́ческий plastic
*плати́ть (заплати́ть) to pay
плати́ть в рассро́чку to pay in
installments
плати́ть добро́м за зло to return
good for evil
*плато́к shawl, kerchief
носово́й плато́к handkerchief
платфо́рма platform
*пла́тье dress, clothes
племя́нник, племя́нница nephew,
niece
*плечо́ shoulder
выноси́ть на свои́х плеча́х to
endure, carry on one's shoulders
пожима́ть плеча́ми to shrug
one's shoulders
с плеча́ straight from the
shoulder
плодоро́дность (f.) fertility
пло́ский flat
пло́ская пове́рхность plane
surface
пло́ская шу́тка flat joke
пло́скость (f.) flatness
пло́тник carpenter
пло́хо badly, poorly
пло́хо обраща́ться to ill-treat
пло́хо себя́ чу́вствовать to feel
ill
плохо́й bad, poor
плоха́я пого́да bad weather
плохо́е здоро́вье poor health

пло́щадь (f.) square, public square,
area
плыть—see пла́вать
плюс plus
пляж beach
*по along, down, about, on,
according to, by (with dat.)
говори́ть по-ру́сски to speak in
Russian
е́хать по у́лице to ride along the
street
идти́ по траве́ to walk on the
grass
Кни́ги разло́жены по всему́
столу́. Books are lying all over
the table.
по-мо́ему in my opinion
по оши́бке by mistake
по приро́де by nature
по по́чте by mail
по пять рубле́й at five rubles each
побе́да victory
победи́ть—see побежда́ть
побежда́ть (победи́ть) to conquer,
win a victory
побли́зости near at hand
побо́льше somewhat larger,
somewhat more
побужде́ние motive, incentive
пова́льно without exception
по́вар cook, chef
по-ва́шему in your opinion
поведе́ние conduct, behavior
пове́рить—see ве́рить
поверну́ть(ся)—see
повора́чивать(ся)
*пове́рх over (with gen.)
пове́рх пла́тья на ней бы́ло
наде́то пальто́. She wore a coat
over her dress.
пове́рхностно superficially
пове́рхность (f.) surface
по́весть (f.) story, novella
по-ви́димому apparently
пови́нность (f.) duty, obligation
повора́чивать (поверну́ть) to
turn, change
повора́чиваться (поверну́ться) to
turn around
поворо́т bend, curve, turn
поврежде́ние damage, injury
повсю́ду everywhere

повторе́ние repetition
повтори́ть—see повторя́ть
повторя́ть (повтори́ть) to repeat
повы́сить—see повыша́ть
повыша́ть (повы́сить) to raise,
  heighten
  повы́сить го́лос to raise one's
    voice
  повыша́ть по слу́жбе to advance
    in one's work
  повыша́ть усло́вия жи́зни to
    raise the standards of living
повы́ше a little higher
погиба́ть (поги́бнуть) to perish
поги́бельный (ги́бельный)
  disastrous, fatal
поги́бнуть—see погиба́ть
погла́дить—see гла́дить
погляде́ть—see гляде́ть
поговори́ть (perf.) to have a talk
*пого́да weather
погуля́ть (perf.) to walk a while
*под under—location (with inst.),
  under—direction (with acc.)
  Он пошёл под де́рево. He went
    under the tree.
  Он стоя́л под де́ревом. He stood
    under the tree.
  под аре́стом under arrest
подава́ть (пода́ть) to give, serve
  подава́ть мяч to serve the ball
  подава́ть наде́жду to give hope
  подава́ть на стол to wait on a
    table
  пода́ть проше́ние to forward a
    petition
  пода́ть ру́ку to offer one's hand
подари́ть—see дари́ть
пода́рок gift
  в пода́рок as a gift
подборо́док chin
подва́л basement
подгото́вить (perf.) to prepare
  подгото́вить по́чву to pave the
    way
поддержа́ть—see подде́рживать
подде́рживать (поддержа́ть) to
  support, maintain
  подде́рживать разгово́р to keep up
    the conversation
  подде́рживать мора́льно to
    encourage

подде́ржка backing, support
поде́йствовать—see де́йствовать
поде́ржанный secondhand, used
поджа́рить (perf.) to fry, roast, grill
подже́чь (perf.) to set on fire
поджо́г arson
подкла́дка lining
подкрепле́ние confirmation,
  reinforcement
*по́дле beside (prep. with gen.)
подле́ц villain
подли́вка sauce, gravy
по́длость (f.) meanness, baseness
подмести́—see подмета́ть
подмета́ть (подмести́) to sweep
*поднима́ть (подня́ть) to lift, raise
  поднима́ть всех на́ ноги to raise
    an alarm
  поднима́ть ру́ку to raise one's
    hand
  подня́ть вопро́с to raise a
    question
поднима́ться (подня́ться) to rise,
  climb
  поднима́ться на́ гору to climb a
    mountain
  поднима́ться на́ ноги to rise to
    one's feet
  Те́сто подняло́сь. The dough has
    risen.
  Це́ны подняли́сь. Prices went up.
подно́с tray
подня́ть—see поднима́ть(ся)
подо́бно like, similarly
подо́бный like, similar
  и тому́ подо́бное (и т. п.) and so
    on, and so forth
  ничего́ подо́бного nothing of the
    kind
  Он ничего́ подо́бного не ви́дел.
    He has never seen anything like
    it.
*подожда́ть (perf.) to wait for
подозва́ть (perf.) to call up,
  beckon
подозрева́ть to suspect
подозре́ние suspicion
подозри́тельно suspiciously
подойти́—see подходи́ть
подо́л hem (of a skirt)
подписа́ться (perf.) to sign,
  subscribe

подпи́ска subscription
по́дпись signature
подража́ние imitation
подража́ть to imitate
подро́бно in detail, at length
подро́бность (f.) detail
  вдава́ться в подро́бности to go
  into detail
подро́бный detailed
подро́сток teenager
*подру́га female friend
по-дру́жески in a friendly way
подружи́ться (perf.) to make
  friends
*подря́д in succession, in a row
  пять часо́в подря́д five hours in
  succession, in a row
подсказа́ть (perf.) to prompt
подслу́шать (perf.) to eavesdrop
поду́мать—see ду́мать
поду́шка pillow, cushion
подхо́д approach, point of view
  подхо́д к вопро́су approach to
  the problem
*подходи́ть (подойти́) to come up
  to, approach, fit
  подходи́ть к концу́ to come to an
  end
  Э́то ему́ не подхо́дит. This won't
  do for him.
подходя́щий suitable, appropriate
подчёркивать (подчеркну́ть) to
  underline, emphasize
подчеркну́ть—see подчёркивать
подчини́ться—see подчиня́ться
подчиня́ться (подчини́ться) to
  obey, submit to
подшива́ть (подши́ть) to sew
  underneath, hem
подши́вка hem, hemming
подши́ть—see подшива́ть
подъём ascent, raising, instep
*по́езд train
пое́здка journey
*пое́хать (perf.) to set off, depart
  (by vehicle)
  Пое́хали! Come along! Let's go!
пожале́ть—see жале́ть
пожа́ловаться—see жа́ловаться
пожа́луй perhaps, very likely
  Пожа́луй, вы пра́вы. You may be
  right.

Пожа́луй, он придёт. I think he
  will come.
*пожа́луйста please; don't
  mention it
  Да́йте мне, пожа́луйста, воды́.
  Give me some water, please.
  Спаси́бо. Пожа́луйста. Thank
  you. Don't mention it.
пожа́р fire
  пожа́рная кома́нда fire brigade
пожа́ть—see пожима́ть
пожела́ние wish, desire
пожела́ть—see жела́ть
пожива́ть to get along, fare
пожило́й elderly
пожима́ть (пожа́ть) to press
  вме́сто отве́та пожа́ть плеча́ми
  to shrug off the question
  пожима́ть плеча́ми to shrug
  one's shoulders
  пожима́ть ру́ки to shake hands
по́за pose, attitude
позави́довать—see зави́довать
позавчера́ the day before
  yesterday
позади́ behind (adv.), behind (prep.
  with gen.)
  Всё тяжёлое оста́лось позади́.
  Hard times are past.
  Позади́ стола́ стои́т стул. A
  chair is behind the table.
позва́ть—see звать
позволе́ние permission, leave
  проси́ть позволе́ния to ask
  permission
позво́лить—see позволя́ть
позволя́ть (позво́лить) to allow,
  permit
  позволя́ть себе́ to indulge, afford
  позволя́ть себе́ во́льность to
  take liberties
позвони́ть—see звони́ть
по́здний late, tardy (adj.)
  по́здний гость late arrival (guest)
  спать до по́зднего утра́ to sleep
  late in the morning
*по́здно late, it is late (adj.)
  Лу́чше по́здно, чем никогда́.
  Better late than never.
поздоро́ваться—see здоро́ваться
поздра́вить—see поздравля́ть
поздравле́ние congratulations

поздравля́ть (поздра́вить) to
congratulate
  поздравля́ть с днём рожде́ния
  to congratultae someone on his
  birthday
по́зже later, later on
познако́миться—see знако́миться
позо́р shame, disgrace
пойма́ть—see лови́ть
пойстине indeed, in truth
пойти́ to set out, go, start
*пока́ while, for the time being
  Пока́ всё. That is all for the time
  being.
  пока́...не until
  Он ждал, пока́ она́ не вы́шла.
  He waited until she came out.
  пока́ что meanwhile
показа́тельный model,
demonstration (adj.)
показа́ть—see пока́зывать
пока́зывать (показа́ть) to show,
point to, display
  показа́ть себя́ to put one's best
  foot forward
  пока́зывать хра́брость to display
  courage
  Часы́ пока́зывают де́сять. The
  clock is set at ten.
показа́ться—see каза́ться
поката́ться—see ката́ться to go
for a short drive
покача́ть to rock, swing
  Покача́й ребёнка. Swing the
  child.
  покача́ть голово́й to shake one's
  head
поки́нутый abandoned, deserted
поки́нуть (perf.) to abandon, forsake
покло́н bow, greetings
  Переда́йте ему́ покло́н. Give
  him my regards.
поклони́ться—see кла́няться
покло́нник admirer, worshipper
поко́й (m.) rest, peace
  не дава́ть поко́я to give no rest,
  to haunt
  оста́вить в поко́е to leave alone
поко́йник the deceased
поколе́ние generation
поко́рно humbly, obediently

поко́рный submissive, obedient,
resigned
  поко́рный судьбе́ resigned to
  one's fate
покра́сить(ся)—see кра́сить(ся)
покрасне́ть—see красне́ть
покрови́тельство patronage,
protection
покрыва́ло shawl, veil, bedspread
покрыва́ть (покры́ть) to cover,
coat, roof
  покрыва́ть себя́ сла́вой to cover
  oneself with glory
  покры́ть та́йной to shroud in
  mystery
покры́ть—see покрыва́ть
покры́шка covering
*покупа́ть (купи́ть) to buy
поку́пка purchase
  де́лать поку́пки to go shopping
покури́ть (perf.) to have a smoke
пол floor
  Она́ сиде́ла на полу́. She was
  sitting on the floor.
*пол sex
  же́нского и́ли мужско́го по́ла of
  female or male sex (gender)
  прекра́сный пол the fair sex
полага́ть to suppose, think
  Полага́ют, что он в Москве́. He
  is believed to be in Moscow.
полага́ться (положи́ться) to
rely on
  Здесь не полага́ется кури́ть.
  One is not supposed to smoke
  here.
  полага́ется one is supposed
  Положи́тесь на меня́. Depend
  on me.
  Так полага́ется. It is the
  custom.
полго́да half a year
по́лдень midday, noon
по́ле field
  по́ле зре́ния field of vision
  спорти́вное по́ле playground
поле́зно healthful, useful
поле́зный useful, healthy
полете́ть—see лета́ть
по́лзать (ползти́) to crawl, creep
  По́езд ползёт. The train is
  crawling.

Тума́н ползёт. The fog is creeping up.

политехни́ческий polytechnic

поли́тика politics

полице́йский policeman

по́лка shelf

  кни́жные по́лки bookshelves

полне́ть (пополне́ть) to become fat, put on weight

полно́ filled, packed

по́лно enough!, that will do!

по́лностью completely, in full

по́лночь midnight

*__по́лный__ full, complete, stout

  В ко́мнате полно́ наро́ду. The room is full of people.

  по́лная луна́ full moon

  по́лное разоре́ние utter ruin

  по́лное собра́ние сочине́ний complete works

полови́на half

положе́ние position, situation, condition

  будь он в ва́шем положе́нии if he were in your place

  Он челове́к с положе́нием. He is a man of high standing.

  по положе́нию by one's position

поло́женный fixed, prescribed

поло́жим let us assume

положи́тельно positively, absolutely

положи́тельный positive, sedate

  положи́тельная сте́пень сравне́ния positive degree (grammatical)

  положи́тельный отве́т affirmative answer

*__положи́ть (класть)__ to lay down, put down, put in a horizontal position

положи́ться—see **полага́ться** to rely on

  не́ на кого положи́ться no one to rely on

полоса́ stripe, strip

полоте́нце towel

полтора́ one and a half

полу- gives meaning of semi- or half-

  полугра́мотный semi-literate

полуоде́тый half-dressed

полусве́т twilight

*__получа́ть (получи́ть)__ to receive, get, obtain

  получа́ть пре́мию to receive a prize

  получи́ть интере́сные вы́воды to obtain valuable conclusions

*__получа́ться (получи́ться)__ to come, arrive, turn out

  Результа́ты получи́лись блестя́щие. The results were brilliant.

получи́ть(ся)—see **получа́ть(ся)**

полчаса́ half-hour

по́льза use, benefit

  в по́льзу in favor of

  обще́ственная по́льза public benefit

  приноси́ть по́льзу to be of use

  Что по́льзы говори́ть об э́том? What's the use of talking about that?

по́льзоваться (воспо́льзоваться) to make use of

  по́льзоваться дове́рием to enjoy one's confidence

  по́льзоваться слу́чаем to take the opportunity

  по́льзоваться успе́хом to be a success

по́льский Polish (adj.)

полюби́ть (perf.) to fall in love

пома́да pomade, cream

  губна́я пома́да lipstick

пома́зать—see **ма́зать**

поме́длить—see **ме́длить**

поме́ньше somewhat less, somewhat smaller

поменя́ть—see **меня́ть**

помести́ть(ся)—see **помеща́ть(ся)**

помеща́ть (помести́ть) to place, locate

помеща́ться (imp.) to be located; to be accommodated

  Стул туда́ помеща́ется. The chair fits in there.

помеще́ние location, lodging

поме́щик landowner, landlord

помидо́р tomato

поми́ловать (perf.) to pardon, forgive

поми́луй, поми́луйте for goodness' sake

*__помимо__ besides, apart from (with gen.)

  помимо други́х соображе́ний apart from other considerations

помину́тно every minute

помири́ться—see **мири́ться**

по́мнить (imp.) to remember, keep in mind

  Он по́мнит об э́том. He remembers it.

помога́ть (помо́чь) to help, assist

по-мо́ему in my opinion

помо́чь—see **помога́ть**

помо́щник, помо́щница assistant, helper (m., f.)

по́мощь (f.) help, aid, relief

помы́ть(ся)—see **мы́ть(ся)**

понаде́яться (perf.) to count on

по-настоя́щему in the right way, as it should be

понево́ле against one's will

понеде́льник Monday

понемно́гу a little at a time, little by little

пониже́ние lowering, reduction

понима́ние understanding, comprehension

*__понима́ть (поня́ть)__ to understand, comprehend

поно́шенный shabby, worn

понра́виться—see **нра́виться**

по́нчик doughnut

поню́хать—see **ню́хать**

поня́тие idea, concept

  Поня́тия не име́ю. I have no idea.

поня́тно understandable, it is clear

поня́тный clear, understandable

поня́ть—see **понима́ть**

пообе́дать—see **обе́дать**

поощри́ть—see **поощря́ть**

поощря́ть (поощри́ть) to encourage

попада́ть (попа́сть) to get somewhere (by chance), to find oneself

  Как попа́сть на вокза́л? How does one get to the railroad station?

  попа́сть на по́езд to catch a train

  попа́сть в цель to hit the mark

попа́сть—see **попада́ть**

попола́м in halves

пополне́ть—see **полне́ть**

попра́виться—see **поправля́ться**

поправля́ть (попра́вить) to repair, mend, correct

  поправля́ть де́нежные дела to better one's financial situation

  поправля́ть причёску to smooth one's hair

поправля́ться (попра́виться) to recover, get well, gain weight, improve

по-пре́жнему as before, as usual

попрека́ть (попрекну́ть) to reproach

попро́бовать—see **про́бовать**

попроси́ть—see **проси́ть**

попроща́ться—see **проща́ться**

попуга́й parrot

  повторя́ть как попуга́й to parrot someone's words

популя́рность popularity

популя́рный popular

попыта́ться—see **пыта́ться**

попы́тка attempt, endeavor

пора́ time

  Давно́ пора́. It is high time.

  до сих пор until now

  Пора́ идти́. It is time to go.

  с каки́х пор since when

поража́ть (порази́ть) to startle, strike, stagger

поража́ться (порази́ться) to be surprised, astonished

порази́тельный striking, startling

  порази́тельное схо́дство striking likeness

порази́ть(ся)—see **поража́ть(ся)**

поре́зать (perf.) to cut

  Он поре́зал себе́ па́лец. He cut his finger.

поро́г threshold

поро́к vice, defect

порт port, harbor

по́ртить (испо́ртить) to spoil, corrupt

  Не по́ртите себе́ не́рвы. Don't worry. Don't take it to heart.

  по́ртить аппети́т to spoil one's appetite

по́ртиться (испо́ртиться) to deteriorate, decay, become corrupt, become spoiled

портни́ха (f.) dressmaker

портно́й tailor

портре́т portrait

портфе́ль (m.) briefcase

по-ру́сски Russian, in Russian

поруче́ние commission, errand

по́рция portion, helping

поры́в gust, rush

  в поры́ве ра́дости in a burst of joy

*поря́док order

  алфави́тный поря́док alphabetical order

  быть не в поря́дке to be out of order (not working)

  Всё в поря́дке. Everything is well.

  в спе́шном поря́дке quickly (rush order)

  приводи́ть в поря́док to put in order

  ста́рый поря́док old regime, order

поря́дочно honestly, decently

поря́дочный sizable, honest, respectable

поса́дочный тало́н boarding stub (airport)

по-сво́ему in one's own way

посети́тель, посети́тельница visitor (m., f.)

посети́ть—see **посеща́ть**

посеща́ть (посети́ть) to call on, visit

поскака́ть—see **скака́ть**

поско́льку so far as

поскоре́е somewhat quicker, quick! make haste!

поскрипе́ть—see **скрипе́ть**

посла́ть—see **посыла́ть**

*по́сле after (time, with gen.); also: adverb—later, afterward

  Он придёт по́сле рабо́ты. He will come after work.

  Э́то мо́жно сде́лать по́сле. You can do it afterward.

*после́дний last, latest

  за после́днее вре́мя of late, lately

  после́дние изве́стия latest news

послеза́втра the day after tomorrow

посло́вица proverb

послужи́ть—see **служи́ть**

послу́шать—see **слу́шать**

посме́ть—see **сметь**

посмотре́ть—see **смотре́ть**

посове́товать—see **сове́товать**

посо́л ambassador

посо́льство embassy

поспа́ть (perf.) to take a nap

поспе́шно hastily

поспо́рить—see **спо́рить**

поспе́шный hasty, thoughtless

  сде́лать поспе́шное заключе́ние to draw a hasty conclusion

*посреди́ in the middle of (prep. with gen.)

посре́дством by means of

поста́вить—see **ста́вить**

постара́ться—see **стара́ться**

по-ста́рому as before, as of old

посте́ль (f.) bed

постепе́нно gradually

посторо́нний strange, outside, outsider

постоя́нно constantly, always

постоя́нный constant, permanent

пострада́ть—see **страда́ть**

постро́енный built

постро́ить—see **стро́ить**

поступа́ть (поступи́ть) to act, join

  поступа́ть в произво́дство to go into production

  поступа́ть в университе́т to enter the university

  поступа́ть на вое́нную слу́жбу to join (enlist) in the military

  поступа́ть пло́хо с ке́м-либо to treat someone badly

поступи́ть—see **поступа́ть**

постуча́ть—see **стуча́ть**

посу́да dishes

посчита́ться—see **счита́ться**

посыла́ть (посла́ть) to send, dispatch

пот perspiration

потемне́ть—see **темне́ть**

потеря́нный lost, embarrassed, perplexed

потеря́ть(ся)—see **теря́ть(ся)**

потеть (вспоте́ть) to perspire, to become misty with steam

О́кна поте́ют. The windows are misty.

потихо́ньку slowly, silently, stealthily

потоло́к ceiling

*****пото́м** then, afterward

пото́мство posterity

потолсте́ть—see **толсте́ть**

потому́ that is why

  Потому́ он и прие́хал неме́дленно. That's why he came immediately.

  потому́ что because

потре́бность (f.) want, necessity

потре́бовать—see **тре́бовать**

потрево́жить—see **трево́жить**

потуши́ть—see **туши́ть**

потяну́ть(ся)—see **тяну́ть(ся)**

поу́жинать—see **у́жинать**

похвали́ть—see **хвали́ть**

похва́стать(ся)—see **хва́стать(ся)**

похо́дка walk, step

  лёгкая похо́дка light step

похо́жий resembling, like

  На что вы похо́жи! Just look at yourself!

  Они́ о́чень похо́жи друг на дру́га. They are very much alike.

  Похо́же на то, что пойдёт дождь. It looks as if it will rain.

похорони́ть—see **хорони́ть**

похороше́ть—see **хороше́ть**

похуде́ть—see **худе́ть**

поцелова́ть(ся)—see **целова́ть(ся)**

поцелу́й kiss

по́чва soil, ground

  не теря́ть по́чвы под нога́ми to stand on sure ground

  плодоро́дная по́чва fertile soil

  подгото́вить по́чву to pave the way

*****почему́** why

  почему́-то for some reason or other

по́черк handwriting

почеса́ться—see **чеса́ться**

почи́стить—see **чи́стить**

по́чта post office, mail

почте́ние respect, consideration

*****почти́** almost, nearly

почти́тельный respectful, deferential

на почти́тельном расстоя́нии at a respectful distance

почу́вствовать—see **чу́вствовать**

пощади́ть—see **щади́ть**

пощекота́ть—see **щекота́ть**

пощёчина slap in the face

поэ́зия poetry

поэ́т poet

поэ́тому therefore

появи́ться—see **появля́ться**

появля́ться (появи́ться) to appear, emerge

по́яс belt, waistband

*****пра́вда** truth

  иска́ть пра́вды to seek justice

  не пра́вда ли? isn't that so?

пра́вило rule

пра́вильно correctly, you are right

пра́вильный correct, right, regular

прави́тельство government

пра́вить (imp.) to drive, govern

пра́во right, license, law

  води́тельские права́ driver's license

  обы́чное пра́во common law

  по пра́ву by right

*****пра́вый** right, correct

пра́здник holiday

пра́здновать (отпра́здновать) to celebrate

пра́ктика practice, experience

пребыва́ние stay, sojourn

превосхо́дный excellent, magnificent

пре́данный devoted, staunch

предви́дение foresight

преде́л limit, end

предисло́вие preface, foreword

предлага́ть (предложи́ть) to offer, propose, suggest

предло́г preposition, pretense

предложе́ние offer, suggestion, proposal

предложе́ние sentence, clause

предложи́ть—see **предлага́ть**

предме́т object, subject, theme

преднаме́ренный premeditated

предполага́емый supposed, conjectured

предполага́ть (предположи́ть) to suppose, conjecture

предположе́ние supposition

предположи́ть—see предполага́ть

предпосле́дний   next to the last

предпоче́сть—see предпочита́ть

предпочита́ть (предпоче́сть)   to
prefer

предпочте́ние   preference

предрассу́док   prejudice

председа́тель   (m.) chairman,
president

предсказа́ние   prophecy, prediction

предсказа́ть   (perf.) to foretell,
predict

представи́тель   (m.) representative

предста́вить—see представля́ть

представля́ть (предста́вить)   to
present, offer

предста́вить кого́-либо   to
introduce someone

представля́ть на рассмотре́ние
to submit for consideration

Предста́вьте себе́ моё удивле́ние.
Imagine my astonishment.

Что он собо́й представля́ет?
What kind of person is he?

Это не представля́ет тру́дности.
It presents no difficulty.

предупреди́ть—see предупрежда́ть

предупрежда́ть (предупреди́ть)   to
notify, forewarn, prevent, anticipate

предупрежде́ние   notice, warning

предыду́щий   previous

*пре́жде   earlier, before (of time),
formerly

президе́нт   president

презира́ть   to despise

презре́ние   contempt, disdain

презри́тельный   contemptuous,
scornful

преиму́щество   preference, priority

прекра́сно   fine, excellently,
beautiful

прекра́сный   excellent, beautiful

в оди́н прекра́сный день   one
fine day

преле́стный   charming, delightful,
lovely

пре́лесть   (f.) charm, fascination

пре́мия   premium, bonus, prize

премье́р   prime minister, premier

преобража́ть (преобрази́ть)   to
transform, change

преображе́ние   transformation

преобрази́ть—scc преобража́ть

преодолева́ть (преодоле́ть)   to
overcome, surmount

преодоле́ть—see преодолева́ть

преподава́ние   teaching

преподава́тель, преподава́тельница
teacher (m., f.)

преподава́ть   to teach

препя́тствие   obstacle, hindrance,
barrier

прерва́ть—see прерыва́ть

прерыва́ть (прерва́ть)   to interrupt

прерыва́ть заня́тия   to interrupt
one's studies

прерыва́ть молча́ние   to break
the silence

прерыва́ть разгово́р   to interrupt
a conversation

преры́висто   in a broken way

пресле́дование   persecution

пресле́довать   (imp.) to pursue,
haunt

пресле́довать цель   to pursue
one's goal

Эта мысль пресле́дует меня́.
This thought haunts me.

пре́сный   fresh, sweet, insipid

пре́сная вода́   fresh water

прести́жный   prestigious

престо́л   throne

преступа́ть (преступи́ть)   to
transgress, violate

преступи́ть—see преступа́ть

преступле́ние   crime, offense

престу́пник   criminal

прете́нзия   claim, pretension

преувеличе́ние   exaggeration,
overstatement

преувели́ченный   exaggerated

преувели́чивать (преувели́чить)
to exaggerate

преувели́чить—see
преувели́чивать

преуменьша́ть (преуме́ньшить)
to underestimate

преуменьше́ние   underestimation

преуме́ньшить—see приуменьша́ть

*при   in the presence of, at, by
(with prep.)

Он Это сказа́л при свое́й ма́тери.
He said it in his mother's
presence.

при дневно́м све́те by daylight
при Петре́ Пе́рвом during the
reign of Peter the First
**При университе́те нахо́дится
це́рковь.** There is a church in
the university.
При чём тут я? What do I have
to do with it?
приба́вить—see прибавля́ть
приба́вка addition, supplement
прибавля́ть (приба́вить) to add,
increase
приба́вочный additional,
supplementary
прибежа́ть (perf.) to approach
running
приближа́ть (прибли́зить) to
draw nearer
приближа́ться (прибли́зиться) to
approach, draw near, approximate
приближа́ться к и́стине
approximate the truth
Шум прибли́зился. The noise
drew nearer.
приблизи́тельно approximately
приблизи́тельный approximate
прибли́зить(ся)—see
приближа́ть(ся)
прибо́р device, apparatus
при́быльный profitable
привезти́—see привози́ть
привести́—see приводи́ть
приве́т greeting
приве́тливость (f.) affability
приве́тливый friendly
приве́тствие greeting, salutation
приве́тствовать (perf.) to greet,
welcome
привиде́ние ghost, specter
привлека́тельный attractive,
alluring, inviting
привлека́ть (привле́чь) to attract,
draw to
привле́чь—see привлека́ть
приводи́ть (привести́) to bring (on
foot)
приводи́ть в поря́док to put in
order
приводи́ть кого́-либо в чу́вство
to bring someone to his senses
привози́ть (привезти́) to bring (by
vehicle)

привыка́ть (привы́кнуть) to
become accustomed
Он уже́ привы́к к тому́. He has
already become used to it.
Ребёнок привы́к к ба́бушке. The
child became accustomed to his
grandmother.
привы́кнуть—see привыка́ть
привы́чка habit
по привы́чке by force of habit
привя́занность (f.) attachment
привя́занный attached
привяза́ть—see привя́зывать
привя́зывать (привяза́ть) to
attach, to fasten
пригласи́ть—see приглаша́ть
приглаша́ть (пригласи́ть) to ask,
invite
приглаше́ние invitation
при́город suburb
пригото́вить—see гото́вить
приготовле́ние preparation
приготовля́ть(ся) (пригото́вить(ся))
to prepare something (also of
cooking); to prepare (oneself)
приду́мать—see приду́мывать
приду́мывать (приду́мать) to
devise, invent
прие́зд arrival
приезжа́ть (прие́хать) to arrive
приём reception
приёмный receiving, reception
приёмная мать foster mother
приёмные часы́ office hours (of
a doctor)
прие́хать—see приезжа́ть
прижима́ть (прижа́ть) to press,
clasp
прижима́ть к груди́ to clasp to
one's breast
прижа́ть—see прижима́ть
призва́ние vocation, calling
признава́ть (призна́ть) to
acknowledge, recognize
признава́ть свои́ оши́бки to
admit one's mistakes
при́знак sign, indication
призна́ние acknowledgment,
recognition
призна́ть—see признава́ть
прийти́сь—see приходи́ть
прика́з order, command

приказа́ть—see **прика́зывать**
прика́зывать (приказа́ть) to order, command
приле́жный diligent
прили́чие decency, decorum
прили́чно decently, properly
прили́чный decent, proper, becoming
***приме́р** example
 брать приме́р с кого́-либо to follow someone's example
 наприме́р for example, for instance
 подава́ть приме́р to set an example
приме́рить—see **ме́рить**
приме́рить—see **примеря́ть**
приме́рно exemplarily, approximately
 приме́рно вести́ себя́ to be an example, to conduct oneself exemplarily
примеря́ть (приме́рить) to try on, fit
 Семь раз приме́рь, а оди́н отре́жь. (Try it on seven times, cut once.) Look before you leap.
примеча́ние note, comment
примире́ние reconciliation
примиря́ться (примири́ться) to become reconciled, to put up with
принадлежа́ть to belong
принести́—see **приноси́ть**
***принима́ть (приня́ть)** to take, admit
 за кого́ вы меня́ принима́ете? Whom do you take me for?
 принима́ть ва́нну to take a bath
 принима́ть во внима́ние to take into consideration
 принима́ть в шко́лу to admit to the school
 принима́ть госте́й to receive guests
 принима́ть как до́лжное to accept as one's due
 принима́ть на себя́ что́-либо to take something on oneself
 принима́ть реше́ние to come to a decision
 принима́ть чью́-либо сто́рону to take someone's side

 приня́ть гражда́нство to become a citizen
 приня́ть уча́стие to take part
приноси́ть (принести́) to bring, fetch
 приноси́ть дохо́д to make profit
 приноси́ть обра́тно to bring back
 Это не принесло́ ему́ по́льзы. He got no benefit from it.
принуди́ть—see **принужда́ть**
принужда́ть (принуди́ть) to compel, coerce
принуждённый constrained, forced
при́нцип principle
при́нятый accepted, adopted
приня́ть—see **принима́ть**
приобрести́—see **приобрета́ть**
приобрета́ть (приобрести́) to acquire, gain
припа́док fit, attack
припра́ва seasoning, flavoring
***приро́да** nature
 Он лени́в от приро́ды. He is lazy by nature.
 явле́ние приро́ды natural phenomenon
прислу́га servant
присоедине́ние addition, joining
присоедини́ться—see **присоединя́ться**
присоединя́ться (присоедини́ться) to join, add
при́стально fixedly, intently
при́стальный fixed, intent
прису́тствие presence
прису́тствовать to be present
прихо́д coming, arrival
приходи́ть (прийти́) to come, arrive
 приходи́ть в го́лову to come into someone's mind
 приходи́ть в себя́ to come to one's senses
 приходи́ть к заключе́нию to come to the conclusion
приходи́ться (прийти́сь) to have to, fit
 Ему́ пришло́сь уе́хать. He had to leave.
 Он прихо́дится мне двою́родным бра́том. He is my cousin.

72

причеса́ть(ся) —see
  причёсывать(ся)
причёска coiffure, hairdo
причёсывать(ся) (причеса́ть(ся))
  to comb someone's hair; to comb
  (one's own) hair
причи́на cause, reason
прия́тель, прия́тельница friend
  (m., f.)
*прия́тно (adv.) pleasantly, it's
  pleasant
прия́тный pleasant, agreeable
*про about, concerning (with acc.)
  Он слы́шал про э́то. He has
  heard about it.
  про себя́ to oneself
про́ба test, trial
пробега́ть (пробежа́ть) to run
  past, run through
проби́рка test tube
про́бка cork, stopper, plug
пробле́ма problem
про́бовать (попро́бовать) to
  attempt, try, taste
пробужде́ние awakening
пробы́ть (perf.) to stay, remain
  Он про́был там три дня. He
  stayed there three days.
прове́рить —see проверя́ть
проверя́ть (прове́рить) to verify,
  check
провести́ —see проводи́ть
про́вод wire, conductor
проводи́ть (провести́) to spend
  time
  Мы хорошо́ провели́ вре́мя. We
  had a good time.
проводи́ть —see провожа́ть
провожа́ть (проводи́ть) to
  accompany, see someone off
  провожа́ть глаза́ми to follow
  with one's eyes
  провожа́ть до угла́ to accompany
  to the corner
програ́мма program
  театра́льная програ́мма
  playbill
  уче́бная програ́мма curriculum
прогре́сс progress
прогу́лка walk, outing
  на прогу́лку for a walk, outing
продава́ть (прода́ть) to sell

прода́жа selling, sale
  идти́ в прода́жу to be put up for
  sale
про́данный sold
*прода́ть —see продава́ть
*продолжа́ть (продо́лжить) to
  continue
продолже́ние continuation, sequel
продолжи́тельный long,
  prolonged
продо́лжить —see продолжа́ть
проду́кты provisions, foodstuffs
проду́мать (perf.) to think over
прое́зд passage, thoroughfare
проезжа́ть (прое́хать) to pass, go
  by, cover a distance
прое́зжий traveler, passerby
прое́хать —see проезжа́ть
про́за prose
прозра́чный transparent
проигра́ть (perf.) to lose (at
  playing)
произведе́ние work, production
  и́збранные произведе́ния
  selected works
  музыка́льное произведе́ние
  musical composition
произвести́ —see производи́ть
производи́ть (произвести́) to
  carry out, make, manufacture
  производи́ть впечатле́ние to
  make an impression
  производи́ть о́пыты to conduct
  experiments
произво́дство production,
  manufacture
произнести́ —see произноси́ть
произноси́ть (произнести́) to
  pronounce, utter
  произноси́ть речь to deliver a
  speech
произноше́ние pronunciation
произойти́ —see происходи́ть
происходи́ть (произойти́) to
  happen, occur, be going on, be
  descended from
  Что здесь происхо́дит? What's
  going on here?
происхожде́ние origin, descent
  по происхожде́нию by birth
пройти́ —see проходи́ть
прока́т hire

взять напрока́т   to rent, to hire
прокля́тый   cursed, damned
пролива́ть (проли́ть)   to spill, shed
  пролива́ть свет   to throw light
  пролива́ть слзы   to shed tears
проли́ть—see пролива́ть
проме́длить   (perf.) to linger, delay
промелькну́ть   (perf.) to flash, pass
  quickly
  промелькну́ть в голове́   to flash
  through one's mind
  Промелькну́ли две неде́ли   Two
  weeks flew by.
промы́шленность   (f.) industry
пронзи́тельно   (adv.) shrilly,
  stridently
пронзи́тельный   shrill, sharp,
  piercing
пропада́ть (пропа́сть)   to be lost,
  be wasted
  Весь день пропа́л у меня́.   The
  whole day has been wasted.
  Где вы пропада́ли?   Where on
  earth have you been?
  Я пропа́л!   I am in trouble!
пропа́сть—see пропада́ть
пропорциона́льно   (adv.) in
  proportion
  обра́тно пропорциона́льно
  inversely
пропо́рция   proportion, ratio
пропуска́ть (пропусти́ть)   to let go,
  let pass, miss, leave out
  не пропуска́ть во́ду   to be
  waterproof
  Пропуска́йте подро́бности.
  Omit the details.
  пропусти́ть ле́кцию   to miss a
  lecture
  пропусти́ть стро́чку   to skip a
  line
пропусти́ть—see пропуска́ть
проро́к   prophet
просвеще́ние   enlightenment
*проси́ть (попроси́ть)   to ask, beg,
  request
просма́тривать (просмотре́ть)   to
  look over, run through
просмотре́ть—see просма́тривать
просну́ться—see просыпа́ться
*прости́ть—see проща́ть
про́сто   simply, it is simple

Ему́ о́чень про́сто э́то сде́лать.
  It costs him nothing (It is very
  simple for him) to do it.
Он про́сто ничего́ не зна́ет.   He
  simply doesn't know anything.
простоду́шие   openheartedness,
  artlessness
простоду́шный   openhearted,
  unsophisticated
*просто́й   simple, common, plain
  просто́е любопы́тство   mere
  curiosity
  просты́е лю́ди   unpretentious
  people
  просты́е мане́ры   unaffected
  manners
простота́   simplicity
просту́да   cold, chill
простуди́ться   (pf.) to catch cold
просыпа́ться (просну́ться)   to
  wake up
*про́сьба   request
  У меня́ к вам про́сьба.   I have a
  favor to ask of you.
*про́тив   against, opposite, opposed
  to (with gen.)
  друг про́тив дру́га   face to face
  Он ничего́ не име́ет про́тив
  э́того.   He has nothing against it.
  He doesn't mind.
  про́тив его́ ожида́ний   contrary
  to his expectations
  про́тив тече́ния   against the
  current
  спо́рить про́тив чего́-либо   to
  argue against something
проти́вный   opposite, contrary,
  adverse, nasty, repulsive
  в проти́вном слу́чае   otherwise
  проти́вная сторона́   opposite
  party
противополо́жность   (f.) contrast,
  opposition
противоре́чие   contradiction,
  opposition
противоре́чить   to contradict
профе́ссия   profession, occupation
профе́ссор   professor
прохла́да   coolness
прохлади́ться—see прохлажда́ться
прохла́дно   (adv.) cool, chilly, it is
  cool

прохла́дный fresh, cool

прохлажда́ться (прохлади́ться) to refresh oneself

*проходи́ть (пройти́) to pass, go by, pass through

Доро́га прохо́дит че́рез лес. The road lies through a wood.

Его́ боле́знь прошла́. His illness has passed.

Не прошло́ ещё и го́да. A year has not yet passed.

пройти́ курс to study a course

пройти́ ми́мо to go past

проходно́й connecting

процеду́ра procedure

проце́нт percentage, rate

проце́сс process

про́чий other

все про́чие the others

и про́чее (и проч.) et cetera

ме́жду про́чим by the way

прочте́сть—see чита́ть

прочита́ть—see чита́ть

прочь away, off

Прочь отсю́да! Get out of here!

Ру́ки прочь! Hands off!

проше́дший past (adj.)

проше́дшее вре́мя past tense

про́шлое the past

в недалёком про́шлом not long ago

про́шлый last, past

в про́шлом году́ last year

Де́ло про́шлое. Let bygones be bygones.

проща́й, проща́йте good-bye, farewell

проща́льный parting

*проща́ть (прости́ть) to forgive, pardon

Прости́те! Forgive me!

проща́ться (попроща́ться) to say goodbye, take leave

про́ще simpler, plainer

проще́ние forgiveness, pardon

проэкзаменова́ть—see экзаменова́ть

прояви́ть—see проявля́ть

проявле́ние manifestation, development

проявля́ть (прояви́ть) to display, reveal, develop

проявля́ть плёнку to develop film

проявля́ть ра́дость to show joy

проявля́ть себя́ to show one's worth

проявля́ть си́лу to display strength

проясне́ть (perf.) to clear up, brighten up

пруд pond

пры́гать (пры́гнуть) to jump, spring, leap

пры́гнуть—see пры́гать

прыжо́к jump, spring

*пря́мо straight, exactly

держа́ться пря́мо to hold oneself erect

Он пря́мо геро́й. He is a real hero.

попада́ть пря́мо в цель to hit the mark

пря́мо к де́лу straight to the point

сказа́ть пря́мо to say frankly

прямоду́шный straightforward

прямо́й straight, upright, sincere

прямоуго́льник rectangle

прямоуго́льный rectangular, right-angled

пря́ник gingerbread

пря́ность (f.) spice

пря́ный spicy

пря́тать(ся) (спря́тать(ся)) to hide (something); to conceal (oneself)

психиа́тр psychiatrist

психо́з psychosis

психо́лог psychologist

психоло́гия psychology

*пти́ца bird, fowl

пу́блика public, audience

публикова́ть (опубликова́ть) to publish

публи́чно (adv.) publicly, openly

пуга́ть (испуга́ть) to frighten, intimidate

пуга́ться (испуга́ться) to be frightened, to take fright

пу́говица button

пу́дра powder

пу́дреница powder case, compact

пу́дриться (напу́дриться) to powder one's face

пузы́рь (m.) bubble, blister, bladder

пульс pulse

пункт point, station

  медици́нский пункт dispensary

  нача́льный пункт starting point

  по пу́нктам paragraph after paragraph

пунктуа́льно (adv.) punctually

пурга́ blizzard

***пуска́ть (пусти́ть)** to allow, permit, set free, put in action

  Не пуска́йте его́ сюда́. Don't allow him to enter.

  пуска́ть во́ду to turn on the water

  пуска́ть маши́ну to start an engine

  пуска́ть слух to spread a rumor

пусти́ть—see **пуска́ть**

пусто́й empty, hollow

  пуста́я болтовня́ idle talk

  пусты́е мечты́ castles in the air

пустота́ emptiness, void

пусты́ня desert, wilderness

***пусть** let (him, her, them)

  Пусть он идёт. Let him go.

пу́таный confused, tangled

пу́тать (запу́тать) to tangle, confuse, mix up

путеше́ственник traveler

путеше́ствовать to travel

пу́тник traveler

путь (m.) trip, road, path

  Друго́го пути́ нет. There is no other way.

  дыха́тельные пути́ respiratory tract

  по пути́ on the way

  стоя́ть на чьём-либо пути́ to stand in someone's way

пу́хленький plump, chubby

пу́хнуть (imp.) to swell

пчела́ bee

пыл ardor, passion

пылесо́с vacuum cleaner

пылесо́сить to vacuum

пы́лкий ardent, passionate

  пы́лкая речь fervent speech

пыль (f.) dust

пыта́ться (попыта́ться) to attempt, try, endeavor

пы́шность (f.) splendor, magnificence

пье́са play

  дава́ть пье́су to give a play

  ста́вить пье́су to stage a play

пья́ница drunkard

пья́ный drunk, tipsy

пя́тка heel

пятна́дцать fifteen

пятна́дцатый fifteenth

***пя́тница** Friday

  в пя́тницу on Friday

пятно́ spot, stain, blotch

***пять** five

пятьдеся́т fifty

пятьсо́т five hundred

***пя́тый** fifth

Р

раб slave

***рабо́та** work, working

  ажу́рная рабо́та openwork, tracery

  дома́шняя рабо́та homework

  лепна́я рабо́та stucco work

  Она́ за рабо́той. She is at work.

  нау́чная рабо́та scientific work

***рабо́тать** to work

  рабо́тать над кни́гой to work on a book

  рабо́тать по на́йму to work for hire

  Телефо́н не рабо́тает. The telephone is out of order.

***рабо́чий** working man

ра́бство slavery

***ра́венство** equality

***равно́** (adv.) alike, in like manner

  Всё равно́. It makes no difference. It is all the same.

  Он всё равно́ придёт. He will come anyway.

  Он поступа́ет ра́вно со все́ми. He treats everyone alike.

равнобе́дренный треуго́льник isosceles triangle

равноду́шие indifference

равноду́шный indifferent

равноме́рно (adv.) uniformly, evenly

равноси́льный equivalent

ра́вный equal

  на ра́вных усло́виях on equal conditions

  относи́ться к кому́-либо как к ра́вному to treat someone as one's equal

  ра́вное коли́чество equal quantity

равня́ть (сравня́ть) to equalize, compare

*__рад, ра́да, ра́до, ра́ды__ glad

*__ра́ди__ for the sake of (prep. with gen.)

радика́льный drastic

ра́дио radio, wireless

ра́доваться (обра́доваться) to be glad, rejoice

ра́достный glad, joyous

ра́дость (f.) gladness, joy

раду́шно cordially, invitingly

*__раз__ time (occasion)

  ещё раз once again

  как раз just exactly

  не раз many a time

  ни ра́зу not once

  раз в год once a year

разбива́ть (разби́ть) to smash, break, divide

разби́ть—see **разбива́ть**

разбира́ть (разобра́ть) to take apart, sort out, discuss

  Он не мо́жет разобра́ть её по́черк. He cannot make out her handwriting.

  разбира́ть пробле́му to discuss the problem

разбо́йник robber, bandit

разбо́р analysis, critique

разбуди́ть—see **буди́ть**

разбо́рчивый fastidious

*__ра́зве__ can it be that, really (usually used in amazement)

развива́ть (разви́ть) to develop, untwist

разви́тие development

развито́й developed

разви́ть—see **развива́ть**

развлека́ть (развле́чь) to entertain, divert

развлече́ние entertainment, amusement

развле́чь—see **развлека́ть**

разво́д divorce

разводи́ть to breed or cultivate

*__разгова́ривать__ to converse, speak with

разгово́р conversation, talk

  И разгово́ра не́ было об э́том. There was no question of that.

  перемени́ть разгово́р to change the subject

разгово́рчивый talkative

раздава́ть (разда́ть) to distribute, give out

разда́ть—see **раздава́ть**

раздева́ть(ся) (разде́ть(ся)) to undress (oneself), strip

разделе́ние division

раздели́ть(ся)—see **дели́ть(ся)**

разде́льно (adv.) separately

разделя́ть(ся) (раздели́ть(ся)) to divide, separate

разделя́ть(ся)—see **разделя́ть(ся)**

разде́ть(ся)—see **раздева́ть(ся)**

раздража́ть (раздражи́ть) to irritate, annoy, exasperate

раздраже́ние irritation

раздражённый angry, irritated

раздражи́ть—see **раздража́ть**

разду́мье meditation, thoughtful mood

различа́ть (различи́ть) to differ, distinguish

различа́ться to differ

  различа́ется длино́й. It differs in length.

разли́чие distinction

различи́ть—see **различа́ть**

разли́чный different

разложе́ние decomposition

разложи́ться—see **раскла́дываться**

разме́р size, dimension

размышле́ние reflection, meditation

*__ра́зница__ difference

разногла́сие difference, discordance (of opinion)

разнообра́зие variety, diversity

разнообра́зный various, diverse

ра́зность (f.) difference

ра́зный different, various

разобра́ть—see разбира́ть
разойти́сь—see расходи́ться
разочарова́ние disappointment
разочаро́ванный disappointed
разочарова́ться (perf.) to be
  disappointed
разреша́ть (разреши́ть) to allow,
  permit, authorize, solve
разреше́ние permission, solution
разреши́ть—see разреша́ть
разруша́ть (разру́шить) to
  destroy, demolish
разруше́ние destruction, demolition
разру́шить—see разруша́ть
разры́в break, rupture
  Между ни́ми произошёл разры́в.
  They have come to a breaking
  point.
ра́зум reason, intelligence
*разуме́ется of course
  Само́ собо́й разуме́ется. It goes
  without saying.
рай paradise
райо́н region, district
ра́ма frame
ра́на wound
ра́неный wounded
ра́нний early
  ра́нним у́тром early in the
  morning
  с ра́ннего де́тства from early
  childhood
*ра́но (adv.) early, it is early
ра́ньше earlier, formerly
  как мо́жно ра́ньше as early as
  possible
  Ра́ньше здесь помеща́лась
  шко́ла. There was a school here
  formerly.
раскла́дываться (разложи́ться) to
  unpack
раскрыва́ть (раскры́ть) to open,
  reveal, disclose
раскры́ть—see раскрыва́ть
расписа́ние timetable, schedule
распи́ска receipt
расплати́ться—see распла́чиваться
распла́чиваться (расплати́ться)
  to pay off, get even with
расправить—see расправля́ть
расправля́ть (распра́вить) to
  straighten, smooth out

распрода́жа sale
распростране́ние spreading,
  diffusion
распространи́ть—see
  распространя́ть
распространя́ть (распространи́ть)
  to spread, disseminate
рассве́т dawn, daybreak
рассерди́ться—see серди́ться
рассе́янно (adv.) absently, absent-
  mindedly
рассе́янность (f.) absent-
  mindedness, distraction
рассе́янный scattered, diffused,
  absent-minded
расска́з story, tale
рассказа́ть—see расска́зывать
расска́зывать (рассказа́ть) to tell,
  narrate, relate
рассма́тривать (рассмотре́ть) to
  consider, examine, look over
рассмотре́ть—see рассма́тривать
расстёгивать (расстегну́ть) to
  unfasten, unbutton
расстегну́ть—see расстёгивать
расстоя́ние distance, space
  держа́ться на почти́тельном
  расстоя́нии to keep aloof
  на не́котором расстоя́нии at
  some distance
рассу́дочный rational
рассчи́танный deliberate,
  calculated, designed
рассчи́тывать to calculate
  не рассчита́ть свои́х сил to
  overrate one's strength
раста́ять—see та́ять
раство́р solution
растерянный confused,
  embarrassed, perplexed
*расти́ (вы́расти) to grow, grow up
растере́ть—see растира́ть
растира́ть (растере́ть) to grind
растя́гивать (растяну́ть) to
  stretch, strain, sprain
  растя́гивать удово́льствие to
  prolong a pleasure
  растяну́ть себе́ му́скул to strain
  a muscle
растя́нутый stretched, long-drawn
  out
растяну́ть—see растя́гивать

*расхо́д   expense, expenditure

расходи́ться (разойти́сь)   to separate, disperse

  Мне́ния расхо́дятся.   Opinions vary.

  на́ши пути́ разошли́сь.   Our ways have parted.

  Он разошёлся со свое́й жено́й.   He separated from his wife.

расцвести́—see расцвета́ть

расцвета́ть (расцвести́)   to blossom, bloom, flourish

*расчёт   calculation, estimate

  по его́ расчёту   according to his calculations

  ппринима́ть в расчёт   to take into consideration

расчётливо   (adv.) prudently, economically

расчётливость   (f.) economy, thrift

расши́рить—see расширя́ть

расширя́ть (расши́рить)   to enlarge, widen, expand

расши́тый   embroidered

рациона́льно   rationally

*рвать (вы́рвать)   to tear, rend, pull out

  рвать (порва́ть) зу́бы   to extract teeth

  рвать на себе́ во́лосы   to tear out one's hair

  рвать (нарвать) отноше́ния   to break off relations

  рвать цветы́   to pick flowers

реаге́нт   reagent

реа́кция   reaction

реалисти́ческий   realistic

*ребёнок   baby, infant

ребро́   rib

*ребя́та   children, boys

ребя́ческий   childish

ревни́вый   jealous

ревнова́ть   to be jealous

революцио́нный   revolutionary

регистри́роваться (зарегистри́роваться)   to register

регуля́рный   regular

редакти́ровать (отредакти́ровать)   to edit

реда́ктор   editor

реда́кция   editorial staff, editorial office

ре́дкий   rare, uncommon, sparse

*ре́дко   (adv.) seldom, rarely

ре́дкость   (f.) rarity, curiosity

режиссёр   producer, director

*ре́зать   to cut, slice

*рези́на   rubber, elastic

рези́нка   eraser

ре́зкий   sharp, harsh

  ре́зкая кри́тика   severe criticism

  ре́зкие слова́   sharp words

  ре́зкий ве́тер   cutting wind

  ре́зкое измене́ние пого́ды   sharp change in the weather

ре́зко   (adv.) sharply, abruptly

результа́т   result, outcome

*река́   river, stream

рекла́ма   advertisement, publicity

  рекла́мное аге́нтство   advertising agency

реклами́ровать   to advertise, publicize, boost

рекоменда́ция   recommendation

рекомендова́ть (порекомендова́ть)   to advise, recommend

  Тако́й спо́соб не рекоменду́ется.   This method is not recommended.

религио́зный   religious

рели́гия   religion

ремесло́   trade, handicraft, profession

ремо́нт   remodeling, repairs

рентге́н, рентге́новские лучи́, икс-лучи́   X-rays

реперту́ар   repertoire

репети́тор   tutor

репута́ция   reputation

  по́льзоваться хоро́шей репута́цией   to have a good reputation

рестора́н   restaurant

рето́рта   retort (chemical)

рефо́рма   reform

реце́нзия   review, theater notice

реце́пт   recipe, prescription

ре́чка   river

речно́й   river (adj.)

речь   (f.) speech, oration

  дар ре́чи   gift of speech

  засто́льная речь   dinner speech

О чём идёт речь?　What are you talking about?

ча́сти ре́чи　parts of speech

реша́ть (реши́ть)　to decide, make up one's mind, settle

Он реши́л уе́хать.　He decided to go.

реша́ть зада́чу　to solve a problem

Это реша́ет вопро́с.　That settles the question.

реше́ние　decision

реши́тельно　(adv.) resolutely, decidedly, positively

реши́тельный　decisive, resolute, firm

реши́ть—see **реша́ть**

ринг　(sport) ring

рис　rice

риск　risk

рискну́ть—see **рискова́ть**

рискова́ть (рискну́ть)　to risk, venture, take a chance

рисова́ть (нарисова́ть)　to draw, paint

рису́нок　drawing, picture

ритм　rhythm

ри́фма　rhyme

ро́бкий　shy, timid

ро́бот　robot

*****ро́вно**　(adv.) equally, exactly

ро́вный　flat, even, plane

ро́вный хара́ктер　even-tempered

*****род**　family, kin, origin, sort, gender

вся́кого ро́да　of all kinds

из ро́да в род　from generation to generation

мужско́го ро́да　masculine gender

*****ро́дина**　native country

*****роди́тели**　(pl.) parents, father and mother

роди́ть　(imp. and perf.) to give birth to

роди́ться　(imp. and perf.) to be born

*****родно́й**　native; own

родно́й брат　brother by birth

родно́й язы́к　native tongue

ро́дственник　relative, kinsman

рожде́ние　birth

день рожде́ния　birthday

рождество́　Christmas

ро́за　rose

ро́зовый　pink

ро́кер　rock musician

рок-звезда́　rock star

роль　(f.) role, part

рома́н　novel, romance

рома́нс　song (art song)

романти́ческий　romantic

роня́ть (урони́ть)　to drop, let fall, shed

роса́　dew

ро́скошь　(f.) luxury, splendor

Росси́я　Russia

рост　growth, development, height

ро́стбиф　roast beef

*****рот**　mouth

роя́ль　(m.) grand piano

игра́ть на роя́ле　to play the piano

руба́шка　shirt

рубе́ж　boundary, borderline

руби́ть　chop, hack, slash

ру́бленый　minced, chopped

рубль　(m.) ruble

руга́ть (отруга́ть)　to scold, abuse

руга́ться　to swear, call names

Они́ постоя́нно руга́ются.　They are always abusing each other. They are always quarreling with each other.

ружьё　gun

*****рука́**　hand, arm

брать себя́ в ру́ки　to pull oneself together

быть в хоро́ших рука́х　to be in good hands

держа́ть на рука́х　to hold in one's arms

из рук в ру́ки　from hand to hand

пода́ть ру́ку по́мощи　to lend a helping hand

под руко́й　near at hand, handy

предлага́ть ру́ку кому́-либо　to offer someone's one's hand in marriage

Ру́ки прочь!　Hands off!

умы́ть (perf) ру́ки　to wash one's hands of it

У него́ ру́ки че́шутся.　His fingers itch.

Это не его́ рука́.　That is not his writing.

рука́в　sleeve

руководи́тель　(m.) leader

руководи́ть　to lead, guide

80

руково́дство guidance, guiding
  principle
  под руково́дством under the
  leadership
ру́копись (f.) manuscript
*ру́сский, ру́сская** Russian (m., f.)
  (noun and adj.)
руча́тельство guarantee
руче́й brook, stream
*ру́чка** handle, arm, penholder, pen
  автомати́ческая ру́чка fountain
  pen
ручно́й hand (adj.), tame
*ры́ба** fish
  лови́ть ры́бу в му́тной воде́ to
  fish in troubled waters
  ни ры́ба ни мя́со neither fish nor
  fowl
рыда́ние sobbing
рыда́ть to sob
ры́жий red-haired
ры́нок market
ры́сью (adv.) at a trot
ры́царь (m.) knight
рю́мка wineglass
ряд row, line
ря́дом (adv.) side by side, beside
  сиде́ть ря́дом с ке́м-либо to sit
  side by side with someone
  Э́то совсе́м ря́дом. It is close by.

С

*с** from, off, since (with gen.), with,
  together with, and (with inst.)
  Брат с сестро́й ушли́. Brother
  and sister went away.
  Он её не ви́дел с про́шлого го́да.
  He hasn't seen her since last year.
  Он пришёл с детьми́. He came
  with the children.
  прие́хать с рабо́ты to come from
  work
  с доса́ды out of vexation
  с пе́рвого взгля́да at first sight
  с удово́льствием with pleasure
  упа́сть (perf.) **с кры́ши** to fall off
  the roof
  Что с тобо́й? What's the matter
  with you?

*сад** garden
  де́тский сад kindergarten
*сади́ться (сесть)** to sit down, take
  a seat
  сади́ться (сесть) на дие́ту to go
  on a diet
  сади́ться в лу́жу to get into a fix
  Он сел на по́езд. He took the
  train.
  Он сел на стул. He sat down on
  a chair.
са́жа soot
сала́т lettuce, salad
са́ло fat, lard
салфе́тка napkin
са́льный greasy
*сам, сама́, само́, са́ми** self (m., f.,
  n., pl.)
  Он сам хоте́л э́то сде́лать. He
  wanted to do it himself.
  Э́то говори́т само́ за себя́. It
  speaks for itself.
  Я сам себе́ хозя́ин. I am my own
  master.
самова́р samovar
самоде́льный homemade
самоде́ятельность (f.)
  spontaneous activity, amateur
  stage
самодово́льный self-satisfied
самодово́льство self-satisfaction,
  complacency
самозва́нец impostor
самолёт airplane
самолюби́вый proud, touchy
самолю́бие self-respect, pride
  ло́жное самолю́бие false pride
самооблада́ние self-control,
  composure
самостоя́тельно (adv.)
  independently
самостоя́тельный independent
самоуби́йство suicide
самоуве́ренно (adv.) with self-
  confidence
самоуве́ренность (f.) self-
  confidence, self-assurance
самоуправле́ние self-government
*са́мый** the very, the same
  в са́мом де́ле! indeed! really!
  в са́мом нача́ле at the very
  beginning

в то же са́мое вре́мя, когда́ just when

до са́мого до́ма all the way home

на са́мом де́ле actually

та же са́мая кни́га the same book

in superlatives:

са́мая хоро́шая кни́га the best book

са́мый тру́дный most difficult

са́ни (only pl.) sleigh

сапо́г high boot

сара́й shed, barn

са́хар sugar

са́харница sugar bowl

сближа́ться (сбли́зиться) to draw together, approach, become good friends

сбли́зиться—see **сближа́ться**

сбо́ку (adv.) from one side, on one side

сбо́рник collection

сва́дьба wedding

све́дение information

све́жий fresh

све́жая ры́ба fresh fish

све́жий во́здух fresh air

свежо́ в па́мяти fresh in one's mind

сверка́ть to sparkle, twinkle, glitter, glare

сверкну́ть (perf.) to flash

Сверкну́ла мо́лния. Lightning flashed.

сверх over, besides, beyond (with gen.)

сверх ожида́ния beyond expectation

сверх програ́ммы in addition to the program

сверху (adv.) from above, on top

вид све́рху view from above

пя́тая строка́ све́рху fifth line from the top

све́рху до́низу from top to bottom

свет light

броса́ть свет на что́-либо to throw light on something

дневно́й свет daylight

представля́ть что́-либо в вы́годном све́те to show

something to best advantage

при све́те луны́ by moonlight

свет world, society

весь свет the whole world

выпуска́ть в свет to publish

вы́сший свет high society

ни за что на све́те not for the world

тот свет the next world

свети́ть(ся) to shine

Его́ глаза́ свети́лись от ра́дости. His eyes shone with joy.

Луна́ све́тит. The moon is shining.

светло́ (adv.) it is light, brightly

На дворе́ светло́. It is daylight.

све́тлый light

све́тлая ко́мната light room

све́тлый ум bright spirit

све́тлое пла́тье light-colored dress

све́тский secular, worldly

све́тская же́нщина woman of the world

све́тское о́бщество society

свеча́ candle

свида́ние meeting, appointment; date, engagement

до свида́ния good-bye

до ско́рого свида́ния see you soon

свиде́тель (m.) witness

свиде́тельство evidence, certificate, license

свини́на pork

свинья́ pig, swine

свист whistle

свиста́ть, свисте́ть to whistle, pipe

сви́тер sweater

свобо́да freedom, liberty

выпуска́ть на свобо́ду to set free

предоставля́ть кому́-либо по́лную свобо́ду де́йствий to give someone a free hand

свобо́да печа́ти freedom of the press

свобо́дно (adv.) freely, fluently, with ease

говори́ть свобо́дно to speak fluently

свобо́дный free
  свобо́дное вре́мя free time
  свобо́дные де́ньги spare cash
своевре́менно (adv.) in good time,
  opportunely
*свой, своя́, своё, свои́ one's own
  (m., f., n., pl.)
  Всё придёт в своё вре́мя.
  Everything comes in its time.
  Он признаёт свои́ недоста́тки.
  He acknowledges his faults.
  Он там свой челове́к. He is
  quite at home there.
сво́йство property, characteristics
свя́занный combined, constrained
связа́ть—see свя́зывать
свя́зывать (связа́ть) to bind, tie
  together, connect
  свя́зывать обеща́нием to bind
  by a promise
  Э́тот вопро́с те́сно свя́зан с
  други́ми. This problem is bound
  up with others.
связь (f.) tie, bond, connection,
  relation
  в э́той связи́ in this connection
  причи́нная связь casual
  relationship
  с хоро́шими свя́зями with good
  connections
святы́ня sacred object or place;
  place of worship
свяще́нник priest
гиба́ться (согну́ться) to bend
  down, stoop
сгора́ть (сгоре́ть) to burn (down)
  Дом сгоре́л. The house burned
  down.
  сгора́ть от стыда́ to burn with
  shame
сгоре́ть—see сгора́ть
сдава́ть (сдать) to deal (cards),
  hand over, turn over, surrender,
  hand in
  сдава́ть буты́лки to recycle
  bottles
сдать—see сдава́ть
*сда́ча surrender, renting, deal (in
  cards)
  Ва́ша сда́ча. It's your deal.
  дать сда́чу to give change
  сда́ча в аре́нду leasing

сде́лано finished
сде́лать(ся)—see де́лать(ся)
сде́ржанно (adv.) with restraint,
  with discretion
сде́ржанность (f.) restraint, reserve
сдержа́ть(ся)—see сде́рживать(ся)
сде́рживать (сдержа́ть) to hold in,
  restrain, contain
  сдержа́ть своё сло́во to keep
  one's word
сде́рживаться (сдержа́ться) to
  control oneself
сдружи́ться (perf.) to become
  friends with
*себя́ self, oneself (reflexive
  pronoun)
се́вер north
се́верный northern
*сего́дня today
  сего́дня ве́чером this evening
  сего́дня у́тром this morning
сего́дняшний today's
седина́ gray hair
седо́й gray (only of hair)
  Он седо́й. He has gray hair.
седьмо́й seventh
сейф safe, vault, safety-deposit box
*сейча́с now, presently, right now
  Где он сейча́с живёт? Where
  does he live now?
  сейча́с же immediately, at once
секре́т secret
  по секре́ту secretly, in confidence
  секре́т успе́ха secret of success
секрета́рша secretary
секре́тно secretly, covertly
секу́нда second
селёдка herring
село́ village
  ни к селу́ ни к го́роду neither
  here nor there
сельдере́й celery
се́льский rural
  се́льская жизнь village life
сельскохозя́йственный
  agricultural
семидеся́тый seventieth
семе́йный domestic, family
  семе́йные свя́зи family ties
  семе́йный челове́к family man
семе́стр term, semester
семна́дцать seventeen

семнáдцатый seventeenth

семь seven

сéмьдесят seventy

семьсóт seven hundred

семья́ family

сéно hay

сентиментáльный sentimental

сентя́брь (m.) September

сердéчный cordial, hearty, of the heart

  сердéчная болéзнь heart disease

  сердéчный привéт hearty greetings

сердúтый angry

сердúться (рассердúться) to get angry, be cross

*****сéрдце** heart

  дóброе сéрдце kind heart

  от всегó сéрдца from the bottom of one's heart

  принимáть чтó-либо к сéрдцу to take something to heart

  С глаз долóй, из сéрдца вон. Out of sight, out of mind.

  У негó отлеглó от сéрдца. He felt relieved.

  У негó сéрдца нет. He has no heart.

  У негó сéрдце упáло. His heart sank.

серебрó silver

серéбряный silver (adj.)

  серéбряная посýда silver plate

*****серединá** middle

  в сáмой середúне in the very middle

  золотáя серéдина golden mean

сéрия series

сéрный sulphuric

  сéрная кислотá sulphuric acid

сéрый gray

  сéрая жизнь dull life

серьгá earring

серьёзно (adv.) seriously, earnestly

серьёзный serious, earnest

*****сестрá** sister

  двою́родная сестрá cousin

  медицúнская сестрá (медсестрá) nurse

сесть—see **садúтся**

сжать—see **сжимáть**

сжечь—see **жечь**

сжимáть (сжать) to squeeze, compress

  сжимáть гýбы to compress one's lips

  сжимáть кулакú to clench one's fists

сзáди (adv.) from behind

  вид сзáди view from behind

  пя́тый вагóн сзáди fifth car from the end

  толкáть сзáди to push from behind

сигáра cigar

сигарéта cigarette

сигнáл signal

*****сидéть** to sit, be perched, fit

  Плáтье хорошó сидúт. The dress fits well.

  сидéть в тюрьмé to be imprisoned

  сидéть дóма to stay at home

  сидéть за столóм to sit at the table

сúла strength, force

  брать сúлой to take by force

  быть ещё в сúлах to be still vigorous enough

  входúть в сúлу to come into force

  изо всех сил with all one's strength

  лошадúная сúла horsepower

  морскúе сúлы naval force

  сúла вóли will power

  сúла привы́чки force of habit

  сúла тя́жести gravity

  Э́то сверх сил. This is beyond one's powers.

сúльно (adv.) strongly, very, violently, greatly

  сúльно нуждáться to be in extreme need

  сúльно пить to drink heavily

  сúльно чýвствовать to feel keenly

*****сúльный** strong, powerful, keen, intense, heavy

  силён в математике good at mathematics

  сúльная страсть violent passion

  сúльный зáпах strong smell

сúмвол symbol

симпати́чный sympathetic, likable

симпо́зиум symposium

симфо́ния symphony

си́ний dark blue

сирота́ orphan

систе́ма system

системати́чный systematic

си́то strainer, sieve

ситуа́ция situation

*сказа́ть to say, tell—see
   говори́ть

   Ле́гче сказа́ть, чем сде́лать.
   Easier said than done.

   пра́вду сказа́ть to tell the truth

   Ска́зано-сде́лано. No sooner said
   than done.

   Тру́дно сказа́ть. It's hard to say.

ска́зка fairy tale, story

скака́ть (поскака́ть) to skip, jump,
   hop

скамья́ bench

   посади́ть на скамью́ подсуди́мых
   to put into the dock

   со шко́льной скамьи́ since
   schooldays

сканда́л scandal

   Како́й сканда́л! What a disgrace!

ска́терть (f.) tablecloth

скве́рно (adv.) badly

   Пальто́ скве́рно сиди́т на нём.
   The coat fits him badly.

   па́хнуть скве́рно to smell bad

   скве́рно чу́вствовать себя́ to feel
   bad

скве́рный bad, nasty

сквози́ть to blow through, go
   through

   Здесь сквози́т. There is a draft
   here.

*сквозь through (with acc.)

   говори́ть сквозь зу́бы to speak
   through clenched teeth

   Как сквозь зе́млю провали́лся.
   He disappeared without leaving a
   trace (as though through the
   earth).

скепти́ческий skeptical

ски́дка rebate, reduction, discount

   де́лать ски́дку to give a reduction

   со ски́дкой with rebate, with
   discount

скла́дка fold, pleat, crease, wrinkle

*складно́й folding, collapsible,
   portable

скло́нность (f.) inclination, bent,
   disposition

сковорода́ frying pan

скользи́ть (скользну́ть) to slip,
   slide

ско́льзкий slippery

   говори́ть на ско́льзкую те́му to
   be on slippery ground

   ско́льзкая доро́га slippery road

скользну́ть—see скользи́ть

*ско́лько how much, how many

   не сто́лько . . . ско́лько . . . not
   so much . . . as . . .

   Ско́лько мы вам должны́? How
   much do we owe you?

   Ско́лько с меня́? How much do I
   owe?

   Ско́лько сто́ит? How much does
   it cost?

   ско́лько уго́дно as much as you
   like

сконфу́женный abashed,
   disconcerted, embarrassed

сконфу́зить(ся)—see
   конфу́зить(ся)

сконча́ться (perf.) to pass away,
   die

скопи́ровать—see копи́ровать

скорбный sorrowful, mournful

скорбь (f.) sorrow, grief

скоре́е rather, sooner, quicker

   как мо́жно скоре́е as soon as
   possible

   Он скоре́е умрёт, чем сда́стся.
   He would rather die than
   surrender.

ско́ро (adv.) quickly, soon

   Он ско́ро придёт. He will come
   soon.

скоропо́ртящийся perishable

ско́рость (f.) speed, rate

   максима́льная ско́рость top
   speed

   ско́рость движе́ния rate of
   movement

ско́рый fast, rapid

   в ско́ром вре́мени soon, before
   long

   До ско́рого свида́ния. See you
   soon.

ско́рая по́мощь first aid
ско́рый по́езд fast train, express
ско́рый шаг quick step
скот cattle
скрепля́ть (скрепи́ть) to fasten together, strengthen
скрипа́ч violinist
скрипе́ть (поскрипе́ть) to squeak, creak
скри́пка violin
игра́ть на скри́пке to play the violin
скро́мность (f.) modesty
ло́жная скро́мность false modesty
скро́мный modest, frugal, unpretentious
скрыва́ть (скрыть) to hide, conceal, keep back
не скрыва́ть того́, что to make no secret of the fact that
Он засмея́лся, что́бы скры́ть своё беспоко́йство. He laughed to cover his anxiety.
скрыва́ться (скры́ться) to hide oneself
скры́тый secret, latent
скры́ть(ся)—see **скрыва́ть(ся)**
ску́ка boredom, tedium
ску́льптор sculptor
ску́по (adv.) stingily, sparingly
скупо́й stingy, miserly
ску́пость (f.) stinginess, miserliness
*скуча́ть (imp.) to be bored, to miss
Я скуча́ла по тебе́. I missed you.
ску́чно (adv.) boring, dull
Мне ску́чно. I am bored.
ску́чный boring, tiresome
слабе́ть (ослабе́ть) to grow weak, grow feeble, slack off
сла́бо faintly, weakly
сла́бость (f.) weakness, feebleness
*сла́бый weak, faint, feeble
сла́бое оправда́ние lame excuse
сла́бые глаза́ weak eyes
сла́бый учени́к poor pupil
сла́ва glory, fame
сла́вный famous, renowned, nice
сла́вный ма́лый nice fellow
*сла́дкий sweet, honeyed
на сла́дкое for dessert

спать сла́дким сном to be fast asleep
сла́достный sweet, delightful
сла́дость (f.) sweetness, delight
слегка́ (adv.) somewhat, slightly
Он слегка́ уста́л. He is somewhat tired.
слегка́ тро́нуть to touch gently
след track, trace, sign, vestige
*следи́ть to watch, follow
внима́тельно следи́ть to watch closely
следи́ть глаза́ми за ке́м-либо to follow someone with one's eyes
следи́ть за детьми́ to look after children
следи́ть за чьи́ми-либо мы́слями to follow the thread of someone's thoughts
сле́довательно consequently, therefore, it follows that
сле́довать (после́довать) to follow, come next
во всём сле́довать отцу́ to take after one's father in everything
как сле́дует из ска́занного as appears from the above
Ле́то сле́дует за весно́й. Summer follows spring.
обраща́ться куда́ сле́дует to apply to the proper quarter
сле́дующий following, next
сле́дующий день the next day
слеза́ tear
до слёз бо́льно enough to make anyone cry
слеза́ть (слезть) to get off, get down
слезть—see **слеза́ть**
сле́по (adv.) blindly
слепо́й blind
слепо́е подража́ние blind imitation
слепота́ blindness
сли́ва plum
сли́вки cream
*сли́шком (adv.) too, too much
словарь (m.) dictionary, vocabulary
*сло́во word
дава́ть сло́во to give the floor, promise
други́ми слова́ми in other words

одни́м сло́вом in a word

Помяни́те моё сло́во! Mark my words!

сдержа́ть сло́во to keep one's word

сло́во в сло́во word for word

че́стное сло́во word of honor

сложе́ние adding, addition, build

сло́жно (adv.) in a complicated manner, it is complicated

сло́жный complicated, intricate

слой layer

слома́ть(ся)—see лома́ть(ся)

слон elephant

служа́нка maid

слу́жащий employee

слу́жба service, work

быть на вое́нной слу́жбе to be in the military service

иска́ть слу́жбу to look for work

служе́бный а́дрес work address

*служи́ть (послужи́ть) to serve, be in use

служи́ть на фло́те to serve in the navy

служи́ть кому́-либо ве́рой и пра́вдой to serve someone faithfully

служи́ть приме́ром to serve as an example

служи́ть це́ли to serve a purpose

*слух hearing, rumor

игра́ть по слу́ху to play by ear

Ни слу́ху ни ду́ху. Nothing has been heard.

о́рган слу́ха organ of hearing

по слу́хам it is rumored

пусти́ть слух to set a rumor going

*слу́чай (m.) event, chance, case

во вся́ком слу́чае at any event

воспо́льзоваться удо́бным слу́чаем to seize an opportunity

на вся́кий слу́чай in case

на слу́чай in case of

несча́стный слу́чай accident

ни в ко́ем слу́чае on no account

по слу́чаю чего́-либо on the occasion of something

при вся́ком удо́бном слу́чае with every opportunity

случа́йно by chance, accidentally

Вы случа́йно не зна́ете его́? Do you know him, by any chance?

не случа́йно, что it is no mere chance that

случа́йный accidental, fortuitous

случа́ться (случи́ться) to happen, to take place

Как э́то случи́лось? How did it happen?

случи́ться—see случа́ться

*слу́шать (послу́шать) to listen, pay attention

*слы́шать (услы́шать) to hear

слы́шно (adv.) audibly, one can hear, it is said

Слы́шно как му́ха пролети́т. You might have heard a pin drop. (One can hear how a fly flies by.)

Что слы́шно? What's the news?

слюна́ saliva

слю́ни, слю́нки (dim. of слюна́) used in: У него́ слю́нки теку́т. His mouth is watering.

сме́ло (adv.) boldly, bravely, daringly, fearlessly

говори́ть сме́ло to speak boldly

я могу́ сме́ло сказа́ть I can safely say

сме́лость (f.) boldness, courage, daring

сме́лый bold, courageous, daring (adj.)

сме́рить—see ме́рить

смерть (f.) death

надоеда́ть до́ смерти to pester to death

смета́на sour cream

сметь (посме́ть) to dare

смех laughter

Ему́ не до сме́ху. He is in no mood for laughter.

Смех да и то́лько. It's simply absurd.

сме́шанный mixed, compound

смеша́ть—see сме́шивать

сме́шивать (смеша́ть) to mix, mix together, blend

смешно́ (adv.) it is ridiculous, it makes one laugh, in a funny manner, comically

смешно́й funny, ridiculous

В э́том нет ничего́ смешно́го.
There is nothing to laugh at.

Как он смешо́н. How absurd
he is.

*__смея́ться__ to laugh

смея́ться исподтишка́ to laugh
up one's sleeve

смея́ться над ке́м-либо to make
fun of someone

**Хорошо́ смеётся тот, кто смеётся
после́дним.** He who laughs last
laughs best.

смире́ние humility, humbleness

смолка́ть (смо́лкнуть) to grow
silent, fall silent

смо́лкнуть—see **смолка́ть**

смо́лоду since one's youth

сморо́дина currant

*__смотре́ть (посмотре́ть)__ to look,
look at

Как вы на э́то смо́трите? What
do you think of it?

смотре́ть в о́ба to be on one's
guard

смотре́ть за поря́дком to keep
order

смотри́!, смотри́те! look out!

смотря́ according to

смочь—see **мочь**

сму́глый swarthy, dark (complexion)

сму́тно (adv.) vaguely, dimly, not
clearly

сму́тный vague, dim

сму́тное вре́мя troubled times

смуще́ние confusion,
embarrassment

смущённый confused, embarrassed

смысл sense, meaning

в по́лном смы́сле э́того сло́ва in
the full sense of the word

В э́том нет смы́сла. There's no
point in it.

здра́вый смысл common sense

Э́то не име́ет никако́го смы́сла.
It makes no sense at all.

прямо́й смысл literal meaning

смягча́ться (смягчи́ться) to
soften, relent, grow mild, ease off

снаружи from the outside

*__снача́ла__ (adv.) from the
beginning, at first

снег snow

сни́зу from below

*__снима́ть (снять)__ to take, take off,
remove, take pictures

снима́ть кварти́ру to rent an
apartment

снима́ть ко́пию с чего́-либо to
make a copy of something

снима́ть шля́пу to take off one's
hat

сни́мок photograph, snapshot

снисходи́тельный condescending,
lenient

сни́ться (присни́ться) to dream

ему́ сни́лось, что he dreamed that

Ему́ э́то да́же и не сни́лось. He
had never even dreamed of it.

сно́ва (adv.) anew, afresh, again

начина́ть сно́ва to begin again

сновиде́ние dream

снять—see **снима́ть**

соба́ка dog

*__собира́ть (собра́ть)__ to gather,
assemble, collect

собира́ть свои́ ве́щи to collect
one's belongings

собра́ть всё своё му́жество to
pluck up one's courage

собра́ть мы́сли to collect one's
thoughts

собира́ться (собра́ться) to gather
together, assemble, make up one's
mind

Он собира́ется е́хать в Москву́.
He intends to go to Moscow.

собира́ться в путь to prepare for
a journey

соблазни́тель (m.) tempter, seducer

соблазни́ть (perf.) to entice, allure,
tempt, seduce

собо́р cathedral

собра́ние meeting, gathering

собра́ть(ся)—see **собира́ть(ся)**

со́бственно (adv.) properly

со́бственно говоря́ as a matter of
fact, strictly speaking

со́бственность (f.) property

ли́чная со́бственность personal
property

со́бственный own, personal

**чу́вство со́бственного досто́ин-
ства** self-respect

собы́тие event

теку́щие собы́тия current events
Э́то бы́ло больши́м собы́тием.
It was a great event.
соверша́ть (соверши́ть) to
accomplish, perform
соверша́ть по́двиг to accomplish
a feat or deed
соверши́ть сде́лку to strike a
bargain
соверше́нно (adv.) absolutely,
quite, totally, utterly
соверше́нно ве́рно quite so, of
course
соверше́нно незнако́мый челове́к
total stranger
соверше́нный absolute, perfect
соверше́нство perfection
соверши́ть—see **соверша́ть**
со́весть (f.) conscience
по со́вести говоря́ honestly
speaking
сове́т council, advice, counsel
сове́товать (посове́товать) to
advise, counsel
сове́тский Soviet
Сове́тский Сою́з Soviet Union
совме́стно (adv.) commonly,
jointly
совме́стный joint, combined
совме́стное обуче́ние
coeducation
совме́стное предприя́тие joint
venture
совпада́ть (совпа́сть) coincide,
concur
совпаде́ние coincidence
совпа́сть—see **совпада́ть**
совреме́нный contemporary,
modern
совсе́м (adv.) quite, entirely,
totally
совсе́м не not in the least
совсе́м не то nothing of the kind
согла́сие consent, assent
согаси́ться—see **соглаша́ться**
согла́сно (adv.) in accord,
according, in harmony
согла́сный agreeable
быть согла́сным to agree with
something
соглаша́ться (согласи́ться) to
consent, agree, concur

соглаше́ние agreement,
understanding
согну́ться—see **сгиба́ться**
согрева́ть (согре́ть) to warm, heat
согре́ть—see **согрева́ть**
содержа́ние maintenance, upkeep,
contents
быть на содержа́нии у кого́-либо
to be supported by someone
содержание кислоро́да в во́здухе
content of oxygen in the air
содержа́ние кни́ги subject matter
of a book
содержа́ть (imp.) to support,
maintain, contain
соедине́ние joining, combination
соединённый united
Соединённые Шта́ты United
States
соедини́ть(ся)—see **соединя́ть(ся)**
соединя́ть(ся) (соедини́ть(ся)) to
join, unite, connect, combine
сожале́ние regret, pity
к сожале́нию unfortunately
создава́ть (созда́ть) to create,
found, originate
создава́ть иллю́зию to create an
illusion
**создава́ть мо́щную промыш-
ленность** to create a powerful
industry
созда́ть—see **создава́ть**
созна́тельно (adv.) consciously,
deliberately, conscientiously
сойти́—see **сходи́ть**
сок juice, sap
сократи́ть—see **сокраща́ть**
сокраща́ть (сократи́ть) to
shorten, curtail, abbreviate
Придётся сократи́ться. We'll
have to tighten the purse strings.
сокраще́ние shortening,
abbreviation
сокращённый brief, abbreviated
солда́т soldier
солёный salty, salted
соли́дность (f.) solidity, reliability
соли́дный solid, strong, reliable
соли́дный журна́л reputable
magazine
соли́дный челове́к reliable man
со́лнечный sunny, solar

*со́лнце (n.) sun
солони́на corned beef
*соль (f.) salt
англи́йская соль Epsom salts
соль земли́ salt of the earth
*сомнева́ться (imp.) to doubt,
have doubts
Сомнева́юсь в его́ и́скренности.
I doubt his sincerity.
я не сомнева́юсь I don't doubt
сомне́ние doubt
сомни́тельно (adv.) doubtfully, it is
doubtful
*сон dream, sleep
ви́деть сон to have a dream
во сне in one's sleep
кре́пкий сон sound sleep
со́нный sleepy, drowsy
сообща́ть (сообщи́ть) to report,
communicate, inform
сообще́ние report, information
сообщи́ть—see сообща́ть
сопе́рник rival
соперпичать to compete with
сопровожда́ть (сопроводи́ть) to
accompany, escort
сопротивля́ться (imp.) to resist,
oppose
сопу́тствовать (imp.) to travel
with
сорва́ть(ся)—see срыва́ть(ся)
со́рок forty
сороково́й fortieth
*сорт sort, kind
*сосе́д, сосе́дка neighbor (m., f.)
сосед (сосе́дка) по ко́мнате
roommate
сосе́дний neighboring, adjacent
сосе́ска sausage (hot dog)
соска́кивать (соскочи́ть) to jump
down, jump off
соскочи́ть—see соска́кивать
сосна́ pine tree
сосредото́чивать(ся)
(сосредото́чить(ся)) to
concentrate, focus; to concentrate
on self.
соста́в composition, structure
составля́ть(ся)—see составля́ть(ся)
составле́ние программ для
компью́тера computer
programming

составля́ть (соста́вить) to
compose, compile, formulate
соста́вить спи́сок to make up a
list
соста́вить план to formulate a
plan
составля́ться (соста́виться) to be
formed
состоя́ние state, condition, fortune
в хоро́шем состоя́нии in good
condition
получи́ть состоя́ние to come
into a fortune
состоя́ние здоро́вья state of
health
состоя́ть to consist in, of
Кварти́ра состои́т из трёх
ко́мнат. The apartment consists
of three rooms.
ра́зница состои́т в том, что ...
the difference consists of ...
сосу́д vessel (household)
сострада́ние compassion
со́тый . hundredth
со́ус sauce, gravy
софа́ sofa
со́хнуть (вы́сохнуть) to dry, get dry
сохране́ние preservation,
conservation
сохрани́ть—see сохраня́ть
*сохраня́ть (сохрани́ть) to keep,
preserve, retain
сохрани́ть на па́мять to keep as
a souvenir
сохрани́ть хладнокро́вие to keep
one's head
социали́зм socialism
*сочине́ние composition, work
по́лное собра́ние сочине́ний
Пу́шкина complete works of
Pushkin
сочини́ть—see сочиня́ть
сочиня́ть (сочини́ть) to write,
compose, make up
со́чный juicy, succulent
со́чное я́блоко juicy apple
со́чный стиль rich style
сочу́вствие sympathy
сочу́вствовать (imp.) to
sympathize (with), feel (for)
*сою́з union, alliance
спа́льный sleeping

спа́льный ваго́н sleeping car
*спа́льня bedroom
спа́ржа asparagus
*спаса́ть (спасти́) to save, rescue
  спасти́ жизнь to save a life
  спасти́ положе́ние to save the
    situation
спаса́ться (спасти́сь) to save
  oneself, escape
спасе́ние rescue, salvation
*спаси́бо thanks, thank you
  большо́е спаси́бо many thanks
спасти́(сь)—see спаса́ть(ся)
*спать to sleep
  ложи́ться спать to go to bed
  Он спит как уби́тый. He is
    sound asleep. He sleeps like a log.
спекта́кль (m.) play, performance
спектра́льный spectral
спе́лый ripe
сперва́ (adv.) at first, firstly
спе́реди (adv.) from the front
спеть—see петь
специали́ст specialist, expert
специа́льно (adv.) especially
*специа́льный special
*спеши́ть (поспеши́ть) to hurry,
  hasten
  Его́ часы́ спеша́т на де́сять мину́т.
    His watch is ten minutes fast.
спе́шно (adv.) in haste, hastily
спе́шный urgent, pressing
  в спе́шном поря́дке quickly, rush
СПИД (синдро́м приобрете́нного
  имму́но-дефици́та) AIDS
*спина́ back
спи́сок list
спи́чка match
спле́тник, спле́тница gossip,
  talebearer (m., f.)
спле́тничать to gossip, talk
сплошно́й continuous, entire
  сплошна́я ма́сса solid mass
  сплошно́е удово́льствие sheer
    joy
*сплошь (adv.) entirely, everywhere
  сплошь и ря́дом very often
  сплошь одни́ цветы́ flowers
    everywhere
споко́йно (adv.) quietly
*споко́йный quiet, peaceful,
  tranquil

Бу́дьте споко́йны. Don't worry.
  споко́йное мо́ре calm sea
  Споко́йной но́чи. Good night.
спор argument, debate
*спо́рить (поспо́рить) to argue,
  dispute
спо́рный questionable, debatable,
  moot, controversial
*спорт sport
спорти́вный sporting, athletic
спо́соб way, method
  спо́соб выраже́ния manner of
    expressing oneself
  таки́м спо́собом in this way
спосо́бность (f.) ability, faculty
спосо́бный able, clever, gifted,
  capable
справедли́вость (f.) justice,
  fairness
справедли́вый just, fair
спра́вочник reference book,
  information book, guidebook
*спра́шивать (спроси́ть) to ask a
  question, demand, inquire
спрос demand
  в большо́м спро́се in great
    demand
  спрос и предложе́ние demand
    and supply
спроси́ть—see спра́шивать
спря́тать(ся)—see пря́тать(ся)
спуска́ть (спусти́ть) to let down,
  lower
  не спуска́ть глаз not to take
    one's eyes off
  спуска́ть флаг to lower the flag
спуска́ться (спусти́ться) to
  descend, go down
  спусти́ться по ле́стнице to go
    downstairs
спусти́ть(ся)—see спуска́ть(ся)
*спустя́ (adv.) after, later
  не́сколько дней спустя́ several
    days later
спу́тник fellow-traveler, satellite,
  one who travels with
  Луна́ спу́тник Земли́. The moon
    is the earth's satellite.
*сравне́ние comparison
  по сравне́нию in comparison
  сте́пени сравне́ния degrees of
    comparison

сра́внивать (сравни́ть) to compare

сравни́тельно (adv.) comparatively, in comparison

сравни́тельный comparative

сравни́ть—see сра́внивать

*сра́зу (adv.) at once, right away

среда́ Wednesday

  в сре́ду on Wednesday

*среди́ amongst, amidst (with gen.)

  среди́ ко́мнаты in the middle of the room

  среди́ нас among us

сре́дний middle, medium, average

  мужчи́на сре́дних лет middle-aged man

  ни́же сре́днего below average

  сре́дние спосо́бности average ability

  сре́дняя шко́ла secondary school

сре́дство means

  жить не по сре́дствам to live beyond one's means

  ме́стные сре́дства local resources

  сре́дства к существова́нию means of existence

  сре́дства произво́дства means of production

  сре́дства ма́ссовой информа́ции mass media

сровня́ть—see равня́ть

срыва́ть (сорва́ть) to tear away, to tear off

  сорва́ть ма́ску с кого́-либо to tear the mask from someone

срыва́ться (сорва́ться) to break loose, break away

ссо́риться (поссо́риться) to quarrel (with), fall out (with)

*ста́вить (поста́вить) to set, place, put in a vertical position

  высоко́ ста́вить кого́-либо to think highly of someone

  поста́вить пье́су to produce a play

  ста́вить всё на ка́рту to stake all

  ста́вить кому́-либо препя́тствия to put obstacles in one's way

  ста́вить пробле́му to raise a problem

  ста́вить усло́вия to lay down conditions

  ста́вить часы́ to set the clock

стадио́н stadium

ста́до herd, flock

стажиро́вка special training

*стака́н drinking glass

ста́лкиваться (столкну́ться) to collide, run into

  Автомоби́ли столкну́лись. The cars collided.

  Интере́сы их столкну́лись. Their interests clashed.

  Мы вчера́ случа́йно столкну́лись. We ran into each other yesterday.

ста́ло быть so, thus, consequently, it follows that

сталь (f.) steel

станда́рт standard

станда́ртный standard (adj.)

  станда́ртный дом prefabricated house

*станови́ться (стать) to become, grow

  Его́ не ста́ло. He has passed away.

  Стано́вится хо́лодно. It is getting cold.

  стать учи́телем to become a teacher

ста́нция station

стара́тельно diligently, assiduously

стара́ться (постара́ться) to endeavor, try

  стара́ться впусту́ю to waste one's efforts

  стара́ться изо всех сил to do one's utmost

*стари́к old man

старина́ olden times

стари́нный ancient, antique

старомо́дный old-fashioned

ста́рость (f.) old age

*стару́ха old woman

ста́рший older, senior

  ста́рший врач head physician

  ста́рший сын oldest son

*ста́рый old

  Всё по-ста́рому. Everything is the same (all as of old).

  ста́рая де́ва old maid

стать (perf.) to begin, come to be

  Он стал чита́ть. He began to read.

стать—see станови́ться
статья́ article
 передова́я статья́ editorial
 Э́то осо́бая статья́. That's
  another matter.
*стекло́ glass
 око́нное стекло́ window glass
стекля́нный glass (adj.)
стели́ть (постели́ть) spread
 стели́ть посте́ль to make the bed
*стена́ wall
стенографи́стка stenographer (f.)
сте́пень (f.) degree, extent
 возводи́ть во втору́ю сте́пень to
  raise to the second power
 До како́й сте́пени? To what
  extent?
 до после́дней сте́пени to the last
  degree
 сте́пени сравне́ния degrees of
  comparison
 сте́пень до́ктора doctorate, Ph.D.
степь (f.) steppe
стере́ть—see стира́ть
стере́чь to guard, watch over
стесня́ться to feel shy, be ashamed
 of
 Он стесня́ется сказа́ть вам. He
  is ashamed to call you.
стиль (m.) style
 возвы́шенный стиль grand style
сти́мул incentive, stimulus
стипе́ндия stipend, scholarship
стира́ть (стере́ть) to wipe, clean,
 erase
 стира́ть пыль to dust
стира́ть (вы́стирать) to wash,
 launder
стихи́ (pl.) verse, poems, poetry
стихотворе́ние poem
сто hundred
*сто́ить (imp.) to cost, to be worth
 ничего́ не сто́ит to be worthless
 Ско́лько э́то сто́ит? How much
  does it cost?
 Сто́ит проче́сть э́то. It is worth
  reading.
 Э́то сто́ило ему́ большо́го труда́.
  This cost him much trouble.
*стол table
 накрыва́ть на стол to set the
  table

 пи́сьменный стол desk
столе́тие century
столи́ца capital city
столкнове́ние collision, crash
столкну́ться—see ста́лкиваться
столо́вая dining room
столо́вый table (adj.)
 столо́вая ло́жка tablespoon
 столо́вое вино́ table wine
*сто́лько (adv.) so much, so many
 сто́лько вре́мени so much time
 сто́лько, ско́лько as much as
стона́ть to moan, groan
сторгова́ться—see торгова́ться
сто́рож watchman, guard
*сторона́ side
 брать чью-либо сто́рону to take
  someone's side
 име́ть свои́ хоро́шие сто́роны to
  have one's good points
 ро́дственник со стороны́ отца́
  relative on one's father's side
 с друго́й стороны́ on the other
  hand
 с мое́й стороны́ for my part
 уклоня́ться в сто́рону to
  deviate
 шу́тки в сто́рону joking aside
*стоя́ть to stand
 Пе́ред ним стои́т вы́бор. He is
  faced with a choice.
 Со́лнце стои́т высоко́ на не́бе.
  The sun is high in the sky.
 стоя́ть на коле́нях to kneel
 стоя́ть на я́коре to be at anchor
 Часы́ стоя́т. The watch has
  stopped.
страда́ние suffering
страда́ть (пострада́ть) to suffer
страна́ country
страни́ца page
*стра́нно (adv.) strangely, in a
 strange way
стра́нный strange, queer, odd,
 funny
стра́стно (adv.) passionately
стра́стный ardent, fervent,
 passionate
страсть (f.) passion
стратосфе́ра stratosphere
страх fear, fright
страхо́вка insurance

*стра́шно (adv.) it is terrible, terribly, awfully

стра́шный terrible, frightful, fearful

стре́лка pointer, hand (of a clock)

стри́чься (постри́чься) to have one's hair cut

стро́гий strict, severe

стро́го (adv.) strictly, severely

стро́ить (постро́ить) to build, construct

строй system, order, formation

стро́йный well-proportioned, well-composed

строка́ line

чита́ть ме́жду строк to read between the lines

студе́нт, студе́нтка student (m., f.)

сту́день aspic

студи́ть (остуди́ть) to cool off

сту́дия studio, workshop

стук knock, tap, noise

сту́кать (сту́кнуть) to knock, rap, pound

сту́кнуть—see сту́кать

*стул chair

стуча́ть (постуча́ть) to knock, rap

Стучи́т в виска́х. The blood is pounding at my temples.

стуча́ть в дверь to knock on the door

стыд shame

стыдли́во (adv.) shamefacedly, bashfully, shyly

*сты́дно it is a shame, it is disgraceful

Как вам не сты́дно! You ought to be ashamed of yourself.

Мне сты́дно. I am ashamed.

суббо́та Saturday

в суббо́ту on Saturday

суд law court, justice, judgment

суди́ть to try, referee, judge

наско́лько он мо́жет суди́ть to the best of his judgment

суди́ть по вне́шнему ви́ду to judge by appearances

судьба́ fate, destiny, fortune

искуша́ть судьбу́ to tempt one's fate

судья́ judge

сумасше́дший mad

сумасше́дшая ско́рость breakneck speed

Это бу́дет сто́ить сумасше́дших де́нег. It will cost an enormous sum.

сумато́ха bustle, turmoil

сумбу́р confusion

*суме́ть (perf.) to know how, be able, succeed, to manage to

Он не суме́ет э́того сде́лать. He will not be able to do it.

су́мка handbag, pouch, pocketbook

су́мма sum

су́мрак twilight, dusk

сунду́к trunk, box, chest

су́нуть (perf.) to poke, thrust, shove

су́нуть свой нос to pry

су́нуть что́-либо в карма́н to slip something in one's pocket

суп soup

супру́г (m.), супру́га (f.) spouse

суро́во (adv.) severely, sternly

суро́вый severe, stern

су́тки twenty-four hours, day

су́хо (adv.) it is dry, dryly

*сухо́й dry, arid

сухо́й кли́мат dry climate

сухой приём cold reception

суши́ть (вы́сушить) to dry

существо́ being, creature

существова́ние existence

существова́ть to be, exist

существу́ют лю́ди, кото́рые there are people who

Это существу́ет. It exists.

сфе́ра sphere, realm

сфе́ра влия́ния sphere of influence

Это вне его́ сфе́ры. It is out of his realm.

сфинкс sphinx

схвати́ть—see хвата́ть

*сходи́ть (сойти́) to go down, get off, alight

Кра́ска сошла́ со стены́. The paint came off the wall.

сходи́ть с ума́ to go mad

схо́дный similar, suitable

схо́дство likeness, resemblance

сце́на stage, scene

устра́ивать сце́ну   to make a scene

счастли́вый   happy, fortunate

Счастли́вого пути́!   Have a good trip!

сча́стье   luck, happiness

к сча́стью   fortunately

счесть—see **счита́ть**

счёт   calculation, score, bill

на счёт   on account

На э́тот счёт вы мо́жете быть споко́йны.   You may be easy on that score.

откры́ть (perf.) счёт   to open an account

по его́ счёту   by his reckoning

приня́ть (perf.) что́-либо на свой счёт   to take something as referring to oneself

своди́ть ста́рые счёты   to pay off old scores

*счита́ть (счесть)   to count, consider

Он счита́ет его́ че́стным челове́ком.   He considers him an honest man.

счита́ть по па́льцам   to count on one's fingers

счита́ть себя́   to consider oneself (to be)

счита́ться (посчита́ться)   to consider, take into consideration, reckon

Он счита́ется хоро́шим учи́телем.   He is considered a good teacher.

счита́ется, что   it is considered that

Э́то не счита́ется.   It does not count.

сшить—see **шить**

съедо́бный   edible

съезд   congress, convention, conference

съесть—see **есть**

сыгра́ть—see **игра́ть**

сын   son

сыр   cheese

сы́ро   (adv.) damply, it is damp

*сыро́й   damp, raw, uncooked

сыра́я пого́да   damp weather

сыро́е мя́со   raw meat

сыро́й материа́л   raw material

сы́рость   (f.) dampness

сы́тый   satisfied, replete

сэконо́мить—see **эконо́мить**

*сюда́   here, hither

Иди́те сюда́.   Come this way. Come here.

сюже́т   subject, topic, plot

сюрпри́з   surprise, unexpected present

сюрту́к   frock coat

Т

таба́к   tobacco

табли́ца   table, chart

табли́ца логари́фмов   table of logarithms

таи́нственный   mysterious, secret

таи́ть (утаи́ть)   to hide, conceal

не́чего греха́ таи́ть   it must be confessed

таи́ть зло́бу на кого́-либо   to bear malice, have a grudge against someone

таи́ться   to be hidden, be concealed, hide oneself

Не таи́сь от меня́.   Don't conceal anything from me.

тайко́м   (adv.) secretly, surreptitiously

*та́йна   mystery, secret, secrecy

выдава́ть та́йну   to betray a secret

держа́ть что́-либо в та́йне   to keep something secret

не та́йна, что   it is no secret that

под покро́вом та́йны   under the veil of secrecy

та́йно   (adv.) secretly, underhandedly

та́йный   secret, covert, clandestine

*так   so, thus, in this way

Вот так.   That's the right way.

е́сли так   if that's the case

Здесь что́-то не так.   There is something wrong here.

и́менно так   just so

ита́к да́лее (и т.д.)   and so forth, etc.

Как бы не так. Nothing of the sort.

не так ли? Isn't it so?

Она́ так же краси́ва как её сестра́. She is just as pretty as her sister.

Он говори́л так, как бу́дто она́ не зна́ла. He spoke as though she didn't know.

Сде́лайте так, что́бы она́ не зна́ла. Do it so that she won't know.

так ва́жно so important

Так вы его́ зна́ете! So you know him!

так давно́ so long ago

Так ему́ и на́до. It serves him right.

так и́ли и́наче in any event

так как она́ уже́ уе́хала since she has already left

Так ли э́то? Is that really so?

так называ́емый so-called

та́к себе́ so-so, middling

Я так и сказа́л ему́ That's exactly what I told him.

та́кже also, in addition, either

Он та́кже пое́дет в Москву́. He will also go to Moscow.

Он та́кже не пое́дет в Москву́. He will not go to Moscow, either.

тако́й such, such a

в тако́й-то час at such and such an hour

Вы всё тако́й же. You are just the same.

таки́м о́бразом in this way

тако́й же как the same as

Что тако́е? What is the matter?

Что э́то тако́е? What is that?

такси́ (n., not declined) taxi

такт tact, bar (in music)

отсу́тствие та́кта tactlessness

челове́к с та́ктом a man of tact

такти́чно tactfully, with tact

тала́нт talent, gift

тала́нтливо (adv.) ably, finely

тала́нтливость (f.) talent, gifted nature

тала́нтливый gifted, talented

та́лия waist

там there

та́нец dance

пойти́ на та́нцы to go to a dance

танцева́ть to dance

таре́лка plate

таска́ть, тащи́ть to drag, pull, lag

та́ять (раста́ять) to melt, thaw

Его́ си́лы та́ют. His strength is dwindling.

Зву́ки та́ют. The sounds are fading away.

твёрдость (f.) hardness, solidity, firmness

твёрдый hard, firm, steadfast

стать твёрдо ного́й где́-либо to secure a firm footing somewhere

твёрдые це́ны fixed prices

твёрдое убежде́ние firm conviction

твой, твоя́, твоё, твои́ your, familiar (m., f., n., pl.)

тво́рческий creative

т. е. (то есть) that is

теа́тр theater

театра́льный theatrical, melodramatic

текст text

телеви́дение television

телеви́зор television set

телегра́мма telegram

телесериа́л television series

телефо́н telephone

звони́ть по телефо́ну to telephone

те́ло body

жи́дкое те́ло (in physics) liquid

твёрдое те́ло (in physics) solid

посторо́ннее те́ло foreign body

теля́тина veal

тем the (not as an article)

тем не ме́нее nevertheless

тем ху́же so much the worse

Чем бо́льше, тем лу́чше. The more, the better.

те́ма subject, topic, theme

темне́ть (потемне́ть) to grow dark

Кра́ски потемне́ли. The colors have darkened.

Темне́ет. It is getting dark.

У него́ потемне́ло в глаза́х. Everything went dark before his eyes.

темно́ (adv.) dark, it is dark

*темнота́ darkness; intellectual ignorance
*тёмный dark, obscure
темп rate, speed, pace
температу́ра temperature
тенде́нция tendency, purpose
  основна́я тенде́нция underlying purpose
  проявля́ть тенде́нцию to exhibit a tendency
те́ннис tennis
  игра́ть в те́ннис to play tennis
*тень (f.) shade, shadow
  боя́ться со́бственной те́ни to be afraid of one's own shadow
  держа́ться в тени́ to remain in the background
  От него́ оста́лась одна́ тень. He is a shadow of his former self.
теоре́ма theorem
теорети́чески (adv.) in theory, theoretically
тео́рия theory
*тепе́рь now, at present, nowadays
тепло́ (adv.) warmly, it is warm
  оде́ться (perf.) тепло́ to dress warmly
  тепло́ встре́тить кого́-либо to give someone a hearty welcome
теплота́ warmth, cordiality
тёплый warm, cordial, kindly
  тёплая компа́ния rascally crew
  тёплые кра́ски warm colors
  тёплый приём cordial welcome
тере́ть to rub, polish, grind
термо́метр thermometer
терпели́во (adv.) patiently, with patience
*терпели́вость (f.) patience, endurance
терпели́вый patient
терпе́ние patience, endurance, forbearance
  выводи́ть кого́-либо из терпе́ния to try someone's patience
  вы́йти из терпе́ния to lose patience
терпе́ть to suffer, endure, undergo, bear
  Вре́мя те́рпит. There's no hurry.

Он не мо́жет э́того бо́льше терпе́ть. He can't stand it any longer.
терпе́ть нужду́ to suffer privation
терпи́мый tolerant, indulgent
*теря́ть (потеря́ть) to lose
теря́ться (потеря́ться) to be lost, get lost, lose one's self-possession
те́сно (adv.) narrowly, tightly, it is crowded
те́сный cramped, tight, small, close
  те́сная дру́жба intimate friendship
  те́сная связь close connection
  те́сные объя́тия tight embrace
те́сто dough
тетра́дь (f.) notebook, copybook
*тётя aunt
те́хник technician
те́хника technic, technique
те́хникум technical school
техни́ческий technical
тече́ние current (as of water), course, trend, tendency
  в тече́ние неде́ли in the course of the week, during the week
течь to flow (as of water), run, glide, leak
  Вре́мя течёт бы́стро. Time flies.
  Здесь течёт. There's a leak here.
  Река́ течёт. The river is flowing.
  У него́ слю́нки теку́т. His mouth is watering.
ти́гель (m.) crucible
тип type, model, species
ти́хий quiet, still, low, gentle, faint
ти́хо (adv.) quietly, faintly, gently, it is calm
ти́ше quieter, hush!
*тишина́ quiet, silence, peace
  наруша́ть тишину́ to disturb the silence
  соблюда́ть тишину́ to make no noise
то then, in that case, that
  Е́сли вы не пойдёте, то я пойду́. If you don't go, (then) I will.
  Не то, что́бы мне не хоте́лось … It is not that I don't want to …
  то́ есть (т. е.) that is
*това́рищ comrade
*тогда́ then, at that time

тогда́ же at the same time

тогда́шний of that time

то́же also, too, likewise, as well

Он то́же пойдёт. He is going, too (as well).

Он то́же не зна́ет. He does not know, either.

То́же хоро́ш! You are a nice one, to be sure.

я то́же не бу́ду. Neither will I.

толка́ть (толкну́ть) to push, shove

толкну́ть—see **толка́ть**

толко́вый intelligible, clear, sensible

толпа́ crowd, throng

толсте́ть (потолсте́ть) to become fat

то́лстый fat, thick, heavy, stout

то́лько only, merely, solely

Где то́лько он не быва́л! Where has he not been!

как то́лько as soon as

Он то́лько хоте́л узна́ть. He only wanted to know.

то́лько в после́днюю мину́ту not until the last moment

то́лько что just now

Ты то́лько поду́май! Just think!

том volume

томи́тельно (adv.) it is wearisome

томи́тельный wearisome, tedious, trying, painful

томи́ть (утоми́ть) to weary, tire, wear out

Его́ томи́т жара́. He is exhausted by the heat.

тон tone

Не говори́те таки́м то́ном. Don't use that tone of voice.

то́ном вы́ше in more excited tones, a tone higher

то́ненький slender, slim

*то́нкий thin, fine, delicate, slender

Где то́нко, там и рвётся. The strength of the chain is determined by its weakest link.

то́нкая фигу́ра slender figure

то́нкие черты́ лица́ delicate features

то́нкий вкус delicate taste

то́нкий намёк gentle hint

то́нкий слой thin layer

то́нкий слух keen ear

то́нкое разли́чие subtle distinction

то́нко (adv.) thinly, subtly

то́нкость (f.) thinness, delicacy, subtlety, fine point

тону́ть (утону́ть) to sink, drown

топи́ть (утопи́ть) to sink, drown (something else)

топи́ть го́ре в вине́ to drown one's sorrows in drink

топи́ть су́дно to sink a ship

топи́ться (утопи́ться) to drown oneself

топо́р axe

торгова́ться (сторгова́ться) to bargain

торго́вец merchant, dealer

торго́вля trade, commerce

торже́ственный solemn, festive, triumphant

торжество́ festival, celebration, triumph

торжествова́ть to celebrate, triumph, exult

то́рмоз brake, hindrance

тормози́ть to brake, hinder

торопи́ться (поторопи́ться) to hurry, be in a hurry

На́до торопи́ться. You must hurry.

не торопя́сь leisurely

торопи́ться в теа́тр to hurry to the theater

торт cake

тоска́ melancholy, depression, tedium, yearning

тоска́ по ро́дине homesickness

У него́ тоска́ на се́рдце. His heart is heavy.

Э́та кни́га—одна́ тоска́. This book is very boring

тост toast

*тот, та, то, те that, those (m., f., n., pl.)

вме́сте с тем at the same time

де́ло в том, что the fact is that

и тому́ подо́бное (и т. п.) and so on

кро́ме того́ besides that

к тому́ же moreover

несмотря́ на то, что   in spite of the fact that

ни с того́, ни с сего́   for no reason at all

по́сле того́, как   after

с тех пор   since then

*то́чка   point, dot, spot, period

  попа́сть в то́чку   to strike home, hit the nail on the head

  то́чка зре́ния   point of view

  то́чка с запято́й   . semicolon

то́чно   (adv.) exactly, precisely, accurately

  то́чно так   just so, exactly

то́чность   (f.) exactness, precision, accuracy

тошни́ть   to be nauseous

  Его́ тошни́т.   He feels sick.

  Меня́ тошни́т.   I feel nauseous.

  От э́того тошни́т   It is sickening.

трава́   grass

траге́дия   tragedy

траги́чески   (adv.) tragically

траги́ческий   tragic

  траги́ческий актёр   tragedian

тради́ция   tradition

тра́ктор   tractor

трамва́й   (m.) streetcar

  е́здить на трамва́е   to go by streetcar

*тра́тить (истра́тить)   to spend, expend

тра́ур   mourning

тре́бование   demand, request, claim

тре́бовательный   exacting, fastidious, particular

тре́бовать (потре́бовать)   to demand, urge, require

трево́га   alarm, anxiety, uneasiness

  ло́жная трево́га   false alarm

трево́жить (потрево́жить)   to disturb, harass, make uneasy

тре́зво   soberly

тре́звый   sober (sensible), abstinent

трепета́ние   trembling, trepidation

трепета́ть   to tremble, quiver, thrill

  Трепета́ть от ра́дости   to thrill with joy

  трепета́ть при мы́сли   to tremble at the thought

тре́снуть—see **треща́ть**

тре́тий   third

треуго́льник   triangle

треща́ть (тре́снуть)   to crack, crackle

три   three

тривиа́льный   banal, trite

три́дцать   thirty

тридца́тый   thirtieth

трина́дцать   thirteen

трина́дцатый   thirteenth

три́ста   three hundred

тро́гательно   (adv.) pathetically, touchingly

тро́гательный   touching, moving, affecting, pathetic

*тро́гать (тро́нуть)   to touch, disturb, trouble

  Не тронь его́!   Leave him alone!

  Э́то не тро́гает его́.   It does not move him.

тролле́йбус   trolley bus

тро́нуть—see **тро́гать**

тротуа́р   sidewalk

труба́   pipe, chimney, smokestack

*труд   labor, difficulty, work

  без труда́   without effort

  жить свои́м трудо́м   to live by one's own labor

  Он с трудо́м её понима́ет.   He understands her with difficulty.

  сли́шком мно́го труда́   too much trouble, too much work

тру́дно   (adv.) with difficulty, it is difficult

тру́дный   difficult, hard, arduous

  тру́дный вопро́с   difficult question

  тру́дный ребёнок   unmanageable child

труп   corpse, dead body

трус   coward

трусли́во   (adv.) apprehensively, in a cowardly manner

трусли́вый   cowardly, timid

трущо́ба   slum

тря́пка   rag, duster, spineless creature

трясти́сь   (imp.) to shake, tremble, shiver

  Он весь трясётся.   He is trembling all over.

  трясти́сь от хо́лода   to shiver with cold

*туда́ there, thither
　биле́т туда́ и обра́тно round-trip ticket
　Туда́ ему́ и доро́га. It serves him right.
　туда́ и сюда́ here and there
тума́н mist, fog, haze
　быть как в тума́не to be in a fog
　напусти́ть тума́ну to obscure
　Тума́н рассе́ялся. The fog has cleared.
тума́нно (adv.) hazily, obscurely, vaguely
тума́нный misty, foggy, obscure
　тума́нный смысл hazy meaning
тупи́к dead-end street, blind alley
　найти́ вы́ход из тупика́ to find a way out of an impasse
тупо́й blunt, dull, stupid
　тупо́е зре́ние dim sight
　тупо́й учени́к dunce
ту́пость (f.) bluntness, dullness, stupidity
тури́ст tourist
ту́склый dim, dull, lusterless
　ту́склая жизнь dreary life
　ту́склый свет dim light
　ту́склый стиль lifeless style
*тут here
　не тут-то бы́ло nothing of the sort
　тут же there and then
ту́фля shoe, slipper
ту́ча storm cloud, swarm
　смотре́ть ту́чей to lower (look very angry)
　ту́ча мух swarm of flies
туше́ный stewed
туши́ть (потуши́ть) to put out, quell, stew
　туши́ть газ to turn off the gas
　туши́ть свет to put out the light
тща́тельный careful, painstaking
тще́тно (adv.) vainly, in vain
тще́тный vain, futile
*ты you (sing., familiar)
ты́сяча thousand
ты́сячный thousandth
тюрба́н turban
тюрьма́ prison

*тяжело́ (adv.) heavily, seriously, gravely
　Ему́ тяжело́. It is hard for him.
　тяжело́ бо́лен dangerously ill
　тяжело́ вздыха́ть to sigh heavily
тяжёлый heavy, severe, difficult, serious
　тяжёлая боле́знь serious illness
　тяжёлая рабо́та hard work
　тяжёлое наказа́ние severe punishment
　тяжёлые времена́ hard times
　У него́ тяжёлый хара́ктер. He is hard to get along with.
тя́жесть (f.) weight, gravity
тяну́ть (потяну́ть) to pull, draw, drag
　Его́ тя́нет домо́й. He longs to go home.
　Не тяни́! Hurry up! Don't drag it out.
　тяну́ть всё ту же пе́сню to harp on the same string
　тяну́ть жре́бий to draw lots
　тяну́ть кого́-либо за рука́в to pull someone by the sleeve
　тяну́ть но́ту to sustain a note
тяну́ться (потяну́ться) to stretch, extend
　Дни тя́нутся однообра́зно. The days drag on monotonously.
　Равни́на тя́нется на сто киломе́тров. The plain extends for 100 kilometers.
　Цвето́к тя́нется к со́лнцу. The flower turns towards the sun.

У

*у by, at near, at the home of, possession (with gen.)
　Он был у меня́. He was at my house.
　стоя́ть у две́ри to stand near, by the door
　у меня́ есть I have
　Я э́то взял у неё. I took it from her.
уба́вить —see убавля́ть

убавля́ть (уба́вить) to diminish, reduce, lessen

  Он убавля́ет себе́ го́ды. He makes himself out younger than he is.

  уба́вить в ве́се to lose weight

  убавля́ть це́ну to lower the price

убеди́тельный convincing, persuasive

убега́ть (убежа́ть) to run away

убеди́ть—see **убежда́ть**

убежа́ть—see **убега́ть**

убежда́ть (убеди́ть) to convince, persuade

убежде́ние persuasion, conviction

  Все убежде́ния бы́ли напра́сны. All persuasion was in vain.

  де́йствовать по убежде́нию to act according to one's convictions

убива́ть (уби́ть) to kill, slay

  убива́ть вре́мя to kill time

  убива́ть мо́лодость to waste one's youth

  Хоть убе́й не зна́ю. I couldn't tell you to save my life.

уби́йство murder, assassination

уби́йца killer

*****убира́ть** to remove, take away, to clean

  убира́ть ко́мнату to clean a room

  убира́ть со стола́ to clear the table

уби́ть—see **убива́ть**

*****убо́рная** lavatory, dressing room

убра́ть—see **убира́ть**

уважа́емый respected

*****уважа́ть** to respect, esteem

  глубоко́ уважа́ть to hold in high respect

  уважа́ть себя́ to have self-respect

уваже́ние respect, esteem

  из уваже́ния in deference

  Он досто́ин уваже́ния. He is worthy of respect.

  по́льзоваться глубо́ким уваже́нием to be held in high respect

увеличе́ние increase, extension, expansion, enlargement

увели́чивать (увели́чить) to increase, enlarge, extend

увеличи́тельный magnifying

увели́чить—see **увели́чивать**

увере́ние assurance, protestation

уве́ренно (adv.) confidently, with confidence

уве́ренность (f.) confidence

  с уве́ренностью with confidence

  уве́ренность в себе́ self-reliance

уве́ренный sure, assured, positive, confident

  бу́дьте уве́рены you may be sure

  уве́ренная рука́ sure hand

  уве́ренный шаг confident step

уве́рить—see **уверя́ть**

уверя́ть (уве́рить) to assure, convince

  уверя́ю вас, что I assure you that

уви́деть—see **ви́деть**

увлека́тельный fascinating, captivating

увлека́ть (увле́чь) to fascinate, captivate, allure, entice

увлече́ние enthusiasm, animation

  говори́ть с увлече́нием to speak with enthusiasm

  его́ ста́рое увлече́ние an old flame of his

увле́чь—see **увлека́ть**

увы́! alas!

угада́ть—see **уга́дывать**

уга́дывать (угада́ть) to guess, divine

углублённый deep, profound, absorbed

угова́ривать (уговори́ть) to try to persuade, talk into

угова́риваться (уговори́ться) to arrange (with), agree

  Они́ уговори́лись встре́титься в библиоте́ке. They arranged (agreed) to meet at the library.

уговори́ть(ся)—see **угова́ривать(ся)**

уго́дно (adv.) wished, desired; any-, -ever

  Задава́йте каки́е уго́дно вопро́сы. Ask any questions you like.

  как вам уго́дно as you please

  как уго́дно anyhow

  кто уго́дно anybody

  ско́лько душе́ уго́дно to one's heart's content

у́гол corner, angle

в углу́ in the corner

за угло́м around the corner

за́гнутые углы́ dog-eared pages

име́ть свой у́гол to have a home of one's own

под прямы́м угло́м at right angles

у́голь coal

угости́ть—see угоща́ть

угоща́ть (угости́ть) to treat, entertain

угоще́ние treating, refreshments

угрю́мый sullen, gloomy, morose

удалённый remote

удали́ться—see удаля́ться

удаля́ться (удали́ться) to move off, away

удаля́ться от бе́рега to move away from the shore

удаля́ться от те́мы to wander from the subject

уда́р blow, stroke

одни́м уда́ром уби́ть двух за́йцев to kill two birds with one stone

со́лнечный уда́р sunstroke

Это для него́ тяжёлый уда́р. It is a hard blow for him.

ударе́ние accent, stress, emphasis

уда́рить—see ударя́ть

*ударя́ть (уда́рить) to hit, strike

Мо́лния уда́рила. Lightning struck.

уда́рить кого́-либо по карма́ну to cost someone a pretty penny

ударя́ть по столу́ to bang on the table

уда́ться (perf.) to turn out well, be a success

Ему́ удало́сь найти́ это. He succeeded in finding it.

Мы хоте́ли пое́хать, но нам не удало́сь. We wanted to go, but it didn't work out.

уда́ча good luck, success

Ему́ всегда́ уда́ча. He always has luck.

уда́чи и неуда́чи ups and downs

уда́чно (adv.) successfully, well

*уда́чный successful, apt

уда́чная попы́тка successful attempt

уда́чное выраже́ние apt expression

уде́льный specific

уде́льный вес specific gravity

удиви́тельно (adv.) amazingly, astonishingly, it is strange

не удиви́тельно, что no wonder that

удиви́тельный astonishing, surprising, striking, amazing, wondrous

*удиви́ть(ся)—see удивля́ть(ся)

удивле́ние astonishment, surprise, wonder, amazement

рази́нуть рот от удивле́ния to be open-mouthed with astonishment

удивля́ть (удиви́ть) to astonish, surprise, amaze

удивля́ть(ся) (удиви́ть(ся)) to surprise; to be surprised, wonder at

Вот она́ удиви́ться. She will be so surprised.

удо́бно (adv.) comfortably, conveniently

Ему́ удо́бно. He feels comfortable.

е́сли ему́ это удо́бно if it is convenient for him

*удо́бный comfortable, handy, convenient

удо́бное кре́сло comfortable armchair

удо́бный моме́нт opportune moment

удо́бный слу́чай opportunity

удо́бство comfort

удовлетворе́ние satisfaction, gratification

находи́ть удовлетворе́ние to find satisfaction

получа́ть по́лное удовлетворе́ние to be fully satisfied

удовлетвори́тельно (adv.) satisfactorily

удовлетвори́тельный satisfactory, satisfying

удовлетвори́ть—see удовлетворя́ть

удовлетворя́ть (удовлетвори́ть) to satisfy, content, comply with

удово́льствие pleasure

жить в своё удово́льствие to enjoy one's life

получить удовóльствие от чегó-
   либо   to enjoy something
с удовóльствием   with pleasure,
   gladly
уединéние   solitude, seclusion
уединённо   (adv.) solitarily
уезжáть (уéхать)   to leave, go away,
   depart (by conveyance)
уéхать—see уезжáть
ýжас   terror, horror
   быть в ýжасе   to be horrified
   Какóй ýжас!   How terrible!
   Ýжас как хóлодно.   It is terribly
   cold.
ужáсно   (adv.) terribly, horribly,
   awfully, it is terrible
ужáсный   terrible, horrible
ужé   already, no longer
   Он ужé не ребёнок.   He is no
   longer a child.
   Он ужé кóнчил.   He has already
   finished.
   ужé давнó   long time ago
   ужé не раз   more than once
*ýжин   supper
   за ýжином   at supper
ýжинать (поýжинать)   to have
   supper
ýзел   knot, bundle
   завязывать ýзел   to tie a knot
*ýзкий   narrow, tight
   ýзкие взгляды   narrow views
*узнавáть (узнáть)   to recognize,
   find out
   Он узнáл её по гóлосу.   He knew
   her by her voice.
   Он узнáл мнóго нóвого.   He
   learned much that was new to him.
   Узнáйте по телефóну, когдá
   началá спектáкля.   Call to find
   out when the play begins.
узнáть—see узнавáть
уйти—see уходить
укáз   decree, edict
указáтельный   indicating,
   indicatory
   указáтельный палец   forefinger
указáть—see укáзывать
укáзывать (указáть)   to show,
   indicate, point out
уклáдываться (уложиться)   to
   pack

укрáсть—see крáсть
укрепить—see укрепля́ть
укреплéние   strengthening,
   fortifying
укрепля́ть (укрепить)   to fortify,
   strengthen
ýксус   vinegar
укýс   bite, sting
укусить   (perf.) to bite, sting
   Какáя мýха егó укусила?   What
   possessed him?
улáдить   (perf.) to settle, arrange
   улáдить спóрный вопрóс   to
   settle a controversial question
*ýлица   street
   на ýлице   on the street, out of
   doors
уложиться—see уклáдываться
улóженный   packed
улучшáть(ся) (улýчшить(ся))   to
   improve (something); to improve
   (itself), make better
   Егó здорóвье улýчшилось.   His
   health has improved.
улýчшить(ся)—see улучшáть(ся)
*улыбáться (улыбнýться)   to smile
   Жизнь емý улыбáлась.   Life
   smiled on him.
   не улыбáясь   unsmilingly
улыбка   smile
улыбнýться—see улыбáться
*ум   mind, wit, intellect
   в здрáвом умé   in one's right
   senses
   емý пришлó на ум   it occurred to
   him
   сходить с умá   to go mad
   Ум хорошó, а два лýчше.   Two
   heads are better than one.
уменьшáть(ся) (умéньшить(ся))
   to diminish, decrease, lessen; to be
   diminished
уменьшительный   diminutive
умéньшить(ся)—see
   уменьшáть(ся)
умéренность   (f.) moderation,
   temperance
умéренный   moderate, temperate
умерéть—see умирáть
умéть   to know how, be able
   Он сдéлает э́то как умéет.   He'll
   do it to the best of his ability.

умира́ть (умере́ть) to die
  умира́ть от ску́ки to be bored to death
умно́ (adv.) cleverly, wisely, sensibly
умноже́ние multiplication, increase
*у́мный clever, intelligent
умолка́ть (умо́лкнуть) to fall silent
умо́лкнуть—see умолка́ть
умоля́ть to entreat, implore
умоля́ющий pleading, suppliant
у́мственный mental, intellectual
умыва́ть(ся) (умы́ть(ся)) to wash (something); to wash (oneself)
умы́ть(ся)—see умыва́ть(ся)
унести́—see уноси́ть
универса́льный universal
университе́т university
униже́ние humiliation
уничтожа́ть (уничто́жить) to destroy, crush, wipe out
  Ого́нь всё уничто́жил. The fire has destroyed everything.
уничто́жить—see уничтожа́ть
уноси́ть (унести́) to take away, carry off
  Воображе́ние унесло́ его́ далеко́. He was carried away by his imagination.
уны́ло despondently, dolefully
уны́лый sad, dismal, despondent
упа́док decline, breakdown
  приходи́ть в упа́док to fall into decay
  упа́док ду́ха low spirits
упако́ван packed
упа́сть—see па́дать
упое́ние rapture, ecstasy
упомина́ть (упомяну́ть) to mention, refer to
  упомина́ть вско́льзь to mention in passing
упомяну́ть—see упомина́ть
упо́рный persistent, stubborn
употреби́тельный common, generally used
употреби́ть—see употребля́ть
употребля́ть (употреби́ть) to make use of
  употреби́ть власть to exercise one's authority

  употреби́ть все уси́лия to exert every effort
употребля́ться (употреби́ться) to be in use
  широко́ употребля́ется to be in common usage
управле́ние management, control, conducting
управля́ть to govern, rule, manage, conduct
управля́ться (упра́виться) to manage to
  упра́вится с дела́ми to finish up business
упражне́ние exercise
упражня́ться to practice
упрёк reproach, reproof
упрека́ть (упрекну́ть) to reproach, upbraid
упрекну́ть—see упрека́ть
упроще́ние simplification
упря́мство stubbornness, obstinacy
*упря́мый obstinate, stubborn
уравне́ние equalization, equation (math.)
ура́внивать (уровня́ть) to equalize, level
урага́н hurricane
у́ровень (m.) level, standard
  жи́зненный у́ровень standard of living
  у́ровень воды́ water level
уровня́ть—see ура́внивать
*уро́к lesson
ус, усы́ (pl.) mustache, whiskers
  мота́ть что́-либо себе́ на ус to observe something silently
усе́рдие zeal, diligence
усе́рдный zealous, diligent
уси́лие effort
уско́рить—see ускоря́ть
ускоря́ть (уско́рить) to hasten, quicken, expedite
усла́ть—see усыла́ть
*усло́вие condition, term
  ни при каки́х усло́виях under no circumstances
  обяза́тельное усло́вие indispensable condition
  при усло́вии, что on condition that

услóвия договóра   terms of the treaty

услóвия жúзни   conditions of life

стáвить услóвия   to lay down terms

усложнéние   complication

услýга   service, good turn

к вáшим услýгам   at your service

окáзывать комý-либо услýгу   to do someone a service

Услýга за услýгу.   One good turn deserves another.

услýживать (услужúть)   to render a service, do a good turn

услужúть—see услýживать

услы́шать—see слы́шать

усмотрéние   discretion, judgment

*успéть   (perf.) to have time

Емý ужé не успéть на пóезд.   He cannot be on time for the train.

Он успéл кóнчить урóк.   He had time to finish the lesson.

*успéх   success, good luck

дéлать успéхи   to make progress

Желáю вам успéха.   I wish you good luck.

пóльзоваться успéхом   to be a success

успéшно   (adv.) successfully

успéшный   successful

успокáивать(ся) (успокóить(ся))   to calm, soothe, appease

успокáивать свою́ сóвесть   to salve one's own conscience

Успокóйтесь.   Compose yourself. Calm yourself.

успокóить(ся)—see успокáивать(ся)

*уставáть (устáть)   to get tired

устáлость   (f.) tiredness, weariness, fatigue

устáлый   tired, weary, fatigued

У вас устáлый вид.   You look tired.

устáть—see уставáть

ýстный   oral, verbal

устрáивать (устрóить)   to arrange, organize, establish

устрáивать сканда́л   to make a row

устрáивать свои́ делá   to settle one's affairs

устрóить так, чтóбы   to arrange so as to

устрóить ребёнка в шкóлу   to get a child into school

Это меня́ вполнé устрáивает.   That suits me completely.

устрáиваться (устрóиться)   to settle

Всё устрóилось.   Everything has turned out all right.

Он хóчет устрóиться в Москвé.   He wants to settle in Moscow.

устрáиваться в нóвой квартúре   to settle in a new apartment

устремлéние   aspiration

ýстрица   oyster

устрóить(ся)—see устрáивать(ся)

устýпка   concession

идтú на устýпки   to make concessions

усылáть (услáть)   to send away

утаúть—see таúть

утвердúтельно   (adv.) affirmatively

утвердúть—see утверждáть

утверждáть (утвердúть)   to affirm, maintain, assert, confirm

утверждéние   assertion, statement

утерéть—see утирáть

утешáть (утéшить)   to comfort, console

утешéние   comfort, consolation

утешúтельный   comforting, consoling

утéшить—see утешáть

утирáть (утерéть)   to wipe, dry

ýтка   duck

утомúтельный   tiresome, tiring, wearing

утомúть—see томúть, утомля́ть

утомлéние   tiredness, weariness

утомля́ть (утомúть)   to tire, weary

утонýть—see тонýть

утопúть(ся)—see топúть(ся)

ýтренний   morning (adj.)

ýтро   morning

в дéвять часóв утрá   at nine o'clock in the morning

Дóброе ýтро.   Good morning.

ýтром   in the morning

утю́г   iron (for clothes), flatiron

ухáживать   to nurse, look after, court

ухáживать за ребёнком   to tend to a child

*ýхо (pl. ýши)   ear

влюбиться по́ уши   to be head over heels in love

в одно́ ýхо вошло́, в друго́е вы́шло   in one ear and out the other

Он ушáм не ве́рил.   He could not believe his ears.

*уходи́ть (уйти́)   to leave, depart (on foot)

Все си́лы ухо́дят на э́то.   One's whole energy is spent on it.

От э́того не уйдёшь.   You can't get away from it.

уходи́ть в отстáвку   to retire

уходи́ть в себя́   to withdraw into oneself

учáствовать   to take part in, participate

учáстие   participation, collaboration

принимáть учáстие в чём-либо   to take part in something

уче́бник   textbook, manual

уче́бный   educational, school

уче́бное заведе́ние   educational institution

уче́бный год   school year

уче́ние   studies, learning

ко́нчить уче́ние   to finish one's studies

*учени́к, учени́ца   student (m., f.)

учёный   learned, learned person, scholar, scientist

учи́тель, учи́тельница   teacher (m., f.)

*учи́ть (вы́учить, научи́ть)   to learn, study, teach

Онá ýчит мýзыку.   She is studying music.

Он ýчит её мýзыке.   He teaches her music.

учи́ться   to learn, study

Век живи́—век учи́сь.   Live and learn.

учи́ться в университе́те   to attend the university

учи́ться на со́бственных оши́бках   to profit by one's own mistakes

ую́т   comfort, coziness

ую́тно   comfortably, cozily

ую́тный   cozy, comfortable

ую́тная ко́мната   cozy room

Ф

фáбрика   factory, mill

фабрикáнт   manufacturer

фабри́чный   industrial, manufacturing

фабри́чная мáрка   trademark

фабри́чный го́род   industrial city

фáбула   plot, story

фáза   phase, period

фáзы луны́   phases of the moon

факт   fact

го́лые фáкты   bare facts, naked facts

факт то, что   the fact is that

Фáкты-упря́мая вещь.   You can't fight facts.

факти́чески   (adv.) practically, actually, in fact

факти́ческий   actual, factual, virtual

фáктор   factor

вре́менные фáкторы   transitory factors

факульте́т   department of a university

быть на юриди́ческом факульте́те   to be a student in the law school

медици́нский факульте́т   medical school

фальсифици́рованный   counterfeited, forged, adulterated

фальши́вый   false, artificial, counterfeit

фальши́вая но́та   false note

фальши́вые зу́бы   false teeth

фами́лия   surname, family name

фамилья́рно   (adv.) unceremoniously

фамилья́рный   unceremonious, familiar

фанати́ческий   fanatic

фантази́ровать   to daydream, dream, let one's imagination run

фанта́зия fancy, fantasy, imagination

фантасти́ческий fantastic, fabulous

Фаренге́йт Fahrenheit

фа́ртук apron

фарфо́р porcelain, china

фарш stuffing

фарширо́ванный stuffed

  фарширо́ванная ры́ба gefilte fish

фасо́н fashion, style

  на друго́й фасо́н in a different fashion

фата́льный fatal

фа́уна fauna

февра́ль (m.) February

федера́ция federation

фейерве́рк fireworks

фен hairdryer

феномена́льный phenomenal

фе́рма farm

  моло́чная фе́рма dairy farm

фе́рмер farmer

фе́тровый felt

  фе́тровая шля́па felt hat

фехтова́ние fencing

фе́я fairy

фиа́лка violet

фи́га fig

фигу́ра figure

  кру́пная фигу́ра outstanding figure

  представля́ть собо́ю жа́лкую фигу́ру to cut a poor figure

  У неё хоро́шая фигу́ра. She has a good figure.

фигу́рка statuette, figurine

фи́зик physicist

фи́зика physics

физи́ческий physical

  физи́ческая си́ла physical strength

  физи́ческий кабине́т physics laboratory

фикти́вный fictitious

фи́кция fiction

филантро́п philanthropist

филантропи́ческий philanthropic

филе́ fillet

филе́й sirloin

филиа́л subsidiary, branch office

фило́соф philosopher

филосо́фски (adv.) philosophically

филосо́фия philosophy

фильм film

  снима́ть фильм to make a film

  цветно́й фильм color film

фина́л finale

финанси́рование financing

фина́нсовый financial

фина́нсы finances, financial position

фи́ник date (fruit)

фиоле́товый violet (color)

фи́рма firm, company

флаг flag

флане́ль (f.) flannel

фле́йта flute

  игра́ть на фле́йте to play the flute

фли́гель (m.) wing of a building, annex

флиртова́ть to flirt

фло́ра flora

флот fleet, the navy

  возду́шный флот air force

фойе́ (n., not declined) foyer, lobby

фо́кус trick; focus

фона́рь (m.) lantern, lamp

  подста́вить фона́рь кому́-либо to give someone a black eye

  у́личный фона́рь street light

фонд fund, stock, reserve

  фо́ндовая би́ржа stock exchange

фонта́н fountain

  фонта́н красноре́чия fountain of eloquence

фо́ра odds

  дать фо́ру to give odds

фо́рма form, shape, uniform

  в пи́сьменной фо́рме in written form

  в фо́рме ша́ра in the form of a globe

  граммати́ческие фо́рмы grammatical forms

  надева́ть фо́рму to put on a uniform

  оде́тый не по фо́рме not properly dressed

форма́льность (f.) formality

фо́рмула formula

фортепиа́но piano

**фотографи́ровать
(сфотографи́ровать)** to take a
photograph

фотогра́фия photography

фра́за phrase, sentence
  пусты́е фра́зы mere words

франт dandy

францу́з, францу́женка
Frenchman, woman (m., f.)

францу́зский French

фрукт fruit

фунда́мент foundation,
groundwork

фундамента́льный fundamental,
solid, substantial

фуникулёр funicular (railway)

функциона́льный functional

фу́нкция function

фунт pound

фуро́р furor
  произвести́ фуро́р to create a
furor

фут foot
  длино́ю в два фу́та two feet
long

футбо́л football, soccer
  футболи́ст football player

футуристи́ческий futuristic

фуфа́йка jersey, sweater

фы́ркать (фы́ркнуть) to snort,
sniff
  презри́тельно фы́ркнуть to sniff
scornfully

фы́ркнуть—see **фы́ркать**

X

хала́т dressing gown, bathrobe

хандра́ the blues
  На него́ напа́ла хандра́. He has
the blues.

*****ха́ос** chaos

*****хара́ктер** disposition, temper,
character
  име́ть твёрдый хара́ктер to have
a strong will or character
  тяжёлый хара́ктер difficult
nature

характери́стика characteristics

характе́рно (adv.)
characteristically

характе́рный typical, distinctive,
characteristic

ха́та hut
  Моя́ ха́та с кра́ю. It's no concern
of mine. (My hut is on the
outskirts.)

*****хвали́ть (похвали́ть)** to
commend, praise

хва́стать(ся) (похва́стать(ся)) to
brag, boast

хвата́ть (схвати́ть) to snatch,
seize, grasp, grab
  хвата́ть кого́-либо за́ руку to
seize someone by the hand
  хвата́ть что́-либо на лету́ to be
very quick at something
  хвата́ться за соло́минку to grasp
at a straw

хвата́ть (хвати́ть) to suffice, be
enough, last out
  Ему́ хвати́ло вре́мени. He had
the time.
  На сего́дня хва́тит. That will do
for today.
  Э́того ему́ хва́тит на ме́сяц. It
will last him for a month.

хвати́ть—see **хвата́ть**

хвост tail, train
  бить хвосто́м to lash the tail
  хвост коме́ты tail of a comet

хи́мик chemist

хими́ческий chemical

хи́мия chemistry

хиру́рг surgeon

хи́тро (adv.) slyly, cunningly

*****хи́трый** cunning, artful, sly

хладнокро́вие coolness,
composure, equanimity
  сохраня́ть хладнокро́вие to keep
one's head

хладнокро́вный cool, composed

*****хлеб** bread, grain
  жить на чужи́х хлеба́х to live at
someone else's expense
  зараба́тывать себе́ на хлеб to
earn one's living
  отби́ть (perf) у кого́-либо хлеб
to take the bread out of
someone's mouth

хле́бница breadbasket

хлеб-соль hospitality (bread and salt)

хлопота́ть (похлопота́ть) to bustle about, take the trouble, solicit

Не хлопочи́те! Don't bother!

хлопота́ть о ме́сте to seek a job

хло́поты trouble, cares, fuss

несмотря́ на все его́ хло́поты in spite of all the trouble he has taken

Не сто́ит хлопо́т. It is not worth the trouble.

хму́риться (нахму́риться) to frown, lower, be overcast

хму́рый gloomy, sullen

*__ход__ motion, run, course, speed, entry

быть в ходу́ to be in vogue

за́дний ход backward motion

знать все ходы́ и вы́ходы to know all the ins and outs

ло́вкий ход clever move

ти́хий ход slow speed

ход мы́слей train of thought

ход собы́тий course of events

*__ходи́ть__ to go, walk (habitual action)

По́езд хо́дит ка́ждый день. There is a train every day.

Слу́хи хо́дят. Rumors are afloat.

Ту́чи хо́дят по не́бу. Storm clouds are drifting across the sky.

ходи́ть вокру́г да о́коло to beat around the bush

ходи́ть в шко́лу to attend school

ходи́ть на лы́жах to ski

ходи́ть по магази́нам to go shopping

ходи́ть по́д руку to walk arm in arm

ходьба́ walking

полчаса́ ходьбы́ half an hour's walk

*__хозя́ин__ master, boss, proprietor, owner, host, landlord

Он хоро́ший хозя́ин. He is thrifty and industrious.

хозя́ин положе́ния master of the situation

хозя́йка mistress, owner, hostess, landlady

дома́шняя хозя́йка housewife

*__хозя́йничать__ (imp.) to keep house, manage a household, play the boss

хозя́йство economy, household

занима́ться хозя́йством to keep house

пла́новое хозя́йство planned economy

се́льское хозя́йство agriculture

холм hill, mound

хо́лод cold

холоде́ц jellied meat

холоди́льник refrigerator

хо́лодно (adv.) coldly, it is cold

Мне хо́лодно. I am cold.

хо́лодно встре́тить кого́-либо to receive someone coldly

*__холо́дный__ cold, cool

холосто́й unmarried (of men)

холостя́к bachelor

хор chorus

хорони́ть (похорони́ть) to bury

хоро́шенький pretty, nice

хоро́шенькая исто́рия a pretty kettle of fish

хороше́ть (похороше́ть) to grow prettier, better-looking

*__хоро́ший__ good

Всего́ хоро́шего. Goodbye. (All of the best.)

Она́ хороша́ собо́й. She is good-looking.

хоро́шая пого́да good weather

Что хоро́шего? What's new?

Э́то де́ло хоро́шее. That's a good thing.

*__хорошо́__ (adv.) good, well, nice

Вот хорошо́. That's fine.

Вы хорошо́ сде́лаете, е́сли придёте. You would do well to come.

Ему́ хорошо́ здесь. He is comfortable here.

о́чень хорошо́ very well

хорошо́ ска́зано well said

Хорошо́ то, что хорошо́ конча́ется. All's well that ends well.

хоте́ть (захоте́ть) to wish, want

как хоти́те just as you like

Он не хо́чет мне зла. He means no harm to me.

Он о́чень хо́чет её ви́деть. He wants to see her very much.

хоте́ть спать to want to sleep

хо́чешь, не хо́чешь willy-nilly

хоте́ться (захоте́ться) to want, feel like

Ему́ хо́чется поговори́ть с ва́ми. He wants to talk with you.

Мне хо́чется пить. I am thirsty.

не так, как хоте́лось бы not as one would like it

*хоть even, if you wish, at least

Ему́ ну́жно хоть два дня. He ought to have at least two days.

Не могу́ сде́лать э́то, хоть убе́й. I can't do this for the life of me.

Хоть бы он поскоре́е пришёл. If only he would come.

хоть сейча́с at once if you like

хотя́ although, though

хотя́ бы if only, even if, at least

Мы должны́ говори́ть хотя́ бы на двух языка́х. We should speak at least two languages.

хотя́ бы и так even if it were so

хохота́ть to laugh boisterously

хра́брый brave, valiant, gallant

храни́тель (m.) keeper, guardian

храни́ть to keep, retain

храни́ть в па́мяти to keep in one's memory

храни́ть в та́йне to keep something secret

храни́ть де́ньги в сберка́ссе to keep one's money in a savings bank

храпе́ть to snore

хребе́т spinal column, backbone

хрен horseradish

христиа́нство Christianity

хрома́ть to limp

хрома́ть на пра́вую но́гу to be lame in the right leg

У него́ хрома́ет орфогра́фия. His spelling is poor.

хромо́й lame, limping

хро́ника news summary

хрони́ческий chronic

хруста́ль (m.) cut glass, crystal

ху́денький slender, slim

худе́ть (похуде́ть) to grow thin

ху́до (adv.) ill, badly

худо́жественный art, artistic

худо́жественный фи́льм movie (feature film)

худо́жество art

худо́жник artist

худо́й lean, thin, bad, worn-out

на худо́й коне́ц if worse comes to worst

*ху́же worse

Пого́да сего́дня ху́же, чем вчера́. The weather is worse today than yesterday.

тем ху́же so much the worse

ху́же всего́ worst of all

Ц

цара́пать (цара́пнуть) to scratch, claw, scribble

цара́пина scratch, abrasion

цара́пнуть—see цара́пать

цари́ть to reign

Цари́л мрак. Darkness reigned.

цвет color

Како́го цве́та? What color?

цвет лица́ complexion

цветно́й colored

цвето́к flower

целеустремлённость purposefulness

целико́м (adv.) as a whole, wholly

целова́ть(ся) (поцелова́ть(ся)) to kiss (each other)

це́лый whole, entire, intact

по це́лым неде́лям for weeks on end

це́лая дю́жина a whole dozen

цел и невреди́м safe and sound

це́лые чи́сла whole numbers

*цель (f.) aim, goal, object, purpose

дости́чь це́ли to achieve one's goal

отвеча́ть це́ли to answer the purpose

попа́сть в цель to hit the mark

с како́й це́лью? for what purpose?

*цена́ price, worth, cost
  знать себе́ це́ну to know one's own value
  любо́й цено́й at any price
  твёрдые це́ны fixed prices
  Э́то не име́ет цены́. It is priceless.
цензу́ра censorship
цени́ть (оцени́ть) to value, estimate, appreciate
  высоко́ цени́ть себя́ to think much of oneself
  Его́ не це́нят. He is not appreciated.
це́нный valuable
цент cent
центр center
центра́льный central
цепь (f.) chain, bonds
  го́рная цепь mountain range
  спусти́ть с це́пи to let loose
церемо́ниться to stand on ceremony
церемо́ния ceremony
  без церемо́ний informally
це́рковь (f.) church
цивилиза́ция civilization
ци́ник cynic
цини́ческий cynical
цинк zinc
цирк circus
цита́та quotation
цити́ровать to quote, cite
ци́фра figure, cipher
цыга́нский (adj.) gypsy

Ч

*чай (m.) tea
ча́йка seagull
ча́йник teapot
ча́йная ло́жка teaspoon
ча́йная ро́за tea rose
*час hour
  в кото́ром часу́ at what time
  в час дня at 1:00 P.M.
  Кото́рый час? What time is it?
  приёмные часы́ reception or visiting hours
  че́рез час in an hour

часово́й clock, watch (adj.), sentry (noun)
  дви́гаться по часово́й стре́лке to move clockwise
  часова́я опла́та payment by the hour
части́ца fraction, little part, particle
ча́стный private
*ча́сто (adv.) often, frequently
часть (f.) part, share, portion
  бо́льшая часть greater part
  бо́льшей ча́стью for the most part
  запасны́е ча́сти spare parts
  по частя́м in parts
  ча́сти те́ла parts of the body
часы́ (plural only) watch, clock, time-piece
  поста́вить часы́ to set a watch
  Часы́ отстаю́т. The watch is slow.
  Часы́ спеша́т. The clock is fast.
чахо́тка consumption
ча́шка cup
*ча́ще more often
ча́яние expectation, hope
  сверх ча́яния beyond expectations
*чей, чья, чьё, чьи whose (m., f., n., pl.)
чек check
*челове́к (pl. лю́ди) man, person, human being
челове́ческий human
  челове́ческая приро́да human nature
челове́чество humanity, mankind
*чем than
  ме́ньше чем less than
  Чем бо́льше, тем лу́чше. The more, the better.
  Чем писа́ть, вы бы ра́ньше спроси́ли. You'd better ask first and write afterward.
чемода́н valise, suitcase
чемпио́н champion
чепуха́ nonsense
  говори́ть чепуху́ to talk nonsense
чередова́ть(ся) to take turns, alternate
*че́рез over, across, through (with acc.)

перейти через дорогу to walk across the street
писать через строчку to write on every other line
через неделю in a week
череп skull
чересчур too
чересчур много much too much
Это уже чересчур. That's going too far.
черёшня cherry
чернила (pl.) ink
*чёрный black
на чёрный день against a rainy day
ходить в чёрном to wear black
чёрные мысли gloomy thoughts
чёрный как смоль jet-black, pitch-black
чёрный рынок black market
чёрт devil, deuce
Какого чёрта он там делает? What the blazes is he doing there?
Чёрт возьми! The devil take it!
Чёрт знает что! It's outrageous!
черта trait, line
черты лица features
Это фамильная черта. It is a family trait.
чертёнок imp
чертовщина devilry
чесаться (почесаться) to scratch oneself, itch
У него чешется нос. His nose itches.
У неё руки чешутся это сделать. Her fingers itch to do it.
чеснок garlic
честно (adv.) honestly, fairly, frankly
честность (f.) honesty
*честный honest, fair
дать честное слово to give one's word of honor
Честное слово! Upon my word!
честолюбивый ambitious
честь (f.) honor
в честь кого-либо in honor of someone
дело чести matter of honor

Не имею чести знать вас. I do not have the honor of knowing you.
Считаю за честь. I consider it an honor.
Это делает ему честь. It does him credit.
четверг Thursday
в четверг on Thursday
четверть (f.) one-fourth, a quarter
четверть часа a quarter of an hour
четвёртый fourth
четыре four
четыреста four hundred
четырнадцать fourteen
четырнадцатый fourteenth
чин rank, grade
чинить (починить) to repair, mend
чиновник official, functionary
*число number, date
в большом числе in great numbers
в первых числах июня in the first days of June
Какое сегодня число? What is today's date?
неизвестное число unknown quantity
чистить (почистить) to clean, scour, scrub
чисто (adv.) cleanly, neatly, purely, it is clean
чистота cleanliness, purity
*чистый clean, neat, tidy, pure
бриллиант чистой воды a diamond of the first water
чистая работа neat job
чистое безумие sheer madness
чистый вес net weight
чистый случай pure chance
читать (прочитать, прочесть) to read
читать лекцию to give a lecture
чихать (чихнуть) to sneeze
чихнуть—see чихать
чище cleaner
член member, limb
член парламента member of parliament
член уравнения term of an equation

чрезвыча́йно (adv.)
extraordinarily, extremely

чрезвыча́йный extraordinary,
extreme

чте́ние reading

*что what, that

всё, что он знал all that he
knew

Мне что́-то не хо́чется. I
somehow don't feel like it.

Ну и что́ же? Well, what of it?

потому́ что because

Что вы! You don't say so!

Что де́лать? What is to be done?

Что зна́чит э́то сло́во? What
does this word mean?

что́-нибудь anything

Что с ва́ми? What is the matter
with you?

что́-то something, somehow

*что́бы that, in order that

**Невозмо́жно, что́бы он сказа́л
э́то.** He could not possibly have
said that.

**Он говори́л гро́мко, что́бы все
слы́шали.** He spoke loudly so
that all would hear.

**Он не мо́жет написа́ть ни
стро́чки без того́, что́бы не
сде́лать оши́бки.** He can't write
a line without making a mistake.

**Он ра́но встал, что́бы быть там
во́время.** He got up early in
order to be there on time.

Он хоте́л, что́бы она́ слы́шала.
He wanted her to hear.

чувстви́тельность (f.) sensitivity,
perceptibility, sentimentality

чувстви́тельный sensible,
perceptible, painful, sensitive

*чу́вство sense, feeling

обма́н чувств delusion, illusion

прийти́ в чу́вство to come to
one's senses

пять чувств the five senses

чу́вство ме́ры sense of
proportion

чу́вство прекра́сного feeling for
the beautiful

чу́вство ю́мора sense of humor

*чу́вствовать (почу́вствовать) to
feel, sense

Как вы себя́ чу́вствуете? How
do you feel?

чу́вствовать го́лод to be hungry

чу́вствовать ра́дость to feel joy

чу́вствовать свою́ вину́ to feel
one's guilt

чу́дно (adv.) beautifully,
wonderfully, it is beautiful

чу́дный wonderful, marvelous,
beautiful

чу́до miracle, wonder, marvel

чужо́й someone else's, strange,
alien

в чужи́е ру́ки into strange hands

на чужо́й счёт at someone else's
expense

под чужи́м и́менем under an
assumed name

чужи́е края́ foreign lands

чуло́к stocking

чума́зый dirty-faced, smudgy

чу́ткий sensitive, keen, tactful,
delicate

чу́ткий подхо́д tactful approach

чу́ткий сон light sleep

чу́ткость (f.) sensitiveness,
keenness, tactfulness, delicacy

чуть hardly, slightly, just

Он чуть ды́шит. He can hardly
breathe.

Он чуть не упа́л. He nearly fell.

чуть-чуть a little

Ш

*шаг step, stride, footstep

в двух шага́х a few steps away

ло́вкий шаг clever move

на ка́ждом шагу́ at every step

сде́лать пе́рвый шаг to take the
first step

шаг за ша́гом step by step

ша́гом at a walking pace

*шали́ть to play pranks, be
naughty

шалу́н, шалу́нья playful person,
mischievous child (m., f.)

шаль (f.) shawl

шампа́нское champagne

шанс chance

име́ть мно́го ша́нсов   to have many chances

ни мале́йшего ша́нса   not the ghost of a chance

ша́пка   cap

шар   ball, sphere, globe

возду́шный шар   balloon

шарф   scarf, muffler

ша́ткий   unsteady, shaky, tottering

ша́хматы   chess

игра́ть в ша́хматы   to play chess

шве́дский   Swedish

шве́йный   sewing

шве́йная маши́на   sewing machine

швейца́рский   Swiss

швея́   seamstress

шевели́ть (шевельну́ть)   to stir, move

Он па́льцем не шевельнёт.   He won't stir a finger.

шевельну́ть—see шевели́ть

шеде́вр   masterpiece

шёлк   silk

шёлковый   silken

Он стал, как шёлковый.   He has become as meek as a lamb.

шепну́ть—see шепта́ть

шёпот   whisper

шёпотом   in a whisper, under one's breath

шепта́ть (шепну́ть)   to whisper

шерсть   wool

шерстяно́й   woolen

шестидеся́тый   sixtieth

шестна́дцать   sixteen

шестна́дцатый   sixteenth

шесто́й   sixth

шесть   six

шестьдеся́т   sixty

шестьсо́т   six hundred

ше́я   neck

броса́ться кому́-либо на ше́ю   to throw one's arms around someone's neck

получи́ть по ше́е   to get it in the neck

по ше́ю   up to the neck

сиде́ть у кого́-либо на ше́е   to be a burden to someone

шика́рный   chic, smart

ши́на   tire

шине́ль   (f.) overcoat (uniform)

ши́ре   broader, wider

ширина́   width, breadth

*широ́кий   wide, broad

в широ́ком смы́сле   in the broad sense

жить на широ́кую но́гу   to live in grand style

широ́кая пу́блика   general public

широ́кое обобще́ние   sweeping generalization

широ́ко   (adv.) widely, broadly

смотре́ть широ́ко   to take a broad view of things

широ́ко толкова́ть   to interpret loosely

широта́   width, breadth, latitude

широта́ ума́   breadth of mind

шить (сшить)   to sew

шитьё   sewing, needlework

шкаф   cupboard, closet, wardrobe

шко́ла   school

вы́сшая шко́ла   college, university

нача́льная шко́ла   elementary school

романти́ческая шко́ла литера-ту́ры   romantic school of literature

сре́дняя шко́ла   secondary, high school

ходи́ть в шко́лу   to attend school

челове́к ста́рой шко́лы   man of the old school

шку́ра   skin, hide

дрожа́ть за свою́ шку́ру   to tremble for one's life

спаса́ть свою́ шку́ру   to save one's own skin

Я не хоте́л бы быть в его́ шку́ре.   I would not like to be in his place.

шля́па   hat

Де́ло в шля́пе.   It's in the bag.

шнур   cord

шокола́д   chocolate

шо́рох   rustle

шотла́ндский   Scottish

шо́у   show

шофёр   chauffeur, driver

шпага́т   string, cord, twine

шпи́лька   hairpin

шпина́т   spinach

шприц syringe
шрифт print, type font
штаны́ (pl.) trousers, breeches
штат state
шта́тский civil
што́пать (зашто́пать) to darn
што́пор corkscrew
што́ра blind, shade
  спусти́ть (perf.) **што́ры** to draw the blinds
штраф fine, penalty
штука piece, thing
  Вот так шту́ка! That's a fine thing!
  В том-то и шту́ка! That's just the point.
  штук де́сять about ten pieces
шту́чный piece
шту́чная рабо́та piecework
шуба fur coat
шу́лер cheat, cardsharp
*****шум** noise, uproar
  мно́го шу́ма из ничего́ much ado about nothing
  шум и гам hue and cry
шуме́ть to make a noise, be noisy
шу́мный noisy, loud
шурша́ние rustling
шурша́ть to rustle
шути́ть (пошути́ть) to joke, jest
  Не шути́! Don't trifle with this!
  Он не шу́тит. He is serious.
*****шу́тка** joke, jest
  в шу́тку in jest
  шу́тки в сто́рону joking aside
  Это не шу́тки. It is not a laughing matter.
шутя́ (adv.) in jest, for fun, easily
  не шутя́ seriously

Щ

щади́ть (пощади́ть) to spare
  Не щади́те расхо́дов. Do not spare expenses.
  не щадя́ себя́ without sparing oneself
  щади́ть чью-либо жизнь to spare someone's life
ще́дрость (f.) generosity, liberality
ще́дрый generous, liberal
  ще́дрой руко́й lavishly
щека́ cheek
щекота́ть (пощекота́ть) to tickle
  У меня́ в го́рле щеко́чет. My throat tickles.
  щекота́ть чьё-либо самолю́бие to tickle someone's vanity
щекотли́вый ticklish, delicate
  щекотли́вый вопро́с ticklish point
щено́к puppy
щётка brush
  зубна́я щётка toothbrush

Э

эволюцио́нный evolutionary
эгои́зм selfishness
эгои́ст egoist, selfish person
эгоисти́ческий selfish, egotistical
экза́мен examination
  вы́держать экза́мен to pass an exam
  держа́ть экза́мен to take an exam
  провали́ться на экза́мене to fail at an exam
экзаменова́ть (проэкзаменова́ть) to examine
экземпля́р copy, specimen
экипа́ж carriage, crew
эконо́мика economics
экономи́ст economist
эконо́мить (сэконо́мить) to economize, save
экономи́ческий economical
эконо́мия economy
  для эконо́мии вре́мени to save time
  полити́ческая эконо́мия political economy
  соблюда́ть эконо́мию to save, economize
экра́н screen
экску́рсия excursion, trip
экспанси́вный effusive
экспа́нсия expansion
экспеди́ция expedition
экспериме́нт experiment

эксперимента́льный experimental
экспе́рт expert
экспе́ртный expert (adj.)
эксплуата́ция exploitation
э́кспорт export
экспресси́вный expressive
экспре́ссия expression
экста́з ecstasy
экстенси́вный extensive
экстравага́нтный extravagant
экстра́кт extract
э́кстренно urgently
эксцентри́ческий eccentric
эксце́сс excess
элева́тор grain elevator
элега́нтность (f.) elegance
элега́нтный elegant
эле́гия elegy
электри́ческий electric
электри́чество electricity
элеме́нт element (chemistry)
элемента́рный elementary
элекси́р elixir
эма́левый enamel (adj.)
эма́ль (f.) enamel
эмансипа́ция emancipation
эмоциона́льный emotional
эмо́ция emotion
эмфати́ческий emphatic
энерги́чный energetic
эне́ргия energy
энтузиа́зм enthusiasm
энциклопе́дия encyclopedia
эпиде́мия epidemic
эпо́ха age, era, epoch
э́ра era
эроти́ческий erotic
эскала́тор escalator
эски́з sketch, study, outline
эстети́ческий aesthetic
*эта́ж floor, story
э́тика ethics
эти́ческий ethical
*э́то this, it, that
  Как э́то возмо́жно? How is it
  possible?
  Кто э́то? Who is that?
  по́сле э́того after that
  при всём э́том in spite of all this
  Что э́то? What is that?
  Э́то моя́ кни́га. This is my
  book.

Э́то хорошо́. That's good.
э́тот, э́та, э́то, э́ти this, these, (m.,
  f., n., pl.)
этю́д study, sketch
эффе́кт effect
эффе́ктный spectacular, effective
э́хо echo

Ю

юбиле́й anniversary, jubilee
ю́бка skirt
юг south
ю́жный southern
ю́мор humor
  чу́вство ю́мора sense of humor
юмористи́ческий humorous,
  comic
ю́ность (f.) youth
ю́ноша (m.) youth, lad
юриди́ческий juridical, legal
юри́ст lawyer

Я

*я I
я́блоко apple
я́блочный apple (adj.)
  я́блочный пиро́г apple pie
яви́ться—see явля́ться
явле́ние appearance, occurrence
  обы́чное явле́ние everday
  occurrence
  явле́ние приро́ды natural
  phenomenon
явля́ться (яви́ться) to appear,
  present oneself, occur
  как то́лько я́вится подходя́щий
  слу́чай as soon as an
  opportunity presents itself
  явля́ться в ука́занное вре́мя to
  present oneself at a fixed time
  явля́ться кста́ти to arrive
  opportunely
я́вно (adv.) it is evident, evidently,
  obvious
я́вный evident, obvious, manifest
я́года berry

одного́ по́ля я́годы birds of a feather

яд poison, venom
  яд его́ рече́й the venom of his words

я́дерный nuclear

ядови́тый poisonous, toxic

я́зва ulcer, sore

*****язы́к** language, tongue
  владе́ть каки́м-то языко́м to know a language
  копчёный язы́к smoked tongue
  литерату́рный язы́к literary language
  о́бщий язы́к common language
  о́стрый язы́к sharp tongue
  показа́ть язы́к to stick out one's tongue
  родно́й язы́к mother tongue
  ру́сский язы́к Russian language
  У него́ отня́лся язы́к. He became speechless. (His tongue failed him.)
  чеса́ть язы́к to wag one's tongue.
  Язы́к до Ки́ева доведёт. You can get anywhere if you know how to use your tongue. (The tongue will take you as far as Kiev.)

языково́й linguistic

язы́ческий heathen, pagan

яи́чница omelet
  яи́чница-болту́нья scrambled eggs

яи́чный egg (adj.)

*****яйцо́** egg
  яйцо́ в мешо́чек poached egg
  яйцо́ всмя́тку soft-boiled egg

я́корь (m.) anchor

я́мочка dimple

янва́рь (m.) January

янта́рь (m.) amber

япо́нский Japanese

я́ркий bright, vivid, brilliant
  я́ркое описа́ние vivid description
  я́ркий приме́р striking example
  я́ркий свет bright light

я́рко brightly, strikingly, vividly

я́ркость (f.) brightness, brilliance, vividness

я́рмарка fair

я́рость (f.) fury, rage
  вне себя́ от я́рости beside oneself with rage

я́сно (adv.) clearly, distinctly, it is clear
  ко́ротко и я́сно in a nutshell (short and clear)

я́сность clearness, lucidity

я́сный clear, lucid, distinct

я́щик box, drawer, chest
  откла́дывать в до́лгий я́щик to shelve, procrastinate

GLOSSARY OF
GEOGRAPHICAL NAMES

Австра́лия Australia
А́встрия Austria
Адриати́ческое мо́ре Adriatic Sea
Азербайджа́н Azerbaijan
А́зия Asia
Алба́ния Albania
Алжи́р Algeria
А́льпы The Alps
Аля́ска Alaska
Аме́рика America
А́нглия England
Ара́вия Arabia
Аргенти́на Argentina
А́страхань Astrakhan
Атланти́ческий океа́н Atlantic Ocean
А́фрика Africa
Байка́л Baikal (Lake)
Баку́ Baku
Белору́ссия Belarus
Бе́льгия Belgium
Болга́рия Bulgaria
Бонн Bonn
Бо́стон Boston
Брази́лия Brazil
Брюссе́ль Brussels
Вашингто́н Washington
Великобрита́ния Great Britain
Ве́нгрия Hungary
Владивосто́к Vladivostok
Во́лга Volga (River)
Волгогра́д Volgograd
Га́мбург Hamburg
Герма́ния Germany
Гру́зия Georgia
Да́ния Denmark
Детро́йт Detroit
Днепр Dnieper (River)
Дон Don (River)
Дуна́й Danube (River)
Евро́па Europe
Еги́пет Egypt
Жене́ва Geneva
Иерусали́м Jerusalem
Изра́иль Israel
И́ндия India
Иорда́ния Jordan
Ира́к Iraq

Ира́н Iran
Ирла́ндия Ireland
Испа́ния Spain
Ита́лия Italy
Кавка́з The Caucasus (Mountains)
Карпа́тские го́ры The Carpathian Mountains
Каспи́йское мо́ре Caspian Sea
Ки́ев Kiev
Кита́й China
Копенга́ген Copenhagen
Коре́я Korea
Крым Crimea
Лама́нш English Channel
Ло́ндон London
Лос-А́нджелес Los Angeles
Магнитого́рск Magnitogorsk
Мадри́д Madrid
Ме́ксика Mexico
Москва́ Moscow
Мю́нхен Munich
Нева́ Neva (River)
Нидерла́нды The Netherlands
Норве́гия Norway
Нью-Йо́рк New York
Оде́сса Odessa
Пана́мский кана́л Panama Canal
Пари́ж Paris
Пирене́и Pyrenees (Mountains)
По́льша Poland
Португа́лия Portugal
Рейн Rhine (River)
Рим Rome
Росси́я Russia
Сан-Франци́ско San Francisco
Санкт-Петербу́рг Saint Petersburg
Се́верная Аме́рика North America
Се́на Seine (River)
Сиби́рь Siberia
Си́рия Syria
Скали́стые го́ры Rocky Mountains
Слова́кия Slovak Republic
Соединённые Шта́ты Аме́рики United States of America
Содру́жество Незави́симых Госуда́рств Commonwealth of Independent States
Средизе́мное мо́ре Mediterranean Sea
Стокго́льм Stockholm

Таджикиста́н Tajikistan
Ташке́нт Tashkent
Тбили́си Tbilisi
Те́мза Thames (River)
Ти́хий океа́н Pacific Ocean
То́кио Tokyo
Ту́рция Turkey
Узбекиста́н Uzbekistan
Украи́на Ukraine
Ура́л Urals (Mountains)
Филаде́льфия Philadelphia
Финля́ндия Finland

Фра́нция France
Хе́льсинки Helsinki
Чёрное мо́ре Black Sea
Че́хия Czech Republic
Чика́го Chicago
Чи́ли Chile
Швейца́рия Switzerland
Шве́ция Sweden
Шотла́ндия Scotland
Югосла́вия Yugoslavia
Ю́жная Аме́рика South America
Япо́ния Japan

GLOSSARY OF PROPER NAMES

Ага́фья Agatha
Агне́са Agnes
Аделаи́да, Аде́ль Adelaide, Adelle
Алексе́й Alexei
Алекса́ндр Alexander
Алекса́ндра Alexandra
Али́са Alice
Альфре́д Alfred
Анастаси́я Anastasia
Анато́лий Anatole
Андре́й Andrew
А́нна Anna
Анто́н Anthony
Арту́р Arthur
Бори́с Boris
Вади́м Vadim
Валенти́н Valentin
Валенти́на Valentina
Ва́льтер Walter
Варва́ра Barbara
Васи́лий Vassily
Ве́ра Vera
Ви́ктор Victor
Вильге́льм William
Влади́мир Vladimir
Владисла́в Vladislav
Гео́ргий George
Ге́рман Herman
Григо́рий Gregory
Дави́д David
Дани́ил Daniel
Дими́трий Dimitry
Дороте́я Dorothy
Е́ва Eva
Евге́ний Eugene
Екатери́на Catherine
Еле́на Helen
Елизаве́та Elizabeth
Заха́р Zachary
Ива́н John, Ivan
Илья́ Elias, Ilya

Ио́сиф Joseph
Ири́на Irene, Irina
Карл Carl
Кла́вдия Claudia
Константи́н Constantine
Лавре́нтий Lawrence
Лёв Leo, Lou
Леони́д Leonid
Луи́за Louise, Louisa
Лука́ Luke, Luka
Любо́вь Amy, Lyubov
Людми́ла Ludmilla
Мака́р Macar, Mark
Макси́м Maxim
Маргари́та Margaret
Мари́на Marina
Мари́я Marie, Mary
Ма́рфа Martha
Матве́й Matthew
Михаи́л Michael
Наде́жда Nadezhda
Ната́лия Natalia
Ники́та Nikita
Никола́й Nicholas, Nikolai
Оле́г Oleg
О́льга Olga
Па́вел Paul, Pavel
Пётр Peter
Самуи́л Samuel
Святосла́в Sviatoslaff
Серге́й Sergei
Симео́н Simon
Со́фья Sofia
Суса́нна Susan, Suzanna
Татья́на Tatyana
Тимофе́й Timothy
Фёдор Theodore, Fyodor
Фили́пп Philip
Фома́ Thomas
Шарло́тта Charlotte
Эдуа́рд Edward
Элеоно́ра Eleanore
Ю́лия Julia
Ю́рий Yury
Я́ков Jacob, Yakov

ENGLISH–RUSSIAN

A

abandon (to) оставля́ть, поки́нуть
abbreviate (to) сокраща́ть
abbreviation сокраще́ние
ability спосо́бность (f.)
able (to be) мочь
able спосо́бный
abortion або́рт (m.), вы́кидыш (m.)
about о (prep.), о́коло (gen.), про
   (acc.)
above наверху́, над (inst.)
abruptly ре́зко
absence отсу́тствие
absent (to be) отсу́тствовать
absent-minded рассе́янный
absent-mindedly машина́льно,
   рассе́янно
absolute абсолю́тный,
   соверше́нный
absolutely безусло́вно,
   соверше́нно
absorb (to) вса́сывать, впи́тывать
absorbed углублённый
abstain (to) возде́рживаться
abstinent тре́звый
abstract абстра́ктный
absurd абсу́рдный
absurdity абсу́рд, неле́пость (f.)
abundant оби́льный
abuse (to) руга́ть
abusive оскорби́тельный
academy акаде́мия
accent акце́нт
accepted при́нятый
accident несча́стный слу́чай
accidental случа́йный
accidentally печа́янно, случа́йно
accommodate (to)
   приспоса́бливать, устра́ивать
accommodated (to be)
   помеща́ться
accompany (to) провожа́ть,
   сопровожда́ть,
   аккомпани́ровать
accomplish (to) соверша́ть,
   выполня́ть
according согла́сно, по (dat.)
accumulate (to) набира́ть(ся)
accuracy аккура́тность (f.),
   то́чность (f.)

accusation обвине́ние
accuse (to) обвиня́ть
accustomed (to become)
   привыка́ть
ache (to) боле́ть
achievement достиже́ние
acid rain кисло́тный дождь
acknowledge (to) признава́ть
acknowledgement призна́ние
acquaintance знако́мый
acquainted (to become)
   знако́миться
acquire (to) приобрета́ть
across че́рез (acc.)
act (to) де́йствовать, игра́ть (on
   stage)
act акт (of a play); де́ло (deed);
   докуме́нт (legal document)
action де́йствие
actively акти́вно
actor актёр, арти́ст
actress актри́са, арти́стка
actual факти́ческий
actually действи́тельно,
   факти́чески
acupuncture иглотерапи́я
acute о́стрый
add (to) прибавля́ть,
   присоединя́ть
add to (to) добавля́ть, прибавля́ть
addition сложе́ние, добавле́ние,
   приба́вка
additional дополни́тельный,
   приба́вочный
address (to) адресова́ть,
   обраща́ться, выступа́ть
address а́дрес
adjacent сосе́дний
administration администра́ция
administrator администра́тор
admire (to) любова́ться
admirer кавале́р, покло́нник
admit (to) впуска́ть, принима́ть
adopted при́нятый
adoration обожа́ние
adore (to) обожа́ть
adroit ло́вкий
adult взро́слый
advance ава́нс
advantage преиму́щество
  to take advantage of
    воспо́льзоваться

advantageously вы́годно
adventure приключе́ние
adversity невзго́да
advertise (to) реклами́ровать
advertisement рекла́ма, объявле́ние
advertising agency рекла́мное аге́нтство
advice сове́т
advise (to) рекомендова́ть, сове́товать
affected неесте́ственный
affectionate ла́сковый, лю́бящий
affirm (to) утвержда́ть
affirmatively утверди́тельно
afresh сно́ва
after за (inst.), по́сле (gen.)
afterward по́сле, пото́м, спустя́
again опя́ть
against про́тив (gen.)
age во́зраст
agency аге́нтство
agent де́йствующая си́ла, аге́нт, представи́тель
aggression агре́ссия
aggressive агресси́вный
agitation агита́ция, волне́ние
ago тому́ наза́д
long ago давно́
agony аго́ния
agree (to) соглаша́ться
agreeable прия́тный, согла́сный
agreement догово́р, контра́кт, соглаше́ние
agriculture се́льское хозя́йство
ah ах
ahead вперёд, впереди́
aid по́мощь (f.)
aim цель (f.)
aimless бесце́льный
air во́здух
airfield аэродро́м
airplane самолёт
airy возду́шный
alarm трево́га
alarm clock буди́льник
alas! увы́!
album альбо́м
alcohol алкого́ль (m.)
algebra а́лгебра
alien чужо́й
alike равно́

all весь (вся, всё, все)
alley переу́лок
alliance сою́з
allot (to) наделя́ть
allow (to) позволя́ть, пуска́ть, разреша́ть
allure (to) увлека́ть, соблазни́ть
alluring привлека́тельный, зама́нчивый
ally (to) соединя́ть(ся)
almond минда́ль
almost почти́
alone оди́н, одино́кий
to leave alone оста́вить в поко́е
along вдоль (gen.), по (dat.)
alongside ря́дом
aloud вслух
alphabet а́збука, алфави́т
already уже́
also и, то́же, та́кже
altar алта́рь (m.)
alter (to) изменя́ть, переде́лать
alteration измене́ние
alternate (to) чередова́ть(ся)
although хотя́
altitude высота́
altruism альтруи́зм
always всегда́
amaze (to) удивля́ть
amazement удивле́ние, изумле́ние
amazing изуми́тельный, удиви́тельный
ambassador посо́л
amber янта́рь (m.)
ambition амби́ция
ambitious честолюби́вый
America Аме́рика
American америка́нский
amiable любе́зный
among ме́жду (inst.), среди́ (gen.)
amorous любо́вный
amount коли́чество
amusement заба́ва, развлече́ние
analysis разбо́р, ана́лиз
anatomy анато́мия
anchor я́корь (m.)
ancient стари́нный
and и, да
anew сно́ва
angel а́нгел
anger гнев
angle у́гол

angry (to be) зли́ться, рассерди́ться, серди́ться
angry злой, раздражённый, серди́тый
animal живо́тное
animated живо́й, одушевлённый
animatedly оживлённо, жи́во
animation одушевле́ние, увлече́ние
animosity озлобле́ние
anniversary годовщи́на
announce (to) объявля́ть
announcement объявле́ние
announcer ди́ктор (radio or TV)
annoy (to) раздража́ть
annoyance доса́да, неприя́тность (f.)
annually ежего́дно
another друго́й
answer (to) отвеча́ть
answer отве́т
ant мураве́й
anticipate (to) ожида́ть
antique стари́нный (adj.)
anxiety трево́га, забо́та
anxious озабо́ченный
any вся́кий, любо́й
anybody кто уго́дно, кто́-нибудь
anyhow как уго́дно, ка́к-нибудь
apartment кварти́ра
apology извине́нис
apparatus аппара́т
apparently ви́дно, очеви́дно, по-ви́димому
appear (to) обознача́ться, появля́ться, явля́ться
  to appear to каза́ться
appearance вид, нару́жность, явле́ние
appease (to) успока́ивать
appetite аппети́т
appetizing аппети́тный
applaud (to) аплоди́ровать
apple я́блоко
appoint (to) назнача́ть
appreciate (to) цени́ть
approach (to) бли́зиться, подходи́ть, приближа́ться
approach подхо́д
approximate приблизи́тельный
approximate (to) приближа́ться

approximately о́коло (gen.), приблизи́тельно
apricot абрико́с
April апре́ль (m.)
apron пере́дник, фа́ртук
architect архите́ктор
ardent жа́ркий, пы́лкий, стра́стный
ardor пыл
area пло́щадь
argue (to) спо́рить
argument спор, аргуме́нт
arid сухо́й
arithmetic арифме́тика
arm рука́
armchair кре́сло
army а́рмия
aroma арома́т
aromatic аромати́ческий
around вокру́г (gen.), круго́м
arouse (to) возбужда́ть
arrange (to) аранжи́ровать, ула́дить, устра́ивать
arrangement устро́йство
arrest аре́ст
  to arrest взять под аре́ст
arrival прие́зд, прихо́д
arrive (to) приезжа́ть, приходи́ть
arson поджо́г
art иску́сство
article статья́
artificial фальши́вый, иску́ственный
artist худо́жник
artistic артисти́ческий, худо́жественный
as как
  as far as до
  as if как бу́дто
  as soon as как то́лько
  as though бу́дто
ascent подъём
ashamed (to be) стесня́ться
ashtray пе́пельница
ask (to) проси́ть, спра́шивать
asleep (to fall) засыпа́ть
asparagus спа́ржа
aspiration устремле́ние
aspirin аспири́н
assemble (to) собира́ть(ся)
assent согла́сие

assert (to)   утвержда́ть,
  дока́зывать
assertion   утвержде́ние
assimilate (to)   осво́ить
assist (to)   помога́ть
assistant   помо́щник
association   ассоциа́ция
assortment   ассортиме́нт
assurance   увере́ние
assure (to)   уверя́ть
assured   уве́ренный
asterisk   звёздочка
astonish (to)   удивля́ть
astonished (to be)   поража́ться
astonishment   удивле́ние
at   в (prep.), у (gen.)
  at first   внача́ле
  at last   наконе́ц
athlete   атле́т
athletic   спорти́вный
atlas   а́тлас
atmosphere   атмосфе́ра
atomic   а́томный
attach (to)   привя́зывать
attache case   кейс
attached   привя́занный
attachment   привя́занность,
  приспособле́ние
attack   припа́док
attain (to)   достига́ть
attempt (to)   про́бовать, пыта́ться
attempt   попы́тка
attend (to)   прису́тствовать
attention   внима́ние
attentively   внима́тельно
attic   мезони́н, черда́к
attitude   отноше́ние
attract (to)   привлека́ть
attractive   интере́сный,
  привлека́тельный
auction   аукцио́н
audibly   слы́шно
audience   пу́блика
August   а́вгуст
aunt   тётя
author   а́втор, писа́тель
authority   авторите́т, власть,
  влия́ние
autobiography   автобиогра́фия
autocracy   автокра́тия
automatic   автомати́ческий
auto mechanic's shop   автосе́рвис

automobile   автомоби́ль (m.)
autonomy   автоно́мия
autumn   о́сень (f.)
available   нали́чный,
  предоста́вленный в
  распоряже́ние
avenue   бульва́р
aversion   антипа́тия
aviation   авиа́ция
avoid (to)   избега́ть
awaken (to)   разбуди́ть,
  просну́ться
awakening   пробужде́ние
away!   прочь!
awfully   стра́шно, ужа́сно
awkward   нело́вкий, неуклю́жий

B

baby   ребёнок
bachelor   холостя́к
back   за́дний (adj.), обра́тно, наза́д
  (adv.)
backbone   хребе́т
backing   подде́ржка
backward   наза́д
bacon   беко́н
bad   плохо́й, скве́рный
badly   ду́рно, пло́хо, скве́рно
bag   мешо́к
baggage   бага́ж
bake (to)   печь
baked   печёный
balance   бала́нс
balcony   балко́н
bald (headed)   лы́сый
ball   мяч, шар
ballet   бале́т
banana   бана́н
bandage (to)   бинтова́ть
bank   банк (savings)
bar (to)   устра́ивать препя́тствие,
  прегражда́ть
bar   полоса́, брусо́к
barber   парикма́хер
barbershop   парикма́херская
bare (to)   обнажа́ть, раскрыва́ть
bare   го́лый
bargain (to)   торгова́ться
bark (to)   ла́ять

bark   кора́
barren   неплодоро́дный
barrier   барье́р
base   осно́ва, ба́зис
baseball   (adj.) бейсбо́льный
baseball player   бейсболи́ст
basement   подва́л
baseness   по́длость
bashful   засте́нчивый
bashfulness   засте́нчивость
basin   ми́ска
basis   ба́за, осно́ва
basket   корзи́на
bath   ва́нна
bathe (to)   купа́ться
bathrobe   хала́т
bathroom   ва́нная
be (to)   быть, быва́ть (to be
    sometimes)
beach   пляж
beam   луч
bear (to)   носи́ть, терпе́ть
bear   медве́дь
beard   борода́
beast   зверь
beat (to)   бить, би́ться
beautiful   краси́вый, прекра́сный
beauty   красота́, краса́вица
because   потому́ что
beckon (to)   подозва́ть
become (to)   де́латься,
    станови́ться, ста́ться
bed   крова́ть (f.), посте́ль (f.)
bedroom   спа́льня
bee   пчела́
beer   пи́во
beet   свёкла
before   впереди́ (adv.), до (gen.),
    пе́ред (inst.)
beforehand   зара́нее
beg (to)   проси́ть
begin (to)   начина́ть, стать
beginner   начина́ющий
beginning   нача́ло
  from the beginning   снача́ла
behavior   поведе́ние
behind   за (acc., inst.), позади́
    (gen.) позади́ (adv.)
belief   ве́ра
believe (to)   ве́рить, ду́мать
bell   ко́локол
belong (to)   принадлежа́ть

below   внизу́
belt   по́яс
bench   скамья́
bend (to)   гнуть, нагиба́ть
bend   поворо́т
berry   я́года
beside   по́дле (gen.), ря́дом с (inst.)
besides   кро́ме (gen.), поми́мо
    (gen.), сверх (gen.)
best   лу́чший
best-seller   бестсе́ллер
betray (to)   изменя́ть
better   лу́чший (adj.), лу́чше (adv.)
between   ме́жду (inst.)
beyond   по ту сто́рону, по́зже
Bible   Би́блия
bicarbonate   бикарбона́т
bicycle   велосипе́д
big   большо́й, кру́пный
bill   счёт, законопрое́кт
billion   биллио́н, миллиа́рд
bind (to)   свя́зывать
binding   переплёт
biochemist   биохи́мик
biography   биогра́фия
biologist   био́лог
biology   биоло́гия
birch tree   берёза
bird   пти́ца
birth   рожде́ние
birthday   день рожде́ния
bite (to)   куса́ть, укуси́ть
bite   уку́с
bitter   го́рький
bitterness   озлобле́ние
black   чёрный
blanket   одея́ло
blend (to)   сме́шивать
blessing   благослове́ние
blind   слепо́й
blindness   слепота́
bliss   блаже́нство
blizzard   пурга́
block   кварта́л
blood   кровь (f.)
bloom (to)   расцвета́ть
blouse   блу́зка, ко́фточка
blow (to)   дуть
blow   уда́р
blue   голубо́й, си́ний
blush (to)   красне́ть
board, blackboard   доска́

boardinghouse пансио́н
boat ло́дка
body ко́рпус, те́ло
boil (to) кипе́ть
boiled варёный
bold сме́лый
boldly сме́ло
bone кость (f.)
book кни́га
bookstore кни́жный магази́н
bore (to) наску́чить, надоеда́ть
bored (to be) скуча́ть
boring ску́чный
born (to be) роди́ться
borrow (to) брать; брать взаймы́ (money)
both о́ба (m., n.), о́бе (f.)
bottle буты́лка
bottom дно
boulevard бульва́р
boundary грани́ца, рубе́ж
bow (to) кла́няться
box коро́бка, сунду́к, я́щик
boy ма́льчик
brag (to) хва́стать(ся)
braid коса́
brain мозг
brake (to) тормози́ть
brake то́рмоз
brand ма́рка
brassiere ли́фчик
brave хра́брый
bravely хра́бро, сме́ло
bread хлеб
break (to) лома́ть, наруша́ть
break разры́в, перело́м; перерыв (lunch, coffee)
breakfast за́втрак
  to have breakfast за́втракать
breast грудь (f.)
breathe (to) вздыха́ть, дыша́ть
breeze ве́тер
bridge мост
brief кра́ткий, сокращённый
briefcase портфе́ль
bright я́ркий, све́тлый
brighten (to) проясне́ть
brilliance блеск
brilliantly блестя́ще
bring (to) приводи́ть, привози́ть, приноси́ть
brisk бо́дрый, живо́й

broad широ́кий
broken ло́манный, сло́манный
brook руче́й
broom метла́, ве́ник
brother брат
brown кори́чневый
brush щётка, кисть
brutal жесто́кий
bubble пузы́рь (m.)
budget бюдже́т
build (to) стро́ить
building зда́ние
bundle у́зел, паке́т
burn (to) горе́ть, жечь, сгора́ть
burst (to) ло́паться
bury (to) хорони́ть
bus авто́бус
bus stop остано́вка (авто́буса)
business де́ло
businessman коммерса́нт, бизнесме́н
busy за́нятый
but а, да, но, одна́ко
butter ма́сло
butterfly ба́бочка
button пу́говица
buttonhole пе́тля
buy (to) покупа́ть
by у (gen.), по (dat.), ми́мо (gen.)
  by the way кста́ти

C

cab такси́
cabbage капу́ста
cake кекс, торт
calamity бе́дствие
calculate (to) рассчи́тывать
calculation расчёт, счёт
calendar календа́рь
call (to) звать, оклика́ть
  to call on заходи́ть
calm (to) успока́ивать
cameraman опера́тор
camp ла́герь (m.)
can (to be able) мочь
candidate кандида́т
candle свеча́
candy конфе́та

cane па́лка
canvas high-tops ке́ды
cap ке́пка, ша́пка
capable спосо́бный
capacity объём, вмести́мость
capital city столи́ца
capitalist капитали́ст
captain капита́н
car маши́на (f.)
card ка́рточка
care забо́та, осторо́жность
career карье́ра
carefree беззабо́тный
careful аккура́тный, осторо́жный,
  тща́тельный
carefully внима́тельно, осторо́жно
careless небре́жный,
  невнима́тельный
caress (to) ласка́ть
caress ла́ска
carnival карнава́л
carpenter пло́тник
carrots морко́вь (f.)
carry (to) вози́ть (by conveyance)
  носи́ть (on foot)
carry out (to) исполня́ть,
  производи́ть
cartoon мультипликацио́нный
  фильм
case слу́чай
cashier касси́р
cassettes (tapes) кассе́ты
cat ко́шка
catch (to) лови́ть, пойма́ть
category катего́рия
cathedral собо́р
cattle скот
cause причи́на
  without cause беспричи́нно
cautiously осторо́жно
caviar икра́
cease (to) переста́ть
ceiling потоло́к
celebrate (to) пра́здновать
celery сельдере́й
cemetery кла́дбище
censorship цензу́ра
cent цент
center центр
central центра́льный
century век, столе́тие
cereal ка́ша

ceremony церемо́ния
certain уве́ренный, определённый
certainly коне́чно, непреме́нно,
  обяза́тельно
chain цепь (f.)
chair стул
chairman председа́тель (m.)
chalk мел
challenge (to) вызыва́ть
champagne шампа́нское
champion чемпио́н
chance слу́чай, шанс
  by chance случа́йно
change (to) изменя́ть, меня́ть(ся),
  преобража́ть
  to change one's clothes
  переоде́ть(ся)
  to change one's mind переду́мать
change измене́ние, переме́на,
  ме́лочь (f.) (money)
chapter глава́
character хара́ктер (personality)
characteristic характери́стика
charge (to) обвиня́ть, назнача́ть
  це́ну
charge обвине́ние
charm очарова́ние, пре́лесть (f.)
charming очарова́тельный,
  преле́стный
chart ка́рта
chat (to) болта́ть
cheap дешёвый
cheat шу́лер (at cards), обма́нщик
check (to) проверя́ть
check чек
cheek щека́
cheerful весёлый
cheese сыр
chemical хими́ческий
chemist хи́мик
chemistry хи́мия
cherry ви́шня, чере́шня
chess ша́хматы
chest грудь (f.) (part of the body);
  сунду́к, я́щик, комо́д
chic шика́рный
chicken ку́рица
chief глава́
chief (adj.) гла́вный
child ребёнок, дитя́
childish ребя́ческий
children де́ти, ребя́та

chimney труба́
chin подборо́док
china фарфо́р
chocolate шокола́д
choice вы́бор
choose (to) выбира́ть
chop (to) руби́ть
chopped ру́бленый
chord акко́рд
chorus хор
Christianity христиа́нство
Christmas Рождество́
church це́рковь
cigar сига́ра
cigarette сигаре́та
circle круг
circumstance обстоя́тельства
circus цирк
citizen гражда́нин (m.), гражда́нка
  (f.)
city го́род
civil шта́тский
civilization цивилиза́ция
claim прете́нзия, тре́бование
clap (to) аплоди́ровать
class класс
classical класси́ческий
classification классифика́ция
clause предложе́ние (gram.)
clean (to) стира́ть, чи́стить
clean чи́стый
cleanliness чистота́
clear зво́нкий, я́сный
clear up (to) проясня́ть
clever у́мный
climate кли́мат
climb поднима́ться
clinic амбулато́рия, кли́ника
clock часы́
close (to) закрыва́ть
close те́сный
close бли́зко от
closed закры́тый
cloth мате́рия
clothes оде́жда
cloud облако, ту́ча
cloudy па́смурный
club клуб
clumsy неуклю́жий, нело́вкий
coal у́голь
coarse гру́бый
coat пальто́

cobweb паути́на
coffee ко́фе
coffeepot кофе́йник
cognac конья́к
coin моне́та
coincide (to) совпада́ть
coincidence совпаде́ние
cold на́сморк, просту́да, холо́дный
  to catch cold простуди́ться
coldness хо́лод
collar воротни́к
colleague колле́га
collect (to) собира́ть(ся)
collection сбо́рник
college ко́лледж
collide (to) ста́лкиваться
collision столкнове́ние
color (to) кра́сить
color цвет
colored кра́шеный, цветно́й
colossal колосса́льный
comb (to) причёсывать(ся)
comb гребешо́к
combination комбина́ция,
  соедине́ние
combine (to) объединя́ть, сочета́ть
combined свя́занный, совме́стный
comedy коме́дия
comfort (to) утеша́ть
comfort удо́бство, утеше́ние, ую́т
comfortable удо́бный, ую́тный
comic смешно́й, юмористи́ческий
command (to) кома́ндовать,
  прика́зывать
command прика́з
commerce торго́вля, комме́рция
commercial комме́рческий
commission поруче́ние
commit (to) доверя́ть, соверша́ть
committee коми́ссия
common о́бщий, просто́й
communicate (to) сообща́ть
compact пу́дреница
company компа́ния, фи́рма
compare (to) сра́внивать
comparison сравне́ние
compel (to) принужда́ть,
  заставля́ть
compensation компенса́ция
compete (to) сопе́рничать
competition конкуре́нция
compile (to) составля́ть

complain (to) жáловаться
complaint жáлоба
complete пóлный
complexion цвет лицá
complicated слóжный
complication осложнéние, усложнéние
compliment комплимéнт
compose (to) сочинять
composer композитор
composition сочинéние
composure хладнокрóвие
compote компóт
compromise компромисс
compulsory обязáтельный
computer компьютер
  minicomputer мини-ЭВМ
comrade товáрищ
conceal (to) прятать(ся), скрывáть(ся), таить(ся)
conceited кичливый
concentrate (to) сосредотóчивать
concept идéя, понятие
concern (to) касáться
concerning относительно, насчёт, о (prep.), про (acc.)
concert концéрт
conclude (to) заключáть
conclusion заключéние
condition положéние, состояние, услóвие
conduct (to) водить (lead), дирижировать (orchestra); управлять (rule)
conduct поведéние
conductor дирижёр (orchestra), проводник (wire), кондýктор (on train)
confession исповедь
confidence довéрие, увéренность
confident увéренный
confirm (to) утверждáть
conflict конфликт
confused пýтанный, растéрянный, смущённый
confusion смущéние, сумбýр
congratulate (to) поздравлять
congratulation поздравлéние
connect (to) связывать, соединять(ся)
connection связь
conquer (to) побеждáть

conscience сóвесть (f.)
conscious сознающий, сознáтельный
consciously сознáтельно
consent (to) соглашáться
consent соглáсие
conservation сохранéние
conservative консервативный
consider (to) засчитывать, обдýмывать, считáть(ся)
consist (to) заключáться, состоять
constant постоянный
constitution конституция
constructive конструктивный
consul кóнсул
consulate кóнсульство
consultant кóнсультáнт
consumption потреблéние; чахóтка
contain (to) содержáть
contemporary совремéнный
contempt презрéние
contemptuous презрительный
content (to) удовлетворять
contents содержáние
continent континéнт
continuation продолжéние
continue (to) продолжáть
continuity непрерывность
continuously непрерывно
contract контрáкт
contradict (to) противорéчить
contradiction противорéчие
contrary противный
  on the contrary наоборóт, напрóтив
contrast контрáст, противопóложность (f.)
control контрóль
control oneself (to) сдéрживаться
convenient удóбный
convention съезд
conversation бесéда, разговóр
converse (to) бесéдовать, разговáривать
conviction убеждéние
convince (to) уверять, убеждáть
cook (to) готóвить
cook пóвар
cookie печéнье
cool прохлáдный, хладнокрóвный (person)

cooperative кооперати́в
copper медь
copy (to) копи́ровать,
  перепи́сывать
copy ко́пия, экземпля́р
coquette коке́тка
cord верёвка, шнур, шпага́т
cordial серде́чный, тёплый
cork про́бка
corkscrew што́пор
corn кукуру́за, мозо́ль
corned beef солони́на
corner у́гол
corpse труп
correct (to) исправля́ть,
  поправля́ть
correct ве́рный, пра́вильный
correspond (to) перепи́сываться
correspondence перепи́ска
correspondent корреспонде́нт
corridor коридо́р
cosmetics косме́тика
cost (to) сто́ить
cost цена́
cotton бума́жный
couch куше́тка
cough (to) ка́шлять
counsel (to) сове́товать
counsel сове́т
country дере́вня, страна́
  country house да́ча
couple па́ра
courage дух, му́жество, сме́лость
  (f.), хра́брость (f.)
courageous сме́лый
course курс
courteous ве́жливый
courtesy ве́жливость (f.),
  любе́зность (f.)
cousin кузе́н (m.), кузи́на (f.),
  двою́родный брат, двою́родная
  сестра́
cover (to) накрыва́ть,
  покрыва́ть
covered кры́тый
covering покры́шка
cow коро́ва
coward трус
cozy ую́тный
crackle (to) треща́ть
cradle колыбе́ль
cranberry клю́ква

cranky капри́зный
  to be cranky капри́зничать
craving жа́жда, жела́ние
creak (to) скрипе́ть
cream крем, сли́вки
crease скла́дка
create (to) создава́ть
creative тво́рческий
creep (to) по́лзать
crime преступле́ние
criminal престу́пник
crisis кри́зис
critical крити́ческий
criticism кри́тика
crooked криво́й
cross (to) переходи́ть
  to cross out зачёркивать
cross крест
crossing перехо́д
crowd толпа́
crown коро́на, коро́нка (dental)
cruel жесто́кий
cruelty жесто́кость (f.)
crush (to) уничтожа́ть
crust кора́
cry (to) пла́кать
cry крик
cucumber огуре́ц
cultural интеллиге́нтный,
  культу́рный
culture культура́
cunning хи́трый
cup ча́шка
cupboard шкаф
cure (to) изле́чивать
cure излече́ние, сре́дство
curiosity любопы́тство
curious любозна́тельный,
  любопы́тный
curly кудря́вый
current тече́ние, ток
cursed прокля́тый
curtail (to) сокраща́ть
curtain за́навес
curved криво́й
cushion поду́шка
custom нра́вы, обы́чай
cut (to) нареза́ть, ре́зать,
  поре́зать
cutlet котле́та
cynic ци́ник
cynical цини́чный

D

daily ежедне́вно
dam плоти́на
damage поврежде́ние
damned прокля́тый
damp сыро́й
dampness сы́рость (f.)
dance (to) танцева́ть
dance бал, та́нец
danger опа́сность (f.)
dangerous опа́сный
dare (to) сметь
daring де́рзкий, сме́лый
dark тёмный
darken (to) темне́ть
darkness темнота́
darn (to) што́пать
data да́нные
data base ба́за да́нных
data crunching сжа́тие да́нных
date число́ (of time); фи́ник
  (fruit); свида́ние (engagement)
daughter дочь (f.)
dawn заря́, рассве́т
day день (m.), су́тки (24 hours)
  day after tomorrow послеза́втра
  day before yesterday позавчера́
daydream (to) фантази́ровать,
  мечта́ть
daydream мечта́
dazzle (to) ослепля́ть
dazzling ослепи́тельный
dead мёртвый
deaf глухо́й
dealer торго́вец
dear дорого́й, ми́лый
death смерть
debate диску́ссия, спор
debt долг
decay (to) по́ртиться
deceased (the) поко́йник
deceive (to) обма́нывать
December дека́брь (m.)
decency прили́чие
decent поря́дочный, прили́чный
deceptive обма́нчивый
decide (to) реша́ть
decision реше́ние
deck па́луба
declaration заявле́ние, деклара́ция

decline (to) отка́зываться
decline упа́док
decrease (to) уменьша́ть
decree ука́з, прика́з
deep глубо́кий
defect дефе́кт, недоста́ток, брак
defend (to) защища́ть
defenseless беззащи́тный
define (to) определя́ть
definite определённый
definition опрделе́ние
deft ло́вкий
defy (to) вызыва́ть
degree гра́дус, сте́пень (f.)
  (extent)
delay (to) заде́рживать, ме́длить
delay опозда́ние
delegate делега́т
deliberate наме́ренный,
  рассчи́танный
delicacy то́нкость (f.), чу́ткость
  (f.)
delicate то́нкий, чу́ткий
delicious вку́сный
delight восто́рг, отра́да,
  наслажде́ние
delightful восхити́тельный,
  преле́стный
delirium бред
demand (to) тре́бовать
demand спрос, тре́бование
denial отрица́ние
dense густо́й
dental зубно́й
deny (to) отрица́ть
depart (to) пойти́, пое́хать,
  уходи́ть, уезжа́ть
department отде́л, отделе́ние,
  факульте́т (of a university)
departure отхо́д, отъе́зд
depend on (to) бази́ровать,
  зави́сеть (от)
dependable положи́тельный
dependence зави́симость (f.)
deposit (to) отлага́ть
deprivation лише́ние
deprive (to) лиша́ть
depth глубина́
descend (to) происходи́ть,
  спуска́ться
descent происхожде́ние
despise (to) презира́ть

description описа́ние
desert пусты́ня
deserted поки́нутый
deserve (to) заслу́живать
deserving досто́йный
desire жела́ние
desk пи́сьменный стол
despair отча́яние
desperately отча́янно
despise (to) презира́ть
dessert десе́рт, сла́дкое
destiny жре́бий, судьба́
destroy (to) разруша́ть,
    уничтожа́ть
destruction разруше́ние
detach (to) отделя́ть
detail дета́ль (f.), подро́бность
    (f.), мело́чь
detailed подро́бный
detain (to) заде́рживать
determination определе́ние
determine (to) определя́ть
detest (to) ненави́деть
develop (to) проявля́ть, развива́ть
development проявле́ние,
    разви́тие, рост
device прибо́р
devil бес, чёрт, дья́вол
devise (to) приду́мывать
devotion на́божность (f.),
    пре́данность (f.)
dew роса́
diagnosis диа́гноз
dial цифербла́т
dialect диале́кт
diameter диа́метр
diamond бриллиа́нт, алма́з
dictionary слова́рь
die (to) сконча́ться, умира́ть
diet (to) сади́ться на дие́ту
diet дие́та
differ (to) отлича́ться,
    различа́ть(ся)
difference ра́зница, разногла́сие
    (of opinion), ра́зность (f.)
different друго́й, разли́чный,
    ра́зный
difficult тру́дный
difficulty затрудне́ние
dig (to) копа́ть, рыть
digest (to) перева́ривать
digestion пищеваре́ние

dignity досто́инство
diligence усе́рдие
diligent приле́жный, усе́рдный
dim нея́сный, сму́тный
dimension разме́р
diminish (to) па́дать, убавля́ть,
    уменьша́ть
dimple я́мочка
dine (to) обе́дать
dining room столо́вая
dinner обе́д
diplomacy диплома́тия
direct (to) направля́ть, обраща́ть,
    руководи́ть, управля́ть
direct (adj.) прямо́й
direction направле́ние
director дире́ктор, режиссёр
    (theater)
dirt грязь (f.)
dirty гря́зный, чума́зый
disadvantage невы́года
disagreeable неприя́тный,
    неуго́дный
disappear (to) исчеза́ть
disappoint (to) разочарова́ть
  to be disappointed быть
    разочаро́ванным
disappointed разочаро́ванный
disappointment разочарова́ние
disapproving неодобри́тельный
disaster бе́дствие
disastrous поги́бельный
discipline дисципли́на
disclose (to) раскрыва́ть
discomfort неудо́бство
discontent недово́льство
discount ски́дка
discourage (to) обескура́живать,
    отбива́ть охо́ту
discourteous нелюбе́зный
discourtesy нелюбе́зность
discover (to) находи́ть, открыва́ть
discovery откры́тие
discretion осторо́жность,
    усмотре́ние
discuss (to) обсужда́ть,
    переговори́ть, разбира́ть
discussion диску́ссия, обсужде́ние
disdain презре́ние
disease боле́знь (f.)
disgrace позо́р
disgust отвраще́ние

dish блю́до, (course)

dishes посу́да

dishonest нече́стный

disk диск, круг

disorder беспоря́док

display (to) пока́зывать

displeasure неудово́льствие

disposition нрав, скло́нность (f.), хара́ктер

dispute (to) спо́рить

disrespectfully неуважи́тельно

dissatisfaction недово́льство

dissatisfied недово́льный

distance расстоя́ние

distant далёкий

distinct отчётливый, я́сный

distinction отли́чие, разли́чие

distinguish (to) отлича́ть, различа́ть

distraction рассе́янность

distribute (to) выдава́ть, раздава́ть

district райо́н

distrust (to) не доверя́ть

distrust недове́рие

distrustful недове́рчивый

disturb (to) беспоко́ить, меша́ть, наруша́ть, трево́жить

divide (to) дели́ть(ся), разделя́ть(ся)

divine боже́ственный

division деле́ние, разделе́ние

divorce разво́д

dizzy (to be) чу́вствовать головокруже́ние

do (to) де́лать

doctor врач, до́ктор

doctrine уче́ние, доктри́на

document бума́га, докуме́нт

documentary (film) документа́льный фильм

dog пёс, соба́ка

doll ку́кла

dollar до́ллар

domestic семе́йный (family), ме́стный (local), дома́шний (animals)

door дверь

dose до́за

double вдво́е, двойно́й

doubt (to) сомнева́ться

doubt сомне́ние

dough те́сто

doughnut по́нчик

down вниз

  to get down слеза́ть, спуска́ться, сходи́ть

downstairs вниз, внизу́

doze (to) дрема́ть

dozen дю́жина

draft чертёж, план

drag (to) таска́ть, тяну́ть

drama дра́ма

drastic радика́льный

draw (to) рисова́ть (paint)

draw out (to) вынима́ть

drawer я́щик

dread боя́знь (f.), стра́шный (adj.)

dream (to) сни́ться

dream сон, сновиде́ние

dress (to) одева́ть(ся)

dress пла́тье

dressing-gown хала́т

dressmaker портни́ха

drink (to) пить

drink напи́ток

drive (to) гоня́ть, ката́ться (for pleasure), пра́вить

driver шофёр

drop (to) роня́ть

drop ка́пля

drown (to) тону́ть, топи́ть (something else), топи́ться (oneself)

drugstore апте́ка

drum бараба́н

drunk пья́ный

drunkard пья́ница

dry (to) суши́ть, утира́ть, со́хнуть

dry сухо́й

duck у́тка

due (adj.) сле́дуемый

duet дуэ́т

dull му́тный, па́смурный, тупо́й

dumb глу́пый (stupid), немо́й

  deaf-mute глухонемо́й

during во вре́мя

dust пыль (f.)

duty обя́занность (f.), пови́нность (f.)

dwelling жили́ще

dye кра́ска

E

each ка́ждый
eagle орёл
ear у́хо
early ра́нний, ра́но (adv.)
earn (to) зараба́тывать
earnest серьёзный
earring серьга́
earth земля́
east восто́к
Easter Па́сха
eastern восто́чный
easy лёгкий
eat (to) есть, ку́шать
echo э́хо
economical экономи́ческий
economize (to) эконо́мить
economy расчётливость (f.)
edge край
edit (to) редакти́ровать
edition изда́ние
editor реда́ктор
editorial staff, office реда́кция
educate (to) воспи́тывать, дава́ть
   образова́ние
educated интеллиге́нтный,
   культу́рный, образо́ванный
education образова́ние
educational образова́тельный
   (pert. to education); уче́бный
   (providing instruction)
effect впечатле́ние, де́йствие
effective эффе́ктный
efficient де́йственный
effort уси́лие
egg яйцо́
egoist эго́ист
eight во́семь
eighteen восемна́дцать
eighteenth восемна́дцатый
eighth восьмо́й
eightieth восьмидеся́тый
either та́кже, тот и́ли друго́й
  either . . . or . . . и́ли . . . и́ли . . .
elastic рези́на (f.)
elbow ло́коть (m.)
elder ста́рший
elderly пожило́й
election избра́ние, вы́боры
electric электри́ческий

electricity электри́чество
elegant изя́щный, элега́нтный
element элеме́нт
elementary нача́льный,
   элемента́рный
elephant слон
elevator лифт, элева́тор (grain)
eleven оди́ннадцать
eleventh оди́ннадцатый
eliminate (to) исключа́ть
else (adv.) ещё, кро́ме
  No one else has come. Никто́
   бо́льше не приходи́л.
elsewhere где́-нибудь в друго́м
   ме́сте
embarrassed сконфу́женный,
   смущённый
  to become embarrassed
   сконфу́зиться
embarrassment затрудне́ние,
   смуще́ние
embassy посо́льство
embrace (to) обнима́ть
embroidered расши́тый
emerge (to) появля́ться
emergency кра́йняя
   необходи́мость
emigrant эмигра́нт
eminent выдаю́щийся,
   знамени́тый
emotion волне́ние, эмо́ция
emphasize (to) подчёркивать,
   заостря́ть
emphatic эмфати́ческий
employ (to) дава́ть рабо́ту,
   нанима́ть
employee слу́жащий
employment заня́тие, рабо́та,
   слу́жба
empty (to) вылива́ть
empty пусто́й
enamel эма́ль (f.)
enclose (to) окружа́ть,
   вкла́дывать
encore бис
encourage (to) ободря́ть,
   поощря́ть
encouragement ободре́ние
end (to) конча́ть(ся), ока́нчивать
end коне́ц, преде́л, оконча́ние
endeavor (to) пыта́ться, стара́ться
endeavor попы́тка

endurance вы́держка, терпе́ние
endure (to) выде́рживать,
    переноси́ть, терпе́ть
enemy враг
energy эне́ргия
engine маши́на, мото́р
engineer инжене́р, меха́ник
English англи́йский
enjoy (to) весели́ться (oneself),
    наслажда́ться
enjoyment наслажде́ние
enlarge (to) увели́чивать
enormous грома́дный, огро́мный
enough доста́точно, дово́льно
enter (to) входи́ть, вступа́ть (on
    foot), въезжа́ть (by vehicle)
entertain (to) развлека́ть,
    угоща́ть
entertainment развлече́ние
enthusiasm восто́рг, энтузиа́зм
entire це́лый, сплошно́й
entirely совсе́м
entrance вход, въезд
entrust (to) поверя́ть, доверя́ть
envelope конве́рт
envious зави́стливый
environment обстано́вка,
    окружа́ющая среда́
envy (to) зави́довать
envy за́висть (f.)
equal ра́вный
equality ра́венство
equalize (to) ура́внивать
equilibrium равнове́сие
era эпо́ха, э́ра
erase (to) стира́ть
eraser рези́нка
err (to) заблужда́ться, ошиба́ться
errand поруче́ние
error оши́бка
escalator эскала́тор
escape (to) избежа́ть, спасти́сь
escort (to) сопровожда́ть
especially осо́бенно, специа́льно
establish (to) устра́ивать
estate име́ние
esteem (to) уважа́ть
esteem уваже́ние
estimate (to) оце́нивать,
    составля́ть сме́ту
estimate оце́нка, сме́та
eternal ве́чный

eternity ве́чность (f.)
ether эфи́р
ethics э́тика
European европе́йский
evacuate (to) очища́ть,
    эвакуи́ровать
eve кану́н
even (adj.) гла́дкий, ро́вный
even (adv.) да́же, хоть
evening ве́чер
  in the evening ве́чером
event слу́чай (m.), собы́тие
ever всегда́
  forever навсегда́
  ever since с тех пор
  hardly ever почти́ никогда́
every вся́кий, ка́ждый, любо́й
everyone ка́ждый
everything всё
everywhere везде́, повсю́ду
evidence доказа́тельство,
    свиде́тельство
evident я́вный
evidently ви́дно
evil (n.) зло
evil (adj.) дурно́й, злой
exact то́чный, аккура́тный
exacting тре́бовательный
exactly и́менно, то́чно
exaggerate (to) преувели́чивать
exaggerated преувели́ченный
exaggeration преувеличе́ние
examination экза́мен
examine (to) осма́тривать,
    рассма́тривать, экзаменова́ть
example приме́р
  for example наприме́р
exceed (to) превыша́ть,
    переходи́ть грани́цы
excel (to) превосходи́ть
excellent отли́чный, прекра́сный
except (prep.) кро́ме (gen.)
exception исключе́ние
exceptionally нисключи́тельно
excess изли́шек
excessive чрезме́рный
exchange (to) обме́нивать
exchange обме́н
excite (to) возбужда́ть
excitement волне́ние
exclaim (to) а́хнуть, воскли́кнуть
exclude (to) исключа́ть

excursion экскурсия
excuse (to) извинять, прощать
  Excuse me. Извините. Простите.
excuse оправдание
execution исполнение (of an idea)
exercise (to) упражнять
exercise упражнение
exertion напряжение, усилие
exhaust (to) вытягивать, изнурять
exhibition выставка
exist (to) существовать
existence существование
exit выход
expand (to) расширять(ся), увеличивать(ся)
expansion разложение, экспансия, увеличение
expect (to) ожидать
expectation ожидание, чаяние
expel (to) исключать
expense расход
expensive дорогой
experience (to) переживать
experience опыт
experienced опытный
experiment опыт, эксперимент
experimental пробный, экспериментальный
expert знаток, специалист
explain (to) объяснять
explanation объяснение
explode (to) взрывать
exploit (to) эксплуатировать
explore (to) исследовать
explosion взрыв
export экспорт
expose (to) разоблачать, раскрывать
express oneself (to) выражать(ся)
expression выражение
expressive экспрессивный, выразительный
exquisite прелестный
extend (to) вытягивать, тянуться
extensive обширный, экстенсивный
extent степень (f.)
exterior внешний (adj.), наружность (noun, f.)
external внешний
extinguish (to) тушить
extra особенно, сверх, экстра

extraordinary чрезвычайный
extravagant нерасчётливый, экстравагантный
extreme крайний, чрезвычайный (adj.), крайность (noun, f.)
extremely весьма, крайне
eye глаз
eyebrow бровь (f.)
eyeglasses очки (pl.)
eyelid веко
eyesight зрение

F

fabric материал, материя
face лицо
  face to face лицом к лицу
facilitate (to) облегчать
facility лёгкость (f.)
fact факт
factory фабрика
factual фактический
faculty способность (f.), преподавательский состав
fade (to) вянуть, блёкнуть
fail (to) провалиться (exam.), слабеть
failure неудача
faint (to) упасть в обморок
faintheartedness малодушие
fair справедливый, честный
fairy фея
faith вера, доверие
faithful верный
fall (to) падать
  to let fall уронить
false фальшивый
falsehood ложь (f.), неправда
fame известность (f.), слава
familiar знакомый
  to become familiar with ознакомиться
family семейный (adj.), семья (noun)
famous знаменитый
fan вентилятор
fancy (noun) фантазия, воображение
fantastic фантастический
far далёкий (adj.), далеко (adv)

from far away издали
not far недалеко
fare (carfare) плата за проезд
farewell прощание (n.)
  Farewell! Прощай! до свидания!
farm ферма
farmer фермер
farther дальше
fascinating очаровательный, увлекательный
fashion фасон, мода
fashionable модный
fast крепкий, скорый (of speed)
fasten (to) привязывать
  to fasten together скреплять
fastidious разборчивый
fat жир (n.), жирный, толстый (adj.)
fatal погибельный, фатальный
fate жребий, судьба
father отец
fatherland отечество
faucet кран
fault вина
favor милость (f.), одолжение
favorite любимец (n.), любимый (adj.)
fax (noun) факс
fear (to) бояться
fear боязнь (f.), страх
February февраль (m.)
federation федерация
fee вознаграждение, плата
feeble бессильный, слабый
feed (to) кормить, питать
feel (to) ощущать, чувствовать
feeling чувство
fellow парень (m.)
feminine женский
fencing фехтование
fertility плодородность (f.)
fervent пылкий, страстный
fetch (to) достать, приносить
fever жар
feverish лихорадочный
few мало, немного, несколько
  fewer меньше
fiber фибра, волокно
fiction беллетристика
fictitious фиктивный, воображаемый
field поле

fifteen пятнадцать
fifteenth пятнадцатый
fifth пятый
fiftieth пятидесятый
fifty пятьдесят
fig инжир, фига
fight (to) бороться, драться
fight борьба, драка
figure фигура, цифра (number)
file (to) принять к выполнению заказ, регистрировать и хранить
file напильник, картотека
fill (to) наполнять
  to fill in заполнять
fillet (meat) филе
film фильм
filthy грязный
final окончательный
finally наконец
finances финансы
financing финансирование
financial финансовый
find (to) находить
  to find out узнавать
fine (penalty) штраф
fine тонкий
  fine fellow! молодец!
  fine point тонкость (f.)
finger палец
fingernail ноготь (m.)
finish (to) кончать(ся), оканчивать
finished кончено, сделано
fire огонь (m.), пожар
fireplace камин
fireproof несгораемый
firewood дрова (pl.)
fireworks фейерверк
firm фирма (company), крепкий, твёрдый (adj.)
first первый
  at first сперва
  first-rate первоклассный
  for the first time впервые
fish рыба
fist кулак
fit (to) сидеть, подходить
fit припадок (attack)
five пять
fix (to) исправлять, починять
flag флаг
flame пламя
flap (to) махать

flash (to) блесну́ть, мелька́ть, сверкну́ть

flashlight ручно́й электри́ческий фона́рь

flat пло́ский, ро́вный

flattering ле́стный

flattery лесть (f.)

flavor арома́т

fleet флот

flesh сыро́е мя́со

flexible ги́бкий

flight бе́гство, отступле́ние, полёт

flirt (to) флиртова́ть

float (to) пла́вать

flood пото́к, наводне́ние

floor пол, эта́ж (story)

flora фло́ра

flour мука́

flourishing здоро́вый, цвету́щий

flow (to) течь

flower цвето́к

fluently бе́гло, свобо́дно

fluid жи́дкость (noun, f.) жи́дкий (adj.)

fly (to) лета́ть

fly му́ха

flying лету́чий

focus (to) сосредото́чивать, фокуси́ровать(ся), наводи́ть на фо́кус

focus фо́кус

fog тума́н

flood (to) разлива́ться; затопля́ть

fold скла́дывать

fold скла́дка

folk (adj.) наро́дный

follow (to) следи́ть, сле́довать

following сле́дующий

fond не́жный, лю́бящий

font шрифт

food еда́, пи́ща

fool дура́к

foolish глу́пый

foolishness глу́пость (f.)

foot нога́, фут (of length)

  on foot пешко́м

football футбо́л

footstep шаг

for для (gen.), за (acc., inst.), на (extent of time)

  for the sake of ра́ди (gen.)

forbid (to) запреща́ть

force (to) заставля́ть, принужда́ть

force си́ла

forehead лоб

foreign иностра́нный

foreigner иностра́нец

foresight предви́дение

forest лес

forever наве́ки, навсегда́

forewarn (to) предупрежда́ть

forged фальсифици́рованный

forget (to) забыва́ть

forgetfulness забы́вчивость (f.)

forgive (to) извиня́ть, проща́ть

forgiveness проще́ние

fork ви́лка

form о́браз, фо́рма

formality форма́льность (f.)

formation строй

formed (to be) составля́ть(ся)

former бы́вший

formerly пре́жде, ра́ньше

formula фо́рмула

forsake (to) поки́нуть

fortieth сороково́й

fortunate счастли́вый, уда́чный

fortunately к сча́стью

fortune сча́стье, уда́ча, судьба́

fortune-teller гада́лка

forty со́рок

forward вперёд (adv.), передово́й (adj.)

found (to) создава́ть

foundation фунда́мент

founder основа́тель (m.)

fountain фонта́н

fountain pen авторучка

four четы́ре

fourteen четы́рнадцать

fourteenth четы́рнадцатый

fourth четвёртый

fowl дома́шняя пти́ца

foyer пере́дняя, фойе́ (noun not decl.)

fragment кусо́к, отры́вок

fragrance арома́т

fragrant арома́тный

frame ра́ма

frank и́скренний, открове́нный

frankness открове́нность (f.)

fraud обма́н

free беспла́тно (gratis), свобо́дный

freedom свобо́да, во́льность (f.)

freely свобо́дно
freeze (to) замерза́ть, мёрзнуть,
    замора́живать, ледени́ть
French францу́зский
frequently ча́сто
fresh све́жий
Friday пя́тница
fried жа́реный
friend друг (m.), подру́га (f.),
    прия́тель (m.) –ница (f.)
friendly дру́жеский,
    приве́тливый
friendship дру́жба
fright испу́г, страх
frighten (to) пуга́ть, напуга́ть
  to become frightened
    испуга́ться
frightening стра́шный
frog лягу́шка
from из (gen.), от (gen.), с (gen.)
  from behind из-за
front фаса́д (n.), пере́дний (adj.)
frost моро́з
frown (to) хму́риться
frozen мёрзлый, заморо́женный
fruit фрукт
fry (to) жа́рить(ся)
frying pan сковорода́
fuel горю́чее, то́шливо
  fuel oil мазу́т
fugitive бе́глый
fulfill (to) выполня́ть, исполня́ть
fulfillment выполне́ние,
    исполне́ние
full по́лный
fully вполне́
fun весе́лье, шу́тка (joke)
  to have fun весели́ться
function (to) де́йствовать
function фу́нкция
fund запа́с, фонд
fundamental основно́й, фунда-
    мента́льный
funeral по́хороны
funny заба́вный, смешно́й
fur мех
  fur coat шу́ба
furnace го́рн, печь, то́пка
furnish (to) обставля́ть
furniture ме́бель (f.), обстано́вка
fury бе́шенство, я́рость (f.)
fuss хло́поты, суета́

futile тще́тный
future бу́дущий (adj.), бу́дущее (n.)

G

gain (to) вы́играть (win)
  to gain weight полне́ть
gain дохо́ды
gallant гала́нтный
gallery галере́я
gallon галло́н
gamble (to) игра́ть в аза́ртные
    и́гры
game игра́
garage гара́ж
garbage му́сор
garden сад
garlic чесно́к
garment предме́т оде́жды,
    пла́тье
gas газ
gasoline бензи́н, газоли́н
gate воро́та
gather (to) собира́ть(ся)
gauze газ, ма́рля
gay весёлый (merry)
gender род
general (adj.) о́бщий
  in general вообще́
generality неопределённость
generally обы́чно, вообще́,
    широко́
generation поколе́ние
generosity ще́дрость (f.)
generous ще́дрый
genius гениа́льный (adj.), ге́ний
gentle мя́гкий
gentleman джентльме́н
genuine настоя́щий
geography геогра́фия
geometry геоме́трия
germ микро́б
German неме́цкий (adj.)
gesture жест
get (to) достава́ть (fetch),
    получа́ть (receive)
  to get along пожива́ть
  to get even with
    распла́чиваться
  to get up встава́ть

ghost привиде́ние
gift дар (talent), пода́рок
gifted спосо́бный, тала́нтливый
gigantic гига́нтский
girl де́вочка (little girl), де́вушка
  (young girl, unmarried)
give (to) дава́ть
  to give a present дари́ть
  to give back возвраща́ть,
    отдава́ть
  to give out выдава́ть, раздава́ть
glad рад, ра́достный
gladly охо́тно
glance взгляд
glands же́лезы
glass стака́н (drinking), стекло́,
    стекля́нный (adj.)
glasses очки́
gleam (to) мелька́ть
glimpse мелыка́ние, мимолётное
    впечатле́ние
glitter (to) блесте́ть, сверка́ть
globe гло́бус, шар
gloom мрак
gloomy мра́чный, угрю́мый
glory сла́ва
glove перча́тка
glue (to) кле́ить
go (to) идти́, ходи́ть (on foot),
    е́хать, е́здить (by conveyance)
goal цель (f.)
God Бог
gold зо́лото
golden золото́й
good добро́ (noun), до́брый,
    хоро́ший (adj.)
  good day до́брый день
  good evening до́брый ве́чер
  good morning до́брое у́тро
  good night споко́йной но́чи
good-bye до свида́ния
good-looking краси́вый
good-natured добро́душный
goodness доброта́
gossip (to) спле́тничать
gossip спле́тник (m.), спле́тница
    (f.)
govern (to) пра́вить, управля́ть
government прави́тельство,
    управле́ние
grace ми́лость (f.)
graceful грацио́зный, изя́щный

gradually ма́ло-пома́лу,
    постепе́нно
graduate выпускни́к
graduating class вы́пуск
grammar грамма́тика
grand грандио́зный,
    великоле́пный
granddaughter вну́чка
grandfather де́душка
grandmother ба́бушка
grandson внук
grant (to) соглаша́ться, дава́ть
    субси́дию
grapes виногра́д
grasp (to) хвата́ть
grass трава́
grateful благода́рный
gratitude благода́рность (f.)
gratis беспла́тно, да́ром
grave моги́ла
gravely тяжело́
gravity тя́жесть (f.)
gravy подли́вка, со́ус
gray се́рый
  gray-haired седо́й
grease (to) ма́зать, сма́зывать
grease жир
greasy са́льный, жи́рный
great вели́кий
greatly о́чень си́льно
greedy жа́дный
green зелёный
greet (to) здоро́ваться, приве́т-
    ствовать
greeting приве́т, приве́тствие
grief го́ре, печа́ль (f.), скорбь (f.)
grieve (to) горева́ть
grind (to) растира́ть, тере́ть
groan (to) стона́ть
grocery story гастроно́м
ground земля́, фунда́мент
groundwork фунда́мент
group гру́ппа
grow (to) расти́, (become) стано-
    ви́ться, де́латься
  to grow up выраста́ть
grown-up взро́слый
growth разви́тие, рост
grumble (to) ворча́ть жа́ловаться
guarantee (to) гаранти́ровать
guarantee гара́нтия, руча́тельство
guard (to) охраня́ть, стере́чь

guard сто́рож
guardian храни́тель
guess (to) дога́дываться,
    отга́дывать
guess дога́дка, предположе́ние
guest гость (m.)
guidance руково́дство
guide (to) руководи́ть
guidebook спра́вочник
guilt вина́
guilty винова́тый
guitar гита́ра
gulp (to) глота́ть
gulp глото́к
gum десна́, рези́на
gun ружьё
gust поры́в
gypsy цыга́нский (adj.)

H

habit привы́чка
habitual обы́чный
hair во́лосы
  to cut hair остри́чь во́лосы
haircut стри́жка
hairdo причёска
hairdresser парикма́хер
hairdryer фен
hairpin шпи́лька
half полови́на
  by halves попола́м
  half a year полго́да
  half-hour полчаса́
  halfway на полпути́, возмо́жный
    компроми́сс
hall зал
halt прива́л, стой (кома́нда)
ham ветчина́
hammer мо́лот
hand рука́, стре́лка (of a clock),
    ручно́й (adj.)
handbag су́мка
handicraft ремесло́, ручна́я ра-
    бо́та
handkerchief носово́й плато́к
handle ру́чка
handmade ручно́й рабо́ты
handshake рукопожа́тие
handsome краси́вый

handwriting по́черк
handy удо́бный, сподру́чный
hang (to) висе́ть
  to hang up ве́шать
hanger ве́шалка
haphazardly ко́е-как
happen (to) происходи́ть,
    случа́ться
happiness сча́стье
happy счастли́вый
harbor порт
hard твёрдый (firm), тру́дный
    (difficult)
harden (to) тверде́ть
hardly едва́, чуть
hardness твёрдость (f.)
harm (to) вреди́ть
harm зло, вред
harmful вре́дный
harmless безвре́дный
harmonious гармони́ческий
harmony гармо́ния
harsh ре́зкий, гру́бый
harvest урожа́й
haste торопли́вость (f.)
hasten (to) ускоря́ть
hastily поспе́шно, спе́шно
hasty поспе́шный
hat шля́па
hate (to) ненави́деть
hatred не́нависть (f.)
haughty высокоме́рный
haunt (to) пресле́довать
have (to) име́ть
  to have to до́лжен (а, о, ы),
    приходи́ться
hay се́но
hazy тума́нный
he он
head глава́ (chief), голова́
head (to) заве́довать, возгла-
    вля́ть
headache головна́я боль
headmost передово́й
heal (to) зажива́ть
health здоро́вье
healthful поле́зный
healthy здоро́вый
hear (to) слы́шать
hearing слух
heart се́рдце
  by heart наизу́сть

of the heart серде́чный
heartburn изжо́га
heartless безду́шный
heat греть, нагрева́ть
  heating system отопле́ние
heat жара́
heaven не́бо
heavenly небе́сный
heavy си́льный (strong), тяжёлый, то́лстый
  to grow heavy толсте́ть
heel каблу́к
height высота́, рост
heir насле́дник
hell ад
hello здра́вствуйте
help (to) помога́ть
help по́мощь (f.)
helpless беспо́мощный, бесси́льный
hem (to) подшива́ть
hem подо́л, подши́вка
hen ку́рица
her её, ей
herd ста́до
here здесь, сюда́, тут
  from here отсю́да
  here are (is) вот
hero геро́й
heroine герои́ня
herring селёдка
hers её
herself она́, сама́
hesitate (to) колеба́ться
hide (to) пря́тать(ся), скрыва́ть(ся), таи́ть(ся)
hideous ужа́сный
high высо́кий
  high-principled иде́йный
highest вы́сший
high school diploma аттеста́т зре́лости
highway шоссе́
hill холм
him его́, ему́
himself он сам
hinder (to) меша́ть
hint намёк
hint at (to) намека́ть
hip бедро́
hire (to) взять напрока́т, нанима́ть

for hire дава́ть напрока́т
his его́
historical истори́ческий
history исто́рия
hit (to) бить, ударя́ть
hoarse хри́плый
hold (to) держа́ть(ся)
  to hold in сдержа́ться
  to hold out выде́рживать
hole ды́рка
holiday пра́здник
hollow пусто́й
holy свято́й
home дом
  at home до́ма
  to go home идти́ домо́й
homemade самоде́льный, дома́шний
homosexual гомосексуали́ст (m.), гомосексуа́льный (adj.)
honest поря́дочный, че́стный
honesty че́стность (f.)
honey мёд
honeymoon медо́вый ме́сяц
honor (to) почита́ть
honor честь (f.)
hook крюк
hope (to) наде́яться
hope наде́жда, ча́яние
hopeful наде́ющийся
hopeless безнаде́жный
horizon горизо́нт
horizontal горизонта́льный
horn рог
horoscope . гороско́п
horrible ужа́сный
horror у́жас
horse конь (m.), ло́шадь (f.)
  horseback верхо́м
hospitable гостеприи́мный
hospital больни́ца, госпита́ль (m.)
hospitality гостеприи́мство, хлеб-соль (bread and salt)
host хозя́ин
hostess хозя́йка
hot горя́чий, (objects, emotions) жа́ркий
hotel гости́ница
hour час
house дом
housemaid го́рничная
housewarming новосе́лье

how как
  how much, many ско́лько
however одна́ко
huge огро́мный
hum (to) напева́ть
human челове́к (noun),
  челове́ческий (adj.)
humanitarian гуманита́рный
humanity челове́чество
humble скро́мный
humiliate (to) унижа́ть
humility смире́ние
humor ю́мор
humorous юмористи́ческий
hundred сто
hundredth со́тый
hunger го́лод
hungry голо́дный
hunter охо́тник
hunting охо́та
hurricane урага́н
hurry (to) спеши́ть,
  торопи́ться
hurt (to) боле́ть, сде́лать бо́льно
husband муж
hush (to) молча́ть
hyphen дефи́с, тире́
hypnosis гипно́з
hypocrite лицеме́р
hypothesis гипо́теза
hysterical истери́ческий

I

I я
ice лёд
ice cream моро́женое
icon ико́на
icy ледяно́й
idea иде́я, мысль (f.), поня́тие
ideal идеа́льный
idealistic идеалисти́ческий
identical одина́ковый
identity ли́чность (f.)
idiot идио́т
idle лени́вый
idleness лень (f.)
if е́сли
ignorance неве́дение, темнота́
ignorant неве́жественный

ignore (to) игнори́ровать
ill больно́й
  to fall ill заболе́ть
illegal незако́нный
illiteracy безгра́мотность
illiterate безгра́мотный
illness боле́знь (f.)
illuminate (to) освеща́ть
illumination освеще́ние
illusion иллю́зия
illustrate (to) иллюстри́ровать,
  поясня́ть
illustration поясне́ние, рису́нок
image и́мидж, о́браз
imaginary вообража́емый
imagination воображе́ние,
  фанта́зия
imagine (to) вообража́ть
imbalance дисбала́нс
imitate (to) изобража́ть,
  подража́ть
imitation подража́ние
immature незре́лый
immediate прямо́й, спе́шный
immediately неме́дленно, сра́зу
immense безме́рный, огро́мный
imminent бли́зкий
immobility неподви́жность (f.)
immodest нескро́мный
immoral безнра́вственный
immorality безнра́вственность (f.)
immortal бессме́ртный
immortality бессме́ртие, ве́чность
  (f.)
immovable неподви́жный
imp чертёнок
impartial беспристра́стный
impatience нетерпе́ние
impatient нетерпели́вый
imperfect дефе́ктный, непо́лный,
  брако́ванный
impersonal безли́чный
impertinence де́рзость (f.),
  на́глость (f.)
implore (to) умоля́ть
imply (to) намека́ть
impolite неве́жливый
important ва́жный
impossible невозмо́жно, нельзя́
impostor самозва́нец
impoverished обедне́вший
impression впечатле́ние

imprison (to) заключа́ть в тюрьму́
improve (to) поправля́ть(ся), улучша́ть(ся)
improvement улучше́ние
improvise (to) импровизи́ровать
imprudent неблагоразу́мный
impudence де́рзость (f.), наха́льство
impudent де́рзкий
impulse и́мпульс
impure нечи́стый
in в (ргер.), в, на (асс., ргер.)
　　in case на вся́кий слу́чай, в слу́чае
　　in fact факти́чески
inaccurate неаккура́тный
inactivity безде́йствие
inadequate неудовлетвори́тельный, недоста́точный
inanimate неодушевлённый
inappropriate неподходя́щий
inaudible неслы́шный
incapable неспосо́бный
incentive побужде́ние
inch дю́йм
incident слу́чай
inclination наклоне́ние
include (to) включа́ть
income дохо́д
incomparable бесподо́бный, несравни́мый
incompatible несовмести́мый
incompetent неспосо́бный, некомпете́нтный
incomplete непо́лный, несовер-ше́нный
inconvenient неудо́бный
incorrect непра́вильный
incorruptible неподку́пный
increase (to) возраста́ть, приба-вля́ть, увели́чивать
increase умноже́ние, увеличе́ние
incredible невероя́тный
incredibility невероя́тность (f.)
indecent неприли́чный
indecision нереши́тельность (f.)
indeed пои́стине
indefinite неопределённый
independence незави́симость

independent незави́симый, самостоя́тельный
index и́ндекс, оглавле́ние
index finger указа́тельный па́лец
indicate (to) ука́зывать
indication при́знак
indifference безразли́чие, равно-ду́шие
indifferent равноду́шный
indignant негоду́ющий
indignation негодова́ние
indirect непрямо́й, побо́чный
indiscreet неосторо́жный, нескро́мный
indispensable необходи́мый
individual индивидуа́льный, ли́чный
indoors в до́ме, внутри́
induce (to) убежда́ть
indulge (to) позволя́ть себе́ удо-во́льствие, злоупотребля́ть
indulgence терпи́мость (f.)
indulgent терпи́мый
industrial фабри́чный
industrious приле́жный
industry промы́шленность (f.)
inedible несъедо́бный
inefficient неспосо́бный
inequality нера́венство
inexpensive дешёвый
inexperienced нео́пытный
infancy ра́ннее де́тство, младе́н-чество
infant ребёнок
infection зараже́ние
inferior ни́зший
inferiority неполноце́нность (f.)
infinite безграни́чный, бесконе́ч-ный
infinitive неопределённое наклоне́ние, инфинити́в
infinity бесконе́чность (f.)
influence (to) влия́ть
influence вес, влия́ние
inform (to) сообща́ть
informally без церемо́ний
information изве́стие (news), све́дение
ingenious остроу́мный
ingratitude неблагода́рность (f.)
inhabit (to) жить
inhabitant жи́тель (m.)

inherit (to) насле́довать
inheritance насле́дство
inhuman бесчу́вственный, жесто́-
   кий, бесчелове́чный
initial нача́льный
initiate (to) вводи́ть
initiative инициати́ва
injection уко́л
injurious вре́дно
injury поврежде́ние
injustice несправедли́вость (f.)
ink черни́ла
inn гости́ница
inner вну́тренний
innocence неви́нность (f.)
innocent безви́нный (guiltless),
   неви́нный (harmless)
inquire (to) спра́шивать
inquiry вопро́с, спра́вка
inquisitive любозна́тельный
insane безу́мный, сумасше́дший
insanity безу́мие
inscription на́дпись
insect насеко́мое
insensible бесчу́вственный
inseparable неразлу́чный
insert (to) вкла́дывать
inside внутри́
  inside out навы́ворот
insight интуи́ция, понима́ние
insignificant ничто́жный
insincere неи́скренний
insincerity неи́скренность (f.)
insist (to) наста́ивать
insistence насто́йчивость (f.)
inspect (to) рассма́тривать, про-
   веря́ть
inspiration вдохнове́ние
install (to) помеща́ть, устана́-
   вливать
instance приме́р, слу́чай
  for instance наприме́р
instant мгнове́ние, миг, моме́нт
instantly момента́льно
instead of вме́сто (gen.)
instep подъём
instinct инсти́нкт
institute институ́т
instruct (to) учи́ть
instruction нака́з (order),
   обуче́ние
instructor инстру́ктор

instrument инструме́нт, ору́дие
insufficient недоста́точный
insult (to) оскорбля́ть
insult оскорбле́ние
insulting оскорби́тельный
insurance страхо́вка
insure (to) страхова́ть(ся)
intact це́лый
intellect ум
intellectual интеллектуа́льный,
   мы́слящий
intelligence ра́зум, ум
intelligent у́мный
intense си́льный
intensity интенси́вность (f.)
intention наме́рение
intentional наме́ренный
interest (to) интересова́ть
interest интере́с
interested (to become)
   заинтересова́ться
interesting интере́сный
interfere (to) вме́шивать(ся)
interior вну́тренность (f.)
intermission переры́в
internal вну́тренний
international междунаро́дный
interpret (to) переводи́ть
interpretation перево́д, взгля́д
interpreter перево́дчик
interrupt (to) прерыва́ть
interval па́уза, переры́в
interview интервью́
intimacy инти́мность (f.)
intimate инти́мный
into в (acc.)
intolerable несно́сный, нестерпи́-
   мый
intolerant нетерпи́мый
intoxicate (to) опьяня́ть, воз-
   бужда́ть
intoxication опьяне́ние
intricate сло́жный
intrigue интри́га
introduce (to) вводи́ть, пред-
   ставля́ть (a person)
introduction введе́ние,
   представле́ние
intuition интуи́ция
invalid недействи́тельный (adj.),
   больно́й, нетрудоспосо́бный
   (adj. or noun)

invaluable бесце́нный
invent (to) выду́мывать, изобре-
 та́ть, приду́мывать
invented вы́думанный
investigate (to) иссле́довать
investigation иссле́дование
invisible неви́димый
invitation приглаше́ние
invite (to) приглаша́ть
inviting привлека́тельный
involuntary нево́льно
iodine йод
Irish ирла́ндский
iron (to) гла́дить
iron желе́зо, утю́г (for ironing),
 желе́зный (adj.)
irony иро́ния
irregular незакономе́рный,
 непра́вильный
irresistible неотрази́мый
irresponsibility
 безотве́тственность (f.)
irritate (to) раздража́ть
irritation раздраже́ние
island о́стров
isolate (to) изоли́ровать,
 отделя́ть
isolated изоли́рованный
issue изда́ние
it оно́
Italian италья́нский
itch (to) чеса́ться
itinerary маршру́т
its его́
ivory слоно́вая кость
ivy плющ

J

jacket жаке́т
jail тюрьма́
jam варе́нье
January янва́рь (m.)
Japanese япо́нский
jar ба́нка
jaw че́люсть (f.)
jealous ревни́вый
 to be jealous ревнова́ть
jealousy за́висть, ре́вность (f.)
jelly желе́

jewel драгоце́нность (f.)
Jewish евре́йский
job рабо́та
join (to) присоединя́ться, соеди-
 ня́ться
joint суста́в, ме́сто соедине́ния,
 совме́стный (adj.)
joke (to) шути́ть
joke анекдо́т, шу́тка
jokingly шутя́
journalist журнали́ст
journey пое́здка
joy отра́да, ра́дость (f.)
joyous ра́достный
judge (to) суди́ть
judge судья́
judgment суд (legal),
 усмотре́ние
juice сок
juicy со́чный
July июль (m.)
jumble ка́ша (fig.)
jump (to) пры́гать, скака́ть
 to jump off соска́кивать
 to jump out выска́кивать
jump прыжо́к
June июнь (m.)
junior мла́дший
just справедли́вый (adj.)
just (hardly) едва́, чуть
justice справедли́вость (f.) суд
justification оправда́ние
justify (to) опра́вдывать(ся)
juvenile малоле́тний

K

keen си́льный (strong), чу́ткий
keep (to) держа́ть, сохраня́ть,
 храни́ть
kernel зерно́
kerosene кероси́н
key ключ
kick (to) ударя́ть ного́й,
 брыка́ться (animal)
kidney по́чка
kill (to) убива́ть
killer уби́йца
kin род, родство́
kind сорт (m.), до́брый (adj.)

kindly добрый, тёплый
kindness любéзность (f.)
king корóль (m.)
kiss (to) целовáть(ся)
kiss поцелýй
kitchen кýхня
knee калéно
kneel (to) стоя́ть на колéнях
knife нож
knight ры́царь
knit (to) вязáть
knock (to) стучáть
knock стук
knot (to) завя́зывать
knot ýзел
know (to) знать
  it is known извéстно
  it is not known неизвéстно
  little known малоизвéстный
  to know how умéть
  well-known извéстный
knowledge знáние
kopeck копéйка
Kremlin Кремль

L

label ярлы́к
labor труд
laboratory лаборатóрия
laborer рабóчий
lace шнурóк
lack (to) недоставáть
lack недостáток, отсýтствие
ladder лéстница
lady дáма
lag (to) отставáть
lake óзеро
lamb барáнина
lame хромóй
lamp лáмпа, фонáрь (m.) (lantern)
lampshade абажýр
land земля́
landlord хозя́ин
landscape пейзáж
language язы́к
  common language óбщий язы́к
lantern фонáрь (m.)
lard сáло
large большóй, крýпный

last (to) продолжáться (continue),
  хватáть (last out)
last (adj.) послéдний, прóшлый
late пóздний
  to be late опáздывать
lately за послéднее врéмя
later пóзже
  two days later два дня спустя́
  laugh (to) смея́ться
  to burst out laughing засмея́ться
  to laugh boisterously хохотáть
laughter смех
launder (to) стирáть
lavatory убóрная
lavish щéдрый
law закóн, прáвило, прáво
  law court суд
lawful закóнный
lawless беззакóнный
lawn лужáйка
lawyer адвокáт, юри́ст
lay (to) класть, положи́ть
layer слóй
lazy лени́вый
  lazy person лентя́й (m.), -ка (f.)
lead (to) води́ть, руководи́ть
leader руководи́тель (m.)
leadership руковóдство
leaf лист
leak (to) течь
lean (to) наклоня́ться, опирáться
  to lean over перегибáться
leap (to) пры́гать, скакáть
leap прыжóк, скачóк
learn (to) учи́ть(ся), вы́учить(ся)
learned учёный
learning учéние
least наимéньший
  at least по крáйней мéре
leather кóжа
leave (to) оставля́ть, уезжáть,
  уходи́ть
  to leave out пропускáть
leave óтпуск (vacation)
lecture доклáд, лéкция
lecturer лéктор
left лéвый
  to the left налéво
leg ногá
legal закóнный, юриди́ческий
  (profession)
legislation законодáтельство

legitimate зако́нный
leisure досу́г
lemon лимо́н
lend (to) одолжа́ть
length длина́
lengthen (to) удлиня́ть(ся)
less ме́ньше
lessen (to) убавля́ть, уменьша́ть
lesson уро́к
let (to) дава́ть, позволя́ть, пуска́ть
  let us дава́й, дава́йте (plus infinitive)
letter бу́ква (alphabet), письмо́ (correspondence)
lettuce сала́т
level у́ровень
liable отве́тственный
liar лгун
liberal либера́льный, ще́дрый (lavish)
liberate (to) освобожда́ть
liberty во́льность (f.), свобо́да
library библиоте́ка
license пра́во, разреше́ние
  driver's license води́тельские права́
lie (to) лгать (falsify), лежа́ть (rest)
  to lie down ложи́ться
lie ложь (f.)
life жизнь (f.)
lifeless безжи́зненый
lift (to) поднима́ть
light (to) зажига́ть
  to light up освеща́ть
light лёгкий (adj.), све́тлый (bright) (adj.), свет (noun)
lighten (to) светле́ть (make brighter), облегча́ть (in weight)
lighter зажига́лка
lighting освеще́ние
lightning мо́лния
likable симпати́чный
like (to) люби́ть, нра́виться
like как (as), подо́бный, похо́жий (similar)
likely возмо́жно, наве́рно
likeness схо́дство
likewise то́же
limb член, коне́чность
limit (to) ограни́чивать
limit грани́ца, ограниче́ние, преде́л

limp (to) хрома́ть
line ли́ния, ряд (row), строка́ (of a page)
linen бельё (household or underwear), полотно́
linger (to) ме́длить
lingerie да́мское бельё
linguistic языково́й
lining подкла́дка
link (to) свя́зывать, соединя́ть
link связь (f.), звено́
lion лев
lip губа́
lipstick губна́я пома́да
liquid жи́дкий (adj.), жи́дкость (noun, f.)
liquor спиртно́й напи́ток
list спи́сок
listen слу́шать
literacy гра́мотность (f.)
literally буква́льно
literary литерату́рный
literature литерату́ра
little ма́ленький
  a little ма́ло, немно́го
live (to) жить
live живо́й
lively живо́й
liver печёнка
living room гости́ная
load груз, тя́жесть
loaf (to) безде́льничать
loaf (of bread) буханка́, це́лый хлеб
loan заём
lobby прихо́жая, фойе́
lobster ома́р
local зде́шний, ме́стный
locality ме́сто
locate (to) находи́ть (find), посе-ля́ться
location помеще́ние
lock (to) запира́ть
  locked up взаперти́
lock замо́к
locomotive локомоти́в
logic ло́гика
logical логи́ческий, логи́чный
loneliness одино́чество
lonely одино́кий, уединённый
long (to) тоскова́ть

long　дли́нный (distance), до́лго
(time)
　long ago　давно́, давны́м-давно́
　not long　недо́лго
longing　жела́ние
look (to)　гляде́ть, смотре́ть
　Look!　Посмотри́те!
　Look out!　Осторо́жно!
　to look for　иска́ть
　to look over　просма́вривать
look　взгля́д
loop　пе́тля
loose　свобо́дный
lose (to)　теря́ть, проигра́ть (at
playing)
　to lose one's self-possession
теря́ться
loss　поте́ря
lost　затеря́нный, поте́рянный
　to get lost　заблуди́ться
lot (a)　мно́го
loud　гро́мкий
love (to)　люби́ть
　in love　влюблённый
　to fall in love　влюбля́ться
love　любо́вь (f.)
loved　люби́мы
lovely　ми́лый
loving　лю́бящий, не́жный
low　ни́зкий (height), ти́хий (faint)
lower to　спуска́ть
loyal　ве́рный
loyalty　ве́рность (f.), лоя́льность
(f.)
luck　сча́стье
lucky　счастли́вый, уда́чный
luggage　бага́ж
luminous　све́тлый
lump　глы́ба, кусо́к (small piece)
lunch　за́втрак
lung　лёгкое
luster　блеск
luxurious　роско́шный
luxury　ро́скошь (f.)
lyrical　лири́ческий

M

machine　маши́на
mad　сумасше́дший

madam　госпожа́, мада́м
made　сде́ланный
madman　безу́мец
madness　сумасше́ствие, безу́мие
magazine　журна́л
magician　маг
magistrate　судья́
magnet　магни́т
magnificent　великоле́пный,
превосхо́дный
magnifying　увеличи́тельный
maid　служа́нка
mail　по́чта
main　гла́вный
maintain (to)　содержа́ть
maintenance　содержа́ние
(support), обслу́живание (service)
majority　большинство́
make (to)　де́лать
male　(adj.) мужско́й
man　мужчи́на (m.), челове́к
(person)
manage (to)　заве́довать,
управля́ть
management　администра́ция,
управле́ние
manager　дире́ктор, заве́дующий
mankind　челове́чество
manner　мане́ра, нра́в ы
manufacture (to)　произво́дство
manuscript　ру́копись (f.)
many　мно́гие, мно́го
marble　мра́мор
March　март
margin　по́ле
mark (to)　отмеча́ть
　to mark off　отче́ркивать
mark　пятно́ (spot), ме́тка
market　база́р, ры́нок
marketing　ма́ркетинг
marriage　брак
marry (to)　жени́ться (men),
выходи́ть за́муж (women)
marvel (to)　удивля́ться
marvel　чу́до
marvelous　чуде́сный
masculine　мужско́й
mask (to)　скрыва́ть
mask　ма́ска
mass　ма́сса
master (to)　овладе́ть, вы́учить
master　ма́стер, хозя́ин

masterpiece шеде́вр
match (to) подходи́ть
match спи́чка
matchless бесподо́бный
material материа́л
maternal матери́нский
mathematician матема́тик
mathematics матема́тика
matter вещество́
  a matter of course я́сное де́ло
mattress матра́с
mature взро́слый, зре́лый
maximum ма́ксимум
May май (m.)
may мочь, мо́жно
mayonnaise майоне́з
me меня́ (acc.), мне (dat.)
meadow луг
mean (to) зна́чить
mean (adj.) злой, захуда́лый,
  неприя́тный, ни́зкий
meaning значе́ние, смысл (sense)
meanness ме́лочность (f.), ни́зость
  (f.)
means сре́дства
  by means of посре́дством
meanwhile ме́жду тем
measure (to) ме́рить
measure ме́ра
meat мя́со
mechanic меха́ник
mechanical механи́ческий
mechanically машина́льно
mechanized механизи́рованный
medicine лека́рство, медици́на
  (the profession)
  medical treatment лече́ние
mediocre посре́дственный
mediocrity посре́дственность (f.)
meditate (to) размышля́ть
meditation размышле́ние
medium середи́на (noun), сре́дний
  (adj.)
meet (to) встреча́ть
  I'm very happy to meet you.
    Очень прия́тно с ва́ми познако́-
    миться.
meeting встре́ча, свида́ние,
  собра́ние (gathering)
melancholy меланхо́лия (noun),
  меланхоли́ческий (adj.)
melodious мелоди́чный

melody мело́дия
melon ды́ня
melt (to) та́ять
member член
memorable па́мятный
memorize (to) запомина́ть
memory па́мять (f.)
mend (to) исправля́ть, чини́ть
mental у́мственный
mention (to) отмеча́ть,
  упомина́ть
menu меню́
merchandise това́ры
merchant купе́ц, торго́вец
merciful милосе́рдный
merciless немилосе́рдный
mercy милосе́рдие
merit (to) заслу́живать
merit заслу́га
merry весёлый
message сообще́ние
messenger курье́р, посы́льный
metal мета́лл
metallic металли́ческий
metallurgy металлу́ргия
method ме́тод, спо́соб
microphone микрофо́н
microscope микроско́п
midday по́лдень (m.)
middle середи́на (noun), сре́дний
  (adj.)
  in the middle of посреди́ (gen.)
midnight по́лночь (f.)
midway полпути́
might си́ла
mighty грома́дный (huge),
  си́льный (strong)
mild мя́гкий
mildness мя́гкость (f.)
mile ми́ля
milk молоко́
mill ме́льница, фа́брика
million миллио́н
mind (to) следи́ть, забо́титься
  I don't mind. Я ничего́ не име́ю
    про́тив.
mind ум
mineral ископа́емый, минера́л
minimum ми́нимум
minister мини́стр (state), свяще́н-
  ник (church)
mirror зе́ркало

minority меньшинство
minute минута
  this very minute сию минуту
  Wait a minute. Подождите минуту.
miracle чудо
miscellaneous разнообразный
mischief беда, вред, шалость
mischievous злобный, шаловливый
miser скупой, бедняга
miserable жалкий, несчастный
miserliness скупость (f.)
miserly скупой
misfortune беда, горе, несчастье
miss (to) скучать, пропускать (leave out)
Miss, Mrs. госпожа
mission поручение, задание, делегация
mist туман
mistake ошибка
  to be mistaken заблуждаться
  to make a mistake ошибаться
Mister, Mr. господин
mistrust (to) не доверять
misty туманный
misunderstand (to) неправильно понять
misunderstanding недоразумение
mittens варежки
mix (to) смешивать
  to mix up (confuse) путать
mixed смешанный
moan (to) стонать
mob толпа
mobile передвижной
mobilize (to) мобилизовать
mock (to) насмехаться
mocking насмешка
mode мода
model модель, тип, показательный (adj.), манекенщица (n.)
moderate умеренный
moderation умеренность (f.)
modern новомодный, новый, современный
modernism модернизм
modest скромный
modesty скромность (f.)
modification видоизменение

modify (to) видоизменять
moist сырой
moisten (to) увлажнять
moment мгновение, миг, момент
Monday понедельник
money деньги
monkey обезьяна
monotonous однозвучный (tone), однообразный
monotony однообразие
monstrous чудовищный
month месяц
monthly ежемесячный
monument памятник
mood настроение
moody угрюмый
moon луна, месяц
mop швабра
moral мораль (noun, f.), моральный, нравственный (adj.)
more больше, ещё
moreover к тому же, кроме того
morning утро (noun), утренний (adj.)
  in the morning утром
morose угрюмый
morsel кусочек
mortal смертный
mortality смертность (f.)
mortgage заклад, закладная
Moscow Москва, московский (adj.)
mosquito комар
most наибольший
mostly главным образом
moth моль (f.)
mother мать (f.)
motion движение, ход
motionless неподвижный
motivate (to) побуждать, мотивировать
motive побуждение, мотив
motor двигатель (m.), мотор
mound холм
mount (to) влезать, подниматься
mountain гора
mourn (to) оплакивать, сетовать
mournful печальный, скорбный
mourning траур
mouse мышнь (f.)
mouth рот
  mouthful глоток

move (to) дви́гаться, переезжа́ть (a household)
  to move off удаля́ться
movement движе́ние
movies кино́
moving тро́гательный
much гора́здо, мно́го
  how much ско́лько
mud грязь
muddy гря́зный, му́тный
multiplication умноже́ние
multiply (to) увели́чивать, размножа́ться, умножа́ть (arith.)
mumble (to) бормота́ть
municipal городско́й
murder (to) убива́ть
murder уби́йство
murderer уби́йца
murmur (to) жужжа́ть, журча́ть
muscle му́скул
museum музе́й
mushrooms гри́бы
music му́зыка
musical музыка́льный
  musical group анса́мбль
musician музыка́нт
must до́лжен (-а́, -о́, -ы́)
mustache усы́
mustard горчи́ца
mute немо́й
mutter (to) бормота́ть
mutton бара́нина
mutually взаи́мно, обою́дно
my мой, (моя́, моё, мои́)
myself я сам; себя́, меня́ самого́
mysterious неве́домый, таи́нственный
mystery та́йна; (film, book) дете́ктив
mysticism ми́стика

N

nail гвоздь (hardware), но́готь, ко́готь (m.)
naïve наи́вный
naked го́лый
name (to) называ́ть, дава́ть и́мя
name и́мя, назва́ние (inanimate things), фами́лия (surname)

What is your name? Как вас зову́т?
named (to be) называ́ть
namely и́менно, то есть (т. е.)
nap (to) поспа́ть
napkin салфе́тка
narrate (to) расска́зывать
narrow у́зкий
nasty проти́вный
nation на́ция
national наро́дный
nationalistic националисти́ческий
nationality наро́дность (f.), национа́льность (f.)
native родно́й, коренно́й жи́тель
  native country ро́дина
natural есте́ственный, натура́льный
naturally есте́ственно, натура́льно, коне́чно (of course)
nature нату́ра, приро́да
naughty дурно́й, капри́зный
  to be naughty капри́зничать
navy флот
near о́коло, у (prep. with gen.), бли́зко (adv.), бли́зкий (adj.)
  near at hand поблизости
  to draw near бли́зиться, приближа́ться
nearly почти́
nearsighted близору́кий
neat аккура́тный, чи́стый
necessary необходи́мый, ну́жный
  it is necessary на́до, необходи́мо, ну́жно
necessity на́добность (f.), необходи́мость (f.)
neck ше́я
necklace ожере́лье
necktie га́лстук
need (to) нужда́ться
  I need мне ну́жно
need нужда́
needle иго́лка
needless изли́шний, нену́жный
negation отрица́ние
negative отрица́тельный, негати́вный
neglect (to) пренебрега́ть
neglect небре́жность (f.)
negotiations перегово́ры

neighbor сосе́д, -ка (m., f.)
neighborhood окре́стность (f.)
neighboring сосе́дний
neither никако́й
  neither...nor ни...ни
nephew племя́нник
nerve нерв
nervous не́рвный
  to be nervous не́рвничать
nest гнездо́
neuter сре́дний (adj.), сре́днего
  ро́да
neutral нейтра́льный
never никогда́
  Never mind. Ничего́, нева́жно.
nevertheless всё-таки, несмотря́ на
new но́вый
news изве́стие, но́вость (f.)
newspaper газе́та
next сле́дующий
nice прия́тный, сла́вный
nickname кли́чка
niece племя́нница
night ночь
  at night но́чью
  Good night! Споко́йной но́чи.
nightmare кошма́р
nine де́вять
nineteen девятна́дцать
nineteenth девятна́дцатый
ninetieth девяно́стый
ninety девяно́сто
ninth девя́тый
nitrates (pl.) нитра́ты
no нет
nobody никто́, ничто́жество
  (derogatory)
noise шум
  to make noise шуме́ть
noisy шу́мный
nominate (to) назнача́ть,
  называ́ть
nomination назначе́ние
none никако́й, ни оди́н
nonsense вздор, ерунда́
  to talk nonsense говори́ть
  чепуху́
noon по́лдень (m.)
no one никто́
nor та́кже не
norm но́рма
normal норма́льный

north се́вер
northern се́верный
nose нос
not не, ни
  not at all ниско́лько
  there is not нет
note (to) отмеча́ть
note запи́ска, примеча́ние
notebook тетра́дь (f.)
nothing ничто́; ничего́
notice (to) замеча́ть
notice предупрежде́ние
noticeably заме́тно
notify (to) предупрежда́ть,
  сообща́ть
notion иде́я
noun и́мя существи́тельное
nourish (to) пита́ть
nourishment пита́ние
novel рома́н
novelty новизна́
November ноя́брь (m.)
now сейча́с, тепе́рь
nowadays тепе́рь
nowhere нигде́ (location), никуда́
  (direction)
nuance отте́нок
nuclear я́дерный
nude наго́й, обнажённый
nuisance неудо́бство,
  неприя́тность
numb онеме́лый
number но́мер, число́
numerous многочи́сленный
nurse медсестра́ (medical), ня́ня
  (for children)
nursery де́тская, я́сли
nut оре́х, га́йка (hardware)

O

oak дуб
oar весло́
oath прися́га
oats овёс
obedience послуша́ние
obedient поко́рный, послу́шный
obey (to) повинова́ться
object (to) проте́стова́ть, быть
  про́тив

objection возраже́ние
objective объекти́вный
obligation обяза́тельство, пови́нность (f.)
oblige (to) обя́зывать
obliging любе́зный
obscure мра́чный, нея́сный, неизве́стный (unknown)
obscurity мрак, тьма
observation замеча́ние (remark), наблюде́ние
observe (to) замеча́ть (notice), наблюда́ть
observer наблюда́тель (m.)
obsolete отжи́вший
obstacle препя́тствие
obstetrician акуше́рка
obstinacy упря́мство
obstinate упря́мый
obtain (to) достава́ть
obvious очеви́дный, я́сный
obviously очеви́дно
occasion слу́чай
occasional ре́дкий, случа́йный
occasionally и́зредка, вре́мя от вре́мени
occupation заня́тие
occupy (to) занима́ть(ся)
occur (to) происходи́ть, случа́ться
occurrence происше́ствие, слу́чай
ocean океа́н
October октя́брь (m.)
odd стра́нный
ode о́да
odor за́пах
of из, от (gen.)
 of course коне́чно, разуме́ется
 out of из-за
off с (gen.)
 Off! Прочь!
 to get off слеза́ть, сходи́ть
offend (to) обижа́ть
offended оби́женный
offense оскорбле́ние, преступле́ние (legal), наступле́ние (military)
 to take offense оскорбля́ться
offensive оскорби́тельный
offer (to) предлага́ть, представля́ть
offer предложе́ние
office канцеля́рия, конто́ра

official официа́льный (adj.), чино́вник (noun)
often ча́сто
oil ма́сло, нефть
ointment мазь (f.)
old ста́рый
 old age ста́рость (f.)
 olden times старина́
 old-fashioned старомо́дный
 old man стари́к
 old woman стару́ха
olive масли́на
omelet омле́т, яи́чница
on на (acc. and prep.)
once одна́жды
 at once сейча́с же
 once in a while иногда́
 once more ещё раз
one оди́н (одна́, одно́, одни́)
 one and a half полтора́
oneself себя́
onion лук
only еди́нственный (adj.), то́лько (adv.)
open (to) открыва́ть, раскрыва́ть
open открове́нный, откры́тый
open-hearted простоду́шный
opening отве́рстие (hole), откры́тие (season)
opera о́пера
operate (to) опери́ровать
operation опера́ция
opinion мне́ние
 in my opinion по-мо́ему
opponent проти́вник
opportunely кста́ти, своевре́менно
opportunity удо́бный слу́чай, возмо́жность (f.)
oppose (to) сопротивля́ться
opposed to про́тив (gen.)
opposite про́тив (gen.)
opposition противополо́жность (f.), противоре́чие
oppress (to) притесня́ть
oppression притесне́ние
optician о́птик
optimism оптими́зм
optimist оптими́ст
optimistic оптимисти́ческий
or а, и́ли, либо
 either ... or и́ли...и́ли, ли́бо... ли́бо

oral у́стный

orange апельси́н (noun), ора́нжевый (color)

orator ора́тор

orchard фрукто́вый сад

orchestra орке́стр

ordeal тяжёлое испыта́ние

order (to) заказать (commercial), приказа́ть (command)

order поря́док (neatness), зака́з (commercial order), прика́з (command), стро́й (system)

  out of order не рабо́тать

  to put in order приводи́ть в поря́док

ordinarily обыкнове́нно

ordinary обыкнове́нный

organ орга́н (musical), о́рган (anatomy)

organization организа́ция, устро́йство

organize (to) устра́ивать

organized организо́ванный

Orient восто́чные стра́ны, Восто́к

origin происхожде́ние

original оригина́льный, первонача́льный

originality оригина́льность (f.)

ornament украше́ние

orphan сирота́

other друго́й, ино́й

  on the other hand зато́, с друго́й стороны́

  otherwise ина́че

  ounce у́нция

  our наш (а, е, и)

  ourselves (мы) са́ми

  out из (gen.)

  outburst взрыв

  outcome результа́т

  outing прогу́лка

  outlast (to) пережива́ть

  outlet выходно́е отве́рстие, электри́ческая розе́тка

  outline (to) намеча́ть

  outline очерта́ние, эски́з, ко́нтур

  outlook вид, перспекти́ва

  output проду́кция

  outrage безобра́зие, оскорбле́ние

  outside вне (prep. with gen.), посторо́нний (adj.)

outward вне́шний

oven духо́вка, печь (f.)

over над (inst.), сверх (gen.), че́рез (across) (acc.)

overcoat пальто́ (not declined), шине́ль (f.)

overcome (to) преодолева́ть

overcooked пережа́ренный, перева́ренный

overdue просро́ченный

overeat (to) перееда́ть

overestimate (to) переоце́нивать

overflow (to) перелива́ться

overlook (to) не замеча́ть, смотре́ть сквозь па́льцы

overpay (to) перепла́чивать

overseas за мо́рем

overshoes гало́ши

overstep (to) переступа́ть

overstrain (to) переутомля́ть, перенапряга́ть

overstrain переутомле́ние

overtake (to) настига́ть

overthrow (to) опроки́дывать, сверга́ть

owe (to) быть до́лжным

own (to) владе́ть

own родно́й, со́бственный, свой (своя́, своё, свой)

owner владе́лец, хозя́ин

oxygen кислоро́д

oyster у́стрица

ozone layer озоносфе́ра

P

pace темп

pacific ми́рный

pack (to) укла́дываться

package паке́т, па́чка

pact пакт

page страни́ца

pain боль (f.)

painful чувстви́тельный

painfully бо́льно

painless безболе́зненный

paint (to) кра́сить, рисова́ть (artistic)

paint кра́ска

painting жи́вопись (f.)
pair па́ра
pajamas пижа́ма
pale бле́дный
  to grow pale бледне́ть
pamphlet брошю́ра
pan кастрю́ля
pancakes бли́нчики, ола́дьи
pane око́нное стекло́, грань
panel пане́ль; то́нкая доска́ для
  жи́вописи; распредели́тельная
  доска́
panic па́ника
pants брю́ки, штаны́
paper бума́га
parade пара́д
paradise рай
paragraph абза́ц, пара́граф
parallel паралле́льный
paralysis парали́ч
parcel паке́т
pardon (to) извиня́ть, проща́ть,
  поми́ловать
pardon проще́ние
parenthesis ско́бки
parents роди́тели (pl.)
Parisian пари́жский
park парк
parrot попуга́й
part (to) проща́ться, расстава́ться,
  разделя́ть
part роль (f.) (acting), часть (f.)
  little part части́ца
partial части́чный, пристра́стный
  (favoring)
  partial to неравноду́шный
participate (to) уча́ствовать
participation уча́стие
particular тре́бовательный
particularly осо́бенно
partner партнёр
party ве́чер, вечери́нка (social),
  па́ртия
pass (to) проезжа́ть (by
  conveyance), проходи́ть (on
  foot), передава́ть (give),
  вы́держать (examination)
passage прое́зд, прохо́д
passenger пассажи́р, -ка
passion пыл, страсть (f.)
passionate горя́чий, пы́лкий,
  стра́стный

passionately стра́стно
passive пасси́вный
passport па́спорт
past про́шлое (n.), проше́дший
  про́шлый (adj.), ми́мо (prep. with
  gen.)
paste (to) кле́ить
paste па́ста
pastry пече́нье, пиро́жное
patch запла́та
path тропи́нка
pathetic патети́чный
patience терпе́ние
patient пацие́нт (n.).
  терпели́вый
patriot патрио́т
patriotism патриоти́зм
patron покрови́тель
patronage покрови́тельство
pattern (sewing) вы́кройка,
  шабло́н
pause па́уза
pavement тротуа́р
paw ла́па
pay (to) плати́ть
  to pay off распла́чиваться
payment упла́та
peace мир, тишина́ (quiet), поко́й
  (quiet)
peaceful ми́рный, споко́йный
peach пе́рсик
peak верши́на
peanut земляно́й оре́х
pear гру́ша
pearl же́мчуг
peas горо́шек
pebble га́лька
peculiar осо́бенный
peculiarity осо́бенность (f.)
peel (to) снима́ть кору́, снима́ть
  ко́жицу
peel ко́рка
pen ру́чка
  fountain pen авторучка
penalty штраф
pencil каранда́ш
penetrate (to) проника́ть внутрь
peninsula полуо́стров
pension пе́нсия
pensive мечта́тельный
people наро́д, на́ция, лю́ди
pepper пе́рец

perceive (to) замеча́ть, ощуща́ть
percent на со́тню, %
percentage проце́нт
perfect идеа́льный, соверше́нный
perfection соверше́нство
perfectly вполне́, соверше́нно
perform (to) игра́ть (on stage),
    исполня́ть
performance игра́, спекта́кль (m.)
performer исполни́тель
perfume духи́
perhaps мо́жет быть
peril опа́сность (f.)
period пери́од, то́чка
    (punctuation)
periodical журна́л (magazine),
    периоди́ческий (adj.)
perish (to) погиба́ть
perishable скоропо́ртящийся
permanent постоя́нный
permission разреше́ние,
    позволе́ние
permit (to) позволя́ть, пуска́ть,
    разреша́ть
perpendicular перпендикуля́р
perpetual ве́чный, бесконе́чный
persecute (to) пресле́довать
persecution пресле́дование
perseverance насто́йчивость (f.)
persist (to) наста́ивать
persistent насто́йчивый, упо́рный
person лицо́, челове́к
personal ли́чный, со́бственный
personality ли́чность (f.)
perspective перспекти́ва
perspiration пот
perspire (to) поте́ть
persuade (to) убежда́ть,
    угова́ривать
pesticides (pl.) пестици́ды
pet (to) ласка́ть
petroleum нефть, петро́леум,
    кероси́н
petticoat ни́жняя ю́бка
petty ме́лкий
pharmacy апте́ка
phase фа́за
phenomenon необыкнове́нное
    явле́ние
philanthropist благотвори́тель
    (m.), филантро́п
philosopher фило́соф

philosophically филосо́фски
philosophy филосо́фия
phone телефо́н
photograph (to) снима́ть,
    фотографи́ровать
photograph фотографи́ческая
    ка́рточка, сни́мок
photography фотогра́фия
phrase фра́за
physical физи́ческий
physician врач
physicist фи́зик
physics фи́зика
pianist пиани́ст, -ка (m., f.)
piano роя́ль (m.), пиани́но
pick (to) срыва́ть
  to pick out выбира́ть
  to pick up поднима́ть
picnic пикни́к
picture карти́на, рису́нок
pie пиро́г
piece кусо́к, кусо́чек, шту́ка (n.),
    шту́чный (adj.)
piercing пронзи́тельный
pig свинья́
pigeon го́лубь
pile ку́ча
pill пилю́ля
pillow поду́шка
pillowcase на́волочка
pilot авиа́тор, лётчик
pin була́вка
pinch (to) ущипну́ть
pineapple анана́с
pine tree сосна́
pink ро́зовый
pious на́божный
pipe труба́, тру́бка (for tobacco)
pistol револьве́р, пистоле́т
pitiful жа́лкий
pity жа́лость (f.), сожале́ние
  It's a great pity.   Очень жаль.
place (to) помеща́ть
place ме́сто
plain просто́й
plan (to) составля́ть план
plan план
plane ро́вный
planet плане́та
plant (to) сажа́ть
plant заво́д (factory), расте́ние
    (botany)

plaster штукату́рка
plastic пласти́ческий
plate таре́лка
plateau плато́, плоского́рье
platform платфо́рма
play (to) игра́ть
play спекта́кль (m.), пье́са
playground де́тский городо́к
plead (to) проси́ть, умоля́ть
pleasant прия́тный
please (to) нра́виться
please пожа́луйста
pleasure удово́льствие
pleat скла́дка
pledge обеща́ние
plentiful оби́льный
plenty оби́лие (noun), доста́точно (adv.)
plot за́говор (conspiracy), сюже́т, фа́була (of a story)
plug про́бка, заты́чка
plum сли́ва
plumber водопрово́дчик
plump пу́хленький
plus плюс
pneumonia воспале́ние лёгких
pocket карма́н
pocketbook су́мка
poem поэ́ма, стихотворе́ние
poet поэ́т
poetic поэти́ческий
poetry поэ́зия
point (to) пока́зывать, ука́зывать
point о́стрый коне́ц, пункт, то́чка
pointed остроконе́чный
pointer стре́лка
poison яд
poisonous ядови́тый
pole столб, шест, по́люс
police поли́ция
policeman полице́йский
policy поли́тика, страхово́й по́лис (insurance)
polish (to) наводи́ть гля́нец, полирова́ть
polish гля́нец
Polish по́льский
polite ве́жливый, любе́зный
politeness ве́жливость (f.)
political полити́ческий
politics поли́тика

pollution (environmental) загрязне́ние окружа́ющей среды́
pond пруд
pool лу́жа, прудо́к, бассе́йн
poor бе́дный
  to become poor бедне́ть
Pope ри́мский па́па
popular наро́дный, популя́рный
popularity популя́рность
population населе́ние
porch крыльцо́
pork свини́на
port порт
portable перено́сный, складно́й
porter носи́льщик
portion по́рция
portrait портре́т
portray (to) изобража́ть, опи́сывать
pose по́за
position положе́ние
positive уве́ренный
possess (to) облада́ть, владе́ть
possibility возмо́жность (f.)
possible возмо́жно, мо́жно
post по́чта (mail)
postage stamp почто́вая ма́рка
postcard откры́тка
poster афи́ша
posterity пото́мство
post office по́чта
postpone (to) отложи́ть
pot кастрю́ля
potato карто́фель (m.)
pound фунт
pour (to) налива́ть (a liquid), насыпа́ть (dry products)
  to pour out вылива́ть, высыпа́ть
poverty бе́дность (f.)
powder (to) пу́дриться
powder пу́дра
power власть (f.)
powerful си́льный
practical практи́чный
practice (to) упражня́ться
practice пра́ктика
praise (to) хвали́ть
prank вы́ходка
pray (to) моли́ть
prayer моли́тва
precaution предосторо́жность (f.)

precede (to) предшéствовать
precious драгоцéнный
precise тóчный
precisely тóчно
precision тóчность (f.)
predicament затруднительное положéние
predict (to) предсказáть
preface предислóвие
prefer (to) предпочитáть
preference предпочтéние
pregnant берéменная
prejudice предрассýдок
preliminary предварительный
premature преждеврéменный
premeditated преднамéренный
preparation приготовлéние
prepare (to) приготовля́ть
prepared готóвый
prepay (to) платить вперёд
preposition предлóг
prescribe (to) предписывать
prescription рецéпт
presence присýтствие
present (to) представля́ть
present настоя́щее (noun), ны́не (adv.), настоя́щий (adj.)
  at present тепéрь
preservation сохранéние
preserve (to) сохраня́ть
preserves варéнье
president председáтель (m.), президéнт
press (to) нажимáть, глáдить (clothes)
press печáть (f.) (journalism)
pressing спéшный
pressure давлéние, нажáтие
prestige престиж
prestigious престижный
presume (to) предполагáть
pretend (to) притворя́ться, дéлать вид
pretension претéнзия
pretty хорóшенький (adj.), довóльно (adv.)
  to grow pretty хорошéть
prevent (to) предупреждáть
prevention предупреждéние
previous предыдýщий
price ценá
pride самолю́бие

priest свящéнник
primary первичный, основнóй
prime minister премьéр-министр
principal глáвный
principle принцип
print (to) печáтать
prison тюрьмá
private чáстный
privilege привилéгия
prize (to) ценить
prize нагрáда, приз
probably вероя́тно
problem задáча, проблéма
procedure процедýра
proceed (to) продолжáть
process процéсс
proclamation воззвáние, официáльное объявлéние
produce (to) вырабáтывать
producer производитель (one who produces), продю́сер (of a film)
product продýкт
production произведéние, производство (manufacture)
profession профéссия, ремеслó
professor профéссор
profile прóфиль
profit (to) приносить пóльзу
  to profit by воспóльзоваться
profit дохóд, пóльза
profitable прибыльный
profound углублённый
program прогрáмма
programming программирование
progress (to) продвигáться, развивáться
progress прогрéсс
progressive передовóй, прогрессивный
prohibit (to) воспрещáть(ся), запрещáть
prohibition запрещéние
project (to) бросáть, проектировать
project проéкт
prolong (to) растя́гивать
prolonged продолжительный
promise (to) обещáть
promise обещáние
prompt (to) подсказáть
prompt быстрый
pronoun местоимéние

pronounce (to) произноси́ть
pronunciation произноше́ние
proof доказа́тельство
proofreader корре́ктор
propaganda агита́ция, пропага́нда
proper прили́чный (decent)
property иму́щество, со́бственность (f.)
prophecy предсказа́ние
prophesy (to) проро́чить, предска́зывать
prophet проро́к
proportion пропо́рция
proposal предложе́ние
propose (to) предлага́ть
prose про́за
prospect вид, наде́жда
prosper (to) процвета́ть
prosperity процвета́ние
prosperous процвета́ющий, бога́тый
protect (to) защища́ть
protection защи́та
protector защи́тник
protest проте́ст
proud го́рдый
prove (to) дока́зывать
proverb посло́вица
provide (to) обеспе́чивать
province о́бласть (f.)
provisions проду́кты (pl.)
provoke (to) возбужда́ть, провоци́ровать
prudence благоразу́мие
prudent благоразу́мный
prune черносли́в
psychiatrist психиа́тр
psychologist психо́лог
psychology психоло́гия
public пу́блика (noun), обще́ственный (adj.)
publication изда́ние
publicity рекла́ма
publicize (to) реклами́ровать
publish (to) издава́ть (books), публикова́ть (to announce)
publishing house изда́тельство
publisher изда́тель (m.)
puddle лу́жа
puff out (to) надува́ть
pull (to) тяну́ть, таска́ть

pulse пульс
pump насо́с
punctual аккура́тный, пунктуа́льный
puncture проко́л
pungency острота́
pungent о́стрый, е́дкий
punk (fashion) панк
punish (to) нака́зывать
punishment наказа́ние
pupil учени́к, учени́ца (m., f.)
puppy щено́к
purchase (to) покупа́ть
purchase поку́пка
pure чи́стый
purity чистота́
purpose цель (f.), наме́рение
purposely наро́чно
purse кошелёк
pursue (to) пресле́довать
push (to) толка́ть
put (to) класть, положи́ть, (horizontally); ста́вить (vertically)
  to put away убира́ть
  to put down подавля́ть, запи́сывать
  to put forth проявля́ть, пуска́ть
  to put forward выдвига́ть, предлага́ть
  to put in вставля́ть, вкла́дывать, всо́вывать
  to put off откла́дывать
  to put on надева́ть, принима́ть вид
  to put out выгоня́ть, удаля́ть
  to put through выполня́ть
  to put up поднима́ть, стро́ить, воздвига́ть
pyramid пирами́да
puzzle зага́дка

Q

quaint необы́чный, стра́нный
qualification квалифика́ция
qualified квалифици́рованный
qualify (to) квалифици́ровать(ся)
quality ка́чество
quantity коли́чество

quarrel (to) ссо́риться
quarter че́тверть, четверта́к (25¢)
queer стра́нный
quench (to) туши́ть, утоля́ть (thirst)
question (to) спра́шивать
question вопро́с
questionable сомни́тельный, спо́рный
questionnaire анке́та
quick бы́стрый, ско́рый
quicken (to) ускоря́ть
quiet тишина́ (noun), споко́йный, ти́хий (adj.)
quietly споко́йно, ти́хо
quit (to) оставля́ть рабо́ту (a job), переста́ть (stop)
quite во́все, вполне́, совсе́м
quiver (to) дрожа́ть
quotation цита́та
quotation marks кавы́чки
quote (to) цити́ровать

R

rabbi равви́н
rabbit кро́лик
race ра́са (species), ска́чки, бега́ (horseraces), го́нка (auto)
radiator радиа́тор
radio ра́дио
rag тря́пка
rage бе́шенство, я́рость (f.)
ragged поно́шенный, рва́ный
railroad желе́зная доро́га
  railroad car ваго́н
  railroad station вокза́л
rain дождь
rainbow ра́дуга
raincoat плащ
rainy дождли́вый
raise (to) повыша́ть, поднима́ть (lift)
raisin изю́м
rank чин
rap (to) стуча́ть
rapid бы́стрый, ско́рый
rapidly бы́стро
rapture упое́ние, экста́з
rare ре́дкий

rarity ре́дкость (f.)
rash сыпь (noun, f.) (skin), стреми́тельный (adj.) (hasty)
raspberries мали́на
rate (to) оце́нивать, счита́ть
rate проце́нт (percent), темп (speed), ско́рость (f.) (speed)
rather дово́льно, скоре́е, слегка́
ratio пропо́рция
rational рассу́дочный
rationally рациона́льно
rave (to) бре́дить, восторга́ться
raw сыро́й
ray луч
razor бри́тва
reach (to) достава́ть, достига́ть, доезжа́ть
react (to) реаги́ровать
reaction реа́кция
read (to) чита́ть
readily охо́тно
reading чте́ние
ready гото́вый
  in readiness нагото́ве
  ready-made гото́вые изде́лия
real настоя́щий
realistic реалисти́ческий
realization осозна́ние, реализа́ция
realize (to) представля́ть себе́, понима́ть я́сно
really действи́тельно, неуже́ли, ра́зве
realm сфе́ра
rear (to) воспи́тывать (bring up)
rear за́дний
reason (to) рассужда́ть
reason причи́на (cause), ра́зум (intelligence)
reasonable разу́мный
reassure (to) успока́ивать
rebel (to) восстава́ть
rebel бунтовщи́к
rebellion восста́ние
recall (to) вспомина́ть
receipt распи́ска
receive (to) получа́ть, принима́ть
receiver получа́тель (m.), приёмник
recent неда́вний, но́вый
recently неда́вно
reception приём (n.), приёмный (adj.)

recess перерыв
recipe рецепт
reciprocal взаимный
recite (to) декламировать
recklessly азартно, сломя голову
recognition признание
recognize (to) признавать, узнавать
recollect (to) вспоминать
recollection воспоминание
recommend (to) рекомендовать
recommendation рекомендация
reconcile (to) примирять
reconciliation примирение
record (to) записывать
record запись, протокол
recover (to) поправляться
recovery излечение
rectangle прямоугольник
recycle (to) рецикулировать
red красный
Red Cross Красный Крест
red-haired рыжий
reduce (to) убавлять (weight), уменьшать
reduction снижение, скидка (price)
refer (to) ссылаться, упоминать
reference рекомендация
  in reference to относительно
  reference book справочник
refine (to) очищать, усовершенствовать
refined изящный
refinement изысканность (f.)
reflect (to) отражать, мыслить, размышлять
reflection отражение, размышление (thought)
reform (to) улучшать
reform реформа, улучшение
refrain (to) сдерживать, воздерживаться
refresh (to) освежать
refreshment оживление, освежающий напиток
refrigerator холодильник
refuge убежище
refugee эмигрант, беженец
refund (to) возвращать
refund возмещение, возврат (money)

refusal отказ
refuse (to) отказывать
regard уважение
regime режим
regiment полк
region район
register (to) регистрировать(ся)
regret (to) жалеть
regret сожаление
regular правильный, регулярный
regulate (to) регулировать
regulation правило
rehearsal репетиция
rehearse (to) репетировать
reign царить
reinforce (to) подкреплять
reject (to) отклонять, отказывать
rejoice (to) радоваться
relate (to) рассказывать
relation отношение, связь (f.)
relationship отношение
relative родственник
relaxation отдых, развлечение
release (to) освобождать
release освобождение
relent (to) смягчаться
reliable надёжный, солидный
reliability надёжность (f.)
relief облегчение
relieve (to) облегчать
religion религия
religious религиозный
reluctance неохота
reluctantly неохотно, нехотя
rely (to) полагаться
remain (to) оставаться
remainder остаток
remaining остальной
remark (to) замечать
remark замечание
remarkable замечательный
remedy средство от болезни, лекарство
remember (to) помнить, вспоминать
remembrance воспоминание
remind (to) напоминать
reminder напоминание
remodeling переделка, ремонт
remorse раскаяние
remote далёкий, удалённый
remove (to) снимать, убирать

rename (to) переименовать
render (to) оказывать
renew (to) обновлять
renewal возобновление
rent (to) нанимать
rent арендная плата
repair (to) исправлять, поправлять, починить
repairs ремонт
repay (to) заплатить, отплачивать
repayment отплата
repeat (to) повторять
repeatedly многократно
repent (to) раскаиваться
repertoire репертуар
repetition повторение
replacement замена (f.)
reply (to) отвечать
reply ответ
report (to) сообщать
report доклад, сообщение
reporter корреспондент
represent (to) представлять
representation представительство
representative представитель (m.)
repress (to) подавлять
repression подавление
reprimand выговор
reproach (to) попрекать, упрекать
reproach упрёк
reproduction репродукция
republic республика
reputation известность (f.), репутация
request (to) просить
request просьба, требование
require (to) нуждаться
required потребный, обязательный
requirement требование
rescue (to) спасать
research исследование
  research assistant научный сотрудник
resemblance сходство
resembling похожий
resent (to) негодовать
resentment негодование
reservation оговорка; место, заказанное заранее
reserve фонд, запас
reservoir хранилище, резервуар

residence местожительство, проживание
resident житель (m.)
resign (to) отказываться, уходить в отставку
resignation отказ, отставка
resigned покорный
resist (to) сопротивляться
resistance сопротивление
resolute решительный, твёрдый
resolution решительность (f.)
resolve (to) решать (decide), разрешать (a problem)
resort курорт
resource средство
respect (to) уважать
respect почтение, уважение
respected уважаемый
respectful почтительный
responsibility обязанность (f.), ответственность (f.)
responsible ответственный
rest (to) отдыхать
rest отдых, покой
restaurant ресторан
restless беспокойный
restoration восстановление
restore (to) восстанавливать
restrain (to) сдерживать
restraint сдержанность (f.)
  with restraint сдержанно
restrict (to) ограничивать
restriction ограничение
result (to) следовать
result результат
resume (to) продолжать
retain (to) сохранять, удерживать
retaliate (to) отплачивать
retaliation отплата
retire (to) выходить в отставку
retired отставной
retreat (to) отступать
return (to) возвращать(ся)
return возвращение
reveal (to) проявлять, раскрывать
revelation откровение
revenge (to) мстить
revenge реванш, месть
reverse (to) перевернуть
reverse обратный
review обзор, рецензия (theater)
revise (to) проверять, изменять

revive (to) оживля́ть
revoke (to) отменя́ть
revolt (to) восстава́ть
revolt восста́ние
revolution револю́ция
revolutionary революцио́нный
revolve (to) враща́ться
reward (to) вознагражда́ть
reward награ́да
rhyme ри́фма
rhythm ритм
rib ребро́
ribbon ле́нта
rice рис
rich бога́тый
  to grow rich богате́ть
richness бога́тство
rid of (to get) избавля́ть(ся) от
riddle зага́дка
ride (to) е́здить, ката́ться (for pleasure)
ridicule (to) осме́ивать
ridiculous неле́пый, смешно́й
right ве́рный, пра́вильный (adj.) (correct), пра́вый (adj.), (position), пра́во (n.)
  all right хорошо́
  to the right напра́во
rigid неги́бкий, неподви́жный
ring (to) звони́ть
ring кольцо́
  wedding ring обруча́льное кольцо́
ring звоно́к (sound)
rinse (to) полоска́ть
ripe спе́лый
ripen (to) зреть
rise (to) поднима́ться (increase, mount), встава́ть (get up), восходи́ть (sun)
rise повыше́ние, подъём
risk (to) рискова́ть
risk риск
ritual ритуа́л
rival конкуре́нт, сопе́рник
rivalry сопе́рничество
river река́ (noun), речно́й (adj.)
road доро́га
roam (to) броди́ть (only on foot)
roar (to) реве́ть
roast (to) жа́рить
roast жа́реное

roast beef ро́стбиф
rob (to) гра́бить
robber разбо́йник
robbery ограбле́ние
robe хала́т
robot ро́бот
robust кре́пкий, здоро́вый
rock (to) кача́ть
rock ка́мень (m.)
rock musician ро́кер
rock star рок-звезда́
rocket раке́та
rocky камени́стый, скали́стый
rogue жу́лик
role роль (f.)
roll (to) кати́ться
roll бу́лка (bread), свя́зка, кату́шка
romance рома́н
romantic романти́ческий
roof кры́ша
room ко́мната
  no room (space) нет ме́ста
root ко́рень (m.)
rope верёвка
rose ро́за
rot (to) по́ртить(ся), гнить
rotten испо́рченный, гнило́й
rough гру́бый, неделика́тный (crude), неро́вный
round вокру́г (gen.), круго́м (adv.), кру́глый (adj.)
roundabout обхо́дный
rouse (to) буди́ть, возбужда́ть (anger)
route маршру́т
routine рути́на, поря́док (order)
row ряд
royalties (author's) а́вторские
rub (to) тере́ть
rubber рези́на
ruble рубль (m.)
rude неве́жливый
rug ковёр
ruin (to) разруша́ть
ruin ги́бель (f.)
rule (to) пра́вить, управля́ть
rule зако́н, пра́вило
ruler лине́йка
rumor слух
run (to) бе́гать, течь (water)
running бего́м

run down   издёрганный
rupture   разрыв
rural   сельский
rush (to)   торопиться
Russia   Россия (f.)
Russian   русский (noun and adj.)
   in Russian   по-русски
rust (to)   ржаветь
rusty   заржавленный
rye   рожь

S

sack   мешок
sacred   священный
sacrifice (to)   жертвовать
sacrifice   жертва
sad   грустный, печальный
   to be sad   грустить
safe   невредимый; сейф (n.)
safety   безопасность (f.)
sail (to)   плавать
sail   парус
sailing   плавание
sailor   матрос
sake (for the sake of)   ради
salad   салат
salad bowl   салатник
salary   жалование
sale   распродажа
salesman   продавец
saleswoman   продавщица
salmon   лососина
salt (to)   соль (f.)
salty   солёный
salute (to)   приветствовать
salvation   спасение
same   одинаковый (identical)
   all the same   всё-таки
   it's all the same   всё равно
sample   образец
samovar   самовар
sand   песок
sandal   сандалия
sandwich   бутерброд
sandy   песочный
sane   нормальный
sanitary   санитарный
sap   сок
sarcasm   сарказм

sarcastic   саркастический
satellite   спутник
satiate (to)   насыщать
satin   атлас
satisfaction   удовлетворение
satisfactory   удовлетворительный
satisfied   довольный, сытый
satisfy (to)   удовлетворять
saturate (to)   насыщать
saturation   насыщенность (f.)
Saturday   суббота
sauce   подливка, соус
saucepan   кастрюля
sausage   колбаса
savage   дикий (adj.), дикарь
   (noun.)
save (to)   спасать, избавлять
say (to)   говорить, сказать
scale   весы (weight), гамма
   (musical)
scalp   скальп
scan (to)   разглядывать
scandal   скандал
   to talk scandal   сплетничать
scanty   скудный, ограниченный
scar   шрам
scare   испуг
scarce   недостаточный, редкий
scarcely   едва, только что
scare (to)   пугать
scarf   шарф
scarlet   алый
scattered   рассеянный
scene   сцена
scented   ароматный
schedule   расписание
scheme   схема, проект
scholar   учёный
   scholarly research   научное
      исследование
scholarship   стипендия
school   школа
schoolteacher   преподаватель,
   -ница (m., f.)
science   наука
scientific   научный
scientist   учёный
scissors   ножницы
scold (to)   ругать
scorch (to)   обжигать
score   счёт
scorn (to)   презирать

scornful презри́тельный
Scottish шотла́ндский
scoundrel негодя́й
scrape (to) скрести́
scratch (to) цара́пать, чеса́ться
(oneself)
scratch цара́пина
scream (to) крича́ть
scream крик
screen экра́н (movies), ши́рма
screw винт
scribble (to) писа́ть небре́жно
scrupulous щепети́льный
scrutinize (to) рассма́тривать
sculptor ску́льптор
sculpture скульпту́ра
sea мо́ре
seagull ча́йка
seal (to) запеча́тывать,
опеча́тывать
seal печа́ть (f.)
seam шов
seamstress швея́
search (to) иска́ть, иссле́довать
search по́иски
seashore морско́й бе́рег
season вре́мя го́да, сезо́н (events)
seasoning припра́ва
seat (to) сесть (oneself)
seat ме́сто
second второ́й (number), секу́нда
(n.)
secondhand поде́ржанный
secret секре́т, та́йна (n.)
in secret вта́йне (adv.)
secretary секрета́рша
sect се́кта
section отде́л, отделе́ние
secure (to) обеспе́чивать
secure уве́ренный (in something),
безопа́сный (not dangerous)
security гара́нтия, безопа́сность
seduce (to) соблазня́ть
see (to) ви́деть
seed зерно́
seem (to) каза́ться
segment отре́зок
seize (to) хвата́ть, захва́тывать
seldom и́зредка, ре́дко
select (to) выбира́ть
selected и́збранный
selection ассортиме́нт, вы́бор

self сам (а, о, и), себя́ (reflex.
pron.)
self-confidence самоуве́ренность
(f.)
self-control вы́держка
self-gonverment самоуправле́ние
selfish эгоисти́ческий
selfishness эгои́зм
self-satisfied самодово́льный
sell (to) продава́ть
semester семе́стр
semicolon то́чка с запято́й
senate сена́т
senator сена́тор
send (to) посыла́ть, усыла́ть
(away)
senior ста́рший, выпускни́к
sensation ощуще́ние
sense (to) ощуща́ть, чу́вствовать
sense чу́вство, смысл
senseless бессмы́сленный
sensibility здравомы́слие
sensible здравомы́слящий
sensitive чу́ткий, чувстви́тельный
sensitivity чу́ткость,
чувстви́тельность (f.)
sensual сладостра́стный
sensuality сладостра́стность (f.)
sentence пригово́р (legal), фра́за,
предложе́ние (grammar)
sentiment чу́вство
sentimental сентимента́льный
separate (to) отделя́ть(ся),
разделя́ть(ся), расходи́ться
separate отде́льный
separation отделе́ние, разделе́ние
September сентя́брь (m.)
serene споко́йный
series се́рия
serious серьёзный
seriously всерьёз
servant слуга́, служа́нка (female)
serve (to) подава́ть (meals),
служи́ть, обслу́живать
service обслу́живание
(maintenance), слу́жба (work),
услу́га (good turn)
set (to) ста́вить, класть, назна-
ча́ть, (determine) тверде́ть
(harden), заходи́ть (sun)
to set aside отложи́ть
to set free пуска́ть

set прибо́р
settle (to) ула́дить, реша́ть (decide), устра́ивать (in a new place)
settlement упла́та, расчёт, населе́ние (people)
seven семь
seventeen семна́дцать
seventeenth семна́дцатый
seventh седьмо́й
seventy се́мьдесят
seventieth семидеся́тый
several не́сколько
severe стро́гий, суро́вый, тяжёлый (heavy)
sew (to) шить,
  to sew on нашива́ть
sewing шитьё
  sewing machine швейная маши́на
sex пол, род
shabby поно́шенный
shade тень (f.), што́ра (window)
shadow тень (f.)
shake (to) дрожа́ть, трясти́сь
shaky ша́ткий
shallow ме́лкий
shame стыд, позо́р (disgrace)
shameful позо́рный
shameless бессты́дный
shape фо́рма
share (to) дели́ть(ся), разделя́ть
share до́ля, часть (f.), а́кция (stock)
shareholder акционе́р
sharp о́стрый, ре́зкий
sharpen (to) заостря́ть, точи́ть
sharpness острота́
shave (to) брить(ся)
shawl шаль (f.)
she она́
shed (to) роня́ть, теря́ть
sheep овца́
sheer прозра́чный, лёгкий
sheet простыня́ (bed), ли́ст (paper)
shelf по́лка
shell скорлупа́
shelter (to) приюти́ть, прикрыва́ть
shelter прикры́тие
shepherd пасту́х
shield (to) защища́ть

shield щит
shift (to) передвига́ть
shine (to) блесте́ть, свети́ть(ся), чи́стить
ship (to) грузи́ть, отправля́ть
ship кора́бль (m.)
shipment погру́зка, перево́зка
shirt руба́шка
shiver (to) дрожа́ть, вздра́гивать
shiver дрожь (f.)
shock (to) потряса́ть, шоки́ровать (behavior)
shock уда́р
shoe башма́к, туфля́
  running shoes кроссо́вки
shoot (to) стре́лять
shop ла́вка, магази́н
shore бе́рег
short коро́ткий, ни́зкий
shortage недоста́ток
shorten (to) сокраща́ть
shorthand стеногра́фия
shot вы́стрел
shoulder плечо́
shout (to) крича́ть
shout крик
shove (to) су́нуть(ся), толка́ть
shovel лопа́та
show (to) пока́зывать, дока́зывать
show вы́ставка, представле́ние, шо́у
shower душ (bath)
shrill пронзи́тельный
shrimp креве́тка
shrink (to) сади́ться
shun (to) избега́ть
shut (to) закрыва́ть
shut закры́тый
shy засте́нчивый, ро́бкий
  to be shy стесня́ться
sick больно́й
sickness боле́знь (f.)
side бок (physical), сторона́
sidewalk тротуа́р
sideways на боку́
sieve си́то
sigh (to) вздыха́ть
sigh вздох
sight вид (view), зре́ние
sign (to) подписа́ться
sign знак
signal (to) сигнализи́ровать

signal сигна́л
signature по́дпись
significance значе́ние
significant многозначи́тельный
significantly многозначи́тельно
signify (to) зна́чить
silence молча́ние, тишина́
silent молчали́вый
　to be silent молча́ть
　to become silent замолча́ть
silk шёлк
silken шёлковый
silly глу́пый
silver серебро́ (n.)
similar похо́жий, подо́бный
similarity схо́дство
simple просто́й, несло́жный
simplicity простота́
simplification упроще́ние
simply про́сто
simulate (to) симули́ровать
simultaneous одновре́менный
sin (to) греши́ть
sin грех
since с (prep., gen.), так как
sincere и́скренний, нелицеме́рный
sincerity и́скренность (f.)
sinful гре́шный
sing (to) петь
singer певе́ц, певи́ца
singing пе́ние
single еди́нственный, оди́н
singular еди́нственное число́
　(grammar), необыча́йный
　(unusual)
sinister злове́щий
sink (to) тону́ть, топи́ть
　(something else)
sink ра́ковина
sinner гре́шник
sip (to) потя́гивать
sip ма́ленький глото́к
sir суда́рь, сэр
sister сестра́
sit (to) сиде́ть, сесть (down)
site местоположе́ние
situated (to be) находи́ться
situation положе́ние, ситуа́ция
six шесть
sixteen шестна́дцать
sixteenth шестна́дцатый
sixth шесто́й

sixtieth шестидеся́тый
sixty шестьдеся́т
size величина́, разме́р
skate (to) ката́ться на конька́х
skates коньки́
skeleton скеле́т
skeptical скепти́ческий
sketch (to) рисова́ть эски́зы
sketch эски́з, набро́сок
skill иску́сство, мастерство́
skilled квалифици́рованный
skillful иску́сный, уме́лый
skillfully мастерски́
skin ко́жа
skip (to) скака́ть, пропуска́ть
　(miss)
skirt ю́бка
skis лы́жи
skull че́реп
sky не́бо
skyscraper небоскрёб
slander (to) клевета́ть
slander клевета́
slang жарго́н
slanting косо́й
slap пощёчина
slaughter (to) убива́ть
slave раб
slavery ра́бство
sleep (to) спать
sleep сон
sleepy со́нный
sleeve рука́в
sleigh са́ни (only in pl.)
slender то́нкий
slice (to) ре́зать, нареза́ть
slice ло́мтик
slide (to) скользи́ть
slight лёгкий
slightly слегка́, чуть
slim то́нкий, стро́йный
slip (to) скользи́ть
slip оши́бка (error), комбина́ция
　(underwear)
slippery ско́льзкий
slope накло́н
slow ме́дленный
　to be slow ме́длить, отстава́ть
　(clock)
slowly ме́дленно, потихо́ньку
sly хи́трый
small ма́ленький, ме́лкий

  small things, change мелочь
smart умный (clever), нарядный
  (clothes)
smash (to) разбивать
smear (to) мазать
smell (to) нюхать (sniff), пахнуть
  (of)
smell запах
smile (to) улыбаться
smile улыбка
smoke (to) курить
smoke дым
smoking курение
smooth гладкий
smother (to) душить, тушить
smudgy чумазый
snake змея
snapshot снимок
snatch (to) хватать
sneer (to) насмешливо улыбаться
sneeze (to) чихать
snore (to) храпеть
snow снег
snowstorm метель
so так
  and so on и так далее (и т. д.)
  just so именно так
  so much столько
soak (to) мокнуть, впитывать
  (up)
soap мыло
sob (to) рыдать
sobbing рыдание
sober трезвый
sociable компанейский
social общественный
socialism социализм
society общество, свет
sock носок, носки (pl.)
sofa диван, софа
soft мягкий
soften (to) смягчаться
soil (to) пачкать(ся)
soil почва, земля
soild грязный
sold проданный
soldier солдат
sole подошва (of foot, shoe),
  единственный (adj.) (only)
solemn торжественный
solemnity торжество
solicit (to) просить

solid солидный, твёрдый
solidity твёрдость (f.)
solitary уединённый, одинокий
  (lonely)
solitude уединение, одиночество
solution решение (answer),
  разрешение, раствор (chemical)
solve (to) разрешать
somber мрачный
some некоторый
somebody кто-то, кто-нибудь
somehow как-то, как-нибудь
something что-то, что-нибудь
sometimes иногда
somewhat слегка
somewhere где-то, куда-то
  (direction)
son сын
song песня
soon скоро
soot сажа
soothe (to) успокаивать, утешать,
  облегчать (pain)
sore рана, язва (n.),
  чувствительный, болезненный
  (adj.)
sorrow печаль (f.), скорбь (f.),
  горе
sorry (to feel) жалеть
  I'm sorry. Мне жалко.
sort (to) разбирать
sort сорт, род
soul душа
sound (to) звучать
sound звук
soundless беззвучный
soup суп
sour кислый
  sour cream сметана
source исток, ключ
south юг
southern южный
Soviet советский
sow (to) сеять
space пространство, расстояние
space (adj.) космический
Spanish испанский
spare (to) щадить, беречь
spare запасной, лишний (extra)
spark искра
sparkle (to) блестеть, сверкать
sparrow воробей

speak (to)   говори́ть
special   специа́льный
specialist   специали́ст
specialty   специа́льность (f.)
species   тип, разнови́дность
specific   определённый,
    характе́рный
spectacle   спекта́кль (m.), зре́лище
spectator   зри́тель (m.)
speech   речь (f.)
speed   ско́рость, быстрота́ (f.)
speedy   бы́стрый, ско́рый
spell (to)   писа́ть, писа́ться (is
    spelled)
spell   заклина́ние
spelling   написа́ние
spend (to)   тра́тить
  to spend time   проводи́ть вре́мя
sphere   шар (ball), сфе́ра, о́бласть
sphinx   сфинкс
spice (to)   приправля́ть
spice   пря́ность (f.)
spicy   пря́ный
spider   пау́к
spill (to)   пролива́ть, просы́пать
spin (to)   кружи́ться
spinach   шпина́т
spine   спинно́й хребе́т
spirit   дух
spiritual   духо́вный
spit (to)   плева́ть
spite   зло́ба
  in spite of   несмотря́ на то
splash (to)   забры́згивать
splendid   великоле́пный,
    роско́шный
splendor   ро́скошь (f.), пы́шность
    (f.)
split (to)   тре́скаться
split   тре́щина
spoil (to)   по́ртить(ся), балова́ть (a
    child)
spoiled   испо́рченный,
    избало́ванный (child)
sponge   гу́бка
spontaneous   самопроизво́льный
spoon   ло́жка
sport   спорт
spot   пятно́
spouse   супру́г, -а (m., f.)
spread (to)   распространя́ть(ся),
    разма́зывать (bread)

spring (to)   пры́гать
spring   весна́ (season), прыжо́к
    (jump), исто́чник (source)
spur   шпо́ра
spurn (to)   отверга́ть с
    презре́нием
square   квадра́т, пло́щадь (f.)
squeak (to)   скрипе́ть
squeeze (to)   сжима́ть
squirrel   бе́лка
stabilize (to)   стабилизи́ровать
stable   сто́йкий, усто́йчивый
stack (to)   скла́дывать в стог, в
    ку́чу
stack   стог, ку́ча
stadium   стадио́н
staff   штат слу́жащих, штаб,
    но́тные лине́йки (musical)
stage   сце́на
stain (to)   па́чкать(ся)
stain   пятно́
stairs   ле́стница
stammer (to)   заика́ться
stamp   ма́рка (postage), штамп
stand (to)   стоя́ть
standard   станда́рт, у́ровень (m.),
    но́рма (f.)
standard   станда́ртный (adj.)
star   звезда́
starch   крахма́л
stare (to)   смотре́ть при́стально
stare   взляд
start (to)   начина́ть
  to start out   (on a trip),
    отправля́ться
start   нача́ло
starve (to)   умира́ть от го́лода,
    голода́ть
state (to)   заявля́ть
state   штат, госуда́рство
    (government), состоя́ние
    (condition)
statement   утвержде́ние, заявле́ние
station   ста́нция
stationary   неподви́жный
stationery   официа́льный бланк,
    канцеля́рские принадле́жности
statistics   стати́стика
statue   ста́туя
staunch   пре́данный
stay (to)   остава́ться, пробы́ть
stay   пребыва́ние

steady устóйчивый
steak бифштéкс
steal (to) красть
steam пар
steamship парохóд
steel сталь (f.)
steep крутóй
steer (to) управлять
stem ствол
stenographer стенографи́стка
step похóдка, шаг
stern стрóгий, сурóвый (adj.)
stew (to) туши́ть(ся), вари́ть(ся)
stew тушёное мя́со
stick to втыка́ть, приклéивать
stick па́лка
sticky клéйкий
stiff тугóй, ги́бкий
stiffen (to) дéлать неги́бким, твердéть
still (to) успока́ивать
still ти́хий, спокóйный (adj.), ещё (yet) (adv.)
stimulant возбужда́ющее срéдство, сти́мул
stimulate (to) побужда́ть
sting (to) куса́ть, ужа́лить, укуси́ть
sting укýс
stinginess скýпость (f.)
stingy скупóй
stipend стипéндия
stir (to) шевели́ть(ся), меша́ть
stitch (to) шить
stitch стежóк
stock фонд, запа́с
   stock market фóндовая би́ржа
stockholder акционéр
stocking чулóк
stomach желýдок
stone ка́мень (m.)
stony ка́менный
stool скамéечка, табурéтка
stoop (to) сгиба́ться
stop (to) остана́вливать(ся), конча́ть
stopper прóбка
store ла́вка, магази́н
storm бýря
stormy бýрный
story расска́з, пóвесть, истóрия, эта́ж (floor)

stout пóлный
stove печь (f.)
straight прямóй
straighten (to) выпрямля́ть, приводи́ть в поря́док (straighten up)
straightforward прямодýшный
strain напряжéние
strange чужóй, стра́нный
stranger незнакóмец
strap ремéнь (m.)
stratosphere стратосфéра
straw солóма
strawberry клубни́ка
stream потóк, река́ (river)
street ýлица
streetcar трамва́й
strength си́ла
strengthen (to) укрепля́ть
strenuous си́льный, энерги́чный
stress давлéние, ударéние
stretch (to) тянýть(ся), растя́гивать
strict стрóгий
stride большóй шаг
strike (to) ударя́ть (hit), бастова́ть
strike забастóвка (labor)
string верёвка, шпага́т
strip (to) сдира́ть, раздéть(ся) (clothes)
stripe полоса́
stroll (to) гуля́ть
stroll прогýлка
stroke уда́р
strong си́льны, крéпкий
structure зда́ние, соста́в, строéние, структýра
struggle борьба́
   struggle with (to) би́ться, борóться
stubborn упóрный, упря́мый
student студéнт,-ка; учени́к, учени́ца (m., f.)
studies учéние
studio стýдия
studious прилéжный
study (to) учи́ться, изуча́ть, занима́ться
study кабинéт (room), эски́з, этю́д (sketch)
stuff (to) набива́ть, заполня́ть
stuffing фарш
stuffy дýшный

stumble (to) спотыка́ться	**suffice (to)** хвата́ть
stun (to) оглуша́ть	**sufficient** доста́точно
stunt по́двиг	**sugar** са́хар
stupendous изуми́тельный	**sugar bowl** са́харница
stupid глу́пый, тупо́й	**suggest (to)** предлага́ть
stupidity глу́пость (f.)	**suggestion** предложе́ние
stupor оцепене́ние	**suicide** самоуби́йство
sturdy си́льный, кре́пкий	**suit** костю́м
stutter (to) заика́ться	**suitable** подходя́щий
style фасо́н, стиль (m.)	**sulfur** се́ра
stylish мо́дный	**sulk (to)** ду́ться
subdue (to) подчиня́ть	**sullen** угрю́мый
subject те́ма, предме́т, сюже́т	**sum** су́мма
(theme)	**summary** конспе́кт
subjugate (to) покоря́ть	**summer** лето, ле́тний (adj.)
submission подчине́ние	**summit** верши́на
submissive поко́рный	**summon (to)** вызыва́ть
submit (to) подчиня́ться	**sumptuous** роско́шный, пы́шный
subordination подчине́ние	**sum up (to)** резюми́ровать
subscribe (to) подпи́сывать(ся)	**sun** со́лнце (n.)
subscription подпи́ска	**sunburn** зага́р
subsequently зате́м, впосле́дствии	**Sunday** воскресе́нье
subsidiary филиа́л	**sunny** со́лнечный
subsist (to) существова́ть	**sunrise** восхо́д
substance су́щность (f.), содер-	**sunset** захо́д, зака́т
жа́ние	**suntan** зага́р
substantial реа́льный, значи́тель-	**superb** прекра́сный
ный, фундамента́льный	**superficial** пове́рхностный
substitute (to) замеща́ть (for)	**superfluous** изли́шний, ли́шний
substitute замести́тель (m.)	**superior** ве́рхний, лу́чший
substitution заме́на	**superiority** превосхо́дство,
subtle то́нкий	пе́рвенство
subtract (to) вычита́ть	**superstition** суеве́рие
subtraction вычита́ние	**supervise (to)** наблюда́ть
suburb при́город	**supper** у́жин
subway метро́, тонне́ль	**to eat supper** у́жинать
succeed (to) насле́довать (to title	**supplement** добавле́ние, приба́вка
or office), уда́ться, достига́ть	**supplementary** дополни́тельный
це́ли	**supply (to)** снабжа́ть
success уда́ча, успе́х	**supply** запа́с
successful уда́чный, успе́шный	**support (to)** подде́рживать, содер-
succession после́довательность	жа́ть
(f.)	**support** подде́ржка
in succession подря́д	**suppose (to)** полага́ть, предпола-
successor насле́дник	га́ть
such тако́й, э́такий	**supposition** предположе́ние
sudden внеза́пный, неожи́данный	**supreme** верхо́вный, вы́сший
suddenly вдруг	**suppress (to)** подавля́ть
suddenness неожи́данность (f.)	**sure** ве́рный, уве́ренный
suffer (to) страда́ть, терпе́ть	**surely** коне́чно, наве́рно
(endure)	**surface** пове́рхность (f.)
suffering страда́нне	**surgeon** хиру́рг

surgery хирурги́я
surmise (to) дога́дываться
surmount (to) преодолева́ть
surname фами́лия
surpass (to) превосходи́ть
surplus изли́шек
surprise (to) удивля́ть(ся) (be surprised)
surprise сюрпри́з
surprising удиви́тельный
surrender (to) сдава́ться
surround (to) окружа́ть
surroundings окре́стности
survey (to) осма́тривать
survey осмо́тр, обзо́р (review), опро́с
survive (to) пережи́ть
susceptibility впечатли́тельность (f.)
susceptible впечатли́тельный
suspect (to) подозрева́ть
suspense неизве́стность (f.)
suspicion подозре́ние
suspicious подозри́тельный
sustain (to) выде́рживать
swallow (to) глота́ть
swallow глото́к
swamp боло́то
swarthy сму́глый
swear (to) кля́сться, руга́ться
sweat (to) поте́ть
sweat пот
sweater сви́тер
Swedish шве́дский
sweep (to) подмета́ть
sweet сла́дкий
sweetness сла́дость (f.)
swell (to) пу́хнуть, опуха́ть
swift бы́стрый, ско́рый
swim (to) пла́вать
swimming пла́вание
swimming trunks (pl.) пла́вки
swindle (to) обма́нывать
swindler моше́нник, жу́лик
swing кача́ть
swinging кача́ние
Swiss швейца́рский
switch выключа́тель (m.)
sword меч
swordfish меч-ры́ба
syllable слог
symbol си́мвол

symbolic символи́ческий
symmetrical симметри́чный
sympathize (to) сочу́вствовать
sympathizer сочу́вствующий
sympathy сочу́вствие
symphony симфо́ния
symposium симпо́зиум
symptom симпто́м, при́знак
synagogue синаго́га (f.)
synthetic иску́сственный
syringe шприц
syrup сиро́п
system систе́ма, стро́й (order)
systematic методи́ческий, системати́ческий

T

table стол, табли́ца
  to set the table накры́ть стол
tablecloth ска́терть
tablespoon столо́вая ло́жка
taciturn молчали́вый
tact делика́тность (f.), такт
tactfully такти́чно
tactless беста́ктный
tail хвост
tailor портно́й
take (to) брать, принима́ть (medicine, advice)
  to take away убра́ть
  to take leave проща́ться
  to take off снима́ть
tale исто́рия, расска́з
talent тала́нт
talk (to) говори́ть (in general), разгова́ривать
to talk over переговори́ть
talk бесе́да, разгово́р
talkative разгово́рчивый
tall большо́й, высо́кий
tame (to) прируча́ть
tame ручно́й
tangle (to) запу́тывать
tank бак, танк (military)
tank top ма́йка
tap стук
tape тесьма́, ле́нта, плёнка
  tape recorder магнитофо́н
tar дёготь

tardy по́здний
target цель (f.)
tarnish (to) тускне́ть
task зада́ние
taste (to) про́бовать
taste вкус
tasteless безвку́сный
tasty вку́сный
tax нало́г
taxi такси́ (not declined)
tea чай (m.)
  teapot ча́йник
  teaspoon ча́йная ло́жка
teach (to) преподава́ть, учи́ть
teacher преподава́тель, -ница; учи́тель, -ница (m. f.)
team брига́да (work), кома́нда (sport)
tear (to) (cut) рвать, срыва́ть
tear слеза́ (teardrop)
tease (to) дразни́ть
technical техни́ческий
  technical school те́хникум
technician те́хник
technique те́хника
tedious ску́чный
teenager подро́сток
teeth зу́бы
telegram телегра́мма
telegraph (to) телеграфи́ровать
telephone (to) звони́ть по телефо́ну
telephone телефо́н
telescope телеско́п
television телеви́дение
  television series телесериа́л
  television set телеви́зор
  television show host веду́щий телепереда́чи
tell (to) расска́зывать
temper темпера́мент, нрав
  to lose one's temper вы́йти из себя́
temperate уме́ренный
temperature температу́ра
tempest бу́ря
temple висо́к (part of body), храм
temporary вре́менный
tempt (to) привлека́ть, соблазня́ть
temptation искуше́ние
ten де́сять

tenacious упо́рный, це́пкий
tenacity упо́рство во́ли, це́пкость
tendency тенде́нция
tender ла́сковый, не́жный, чувстви́тельный (feeling)
tennis те́ннис
  to play tennis игра́ть в те́ннис
tense напряжённый, вре́мя (n.) (grammar)
tension напряже́ние
tent пала́тка
tentative про́бный, усло́вный
tenth деся́тый
tepid теплова́тый
term срок, семе́стр (school)
terminal заключи́тельный, коне́чный, вокза́л (noun) (station)
terrible гро́зный, стра́шный, ужа́сный
terrify (to) ужаса́ть(ся)
territory террито́рия
terror у́жас
test о́пыт, про́ба
testify (to) свиде́тельство
testimony доказа́тельство
text текст
textbook уче́бник
than чем
thank (to) благодари́ть
  Thank you. Спаси́бо.
  Thanks a lot. Большо́е спаси́бо.
  thanks to благодаря́ тому́
thankful благода́рный
that (conj.) тот (та, то, те), что (conj.)
  in order that что́бы
  that is то́ есть (т. е.)
thaw (to) та́ять
the—no article in Russian
theater теа́тр
  theater notice реце́нзия
theatrical театра́льный
theft кра́жа
their, theirs их
them их, им
theme те́ма
themselves са́ми
then пото́м, тогда́, то
theory тео́рия
there там (location), туда́ (direction)
  from there отту́да**

thereafter с э́того вре́мени
thereby посре́дством э́того
therefore поэ́тому, сле́довательно
thermometer термо́метр
these э́ти
thesis диссерта́ция, те́зис
they они́
thick густо́й (dense), то́лстый
thief вор
thigh бедро́
thimble напёрсток
thin худо́й
  to grow thin худе́ть
thing вещь (f.), шту́ка
think (to) ду́мать, мы́слить
  to think over обду́мывать,
  проду́мать
third тре́тий
thirst жа́жда
thirteen трина́дцать
thirteenth трина́дцатый
thirtieth тридца́тый
thirty три́дцать
this э́тот (э́та, э́то)
  this is э́то
thorn колю́чка, шип
thorough по́лный, соверше́нный
thoroughfare прое́зд
though хотя́
thought мысль (f.)
thoughtful внима́тельный,
  забо́тливый
thoughtless легкомы́сленный,
  необду́манный
thousand ты́сяча
thousandth ты́сячный
thrash (to) бить
thread ни́тка
threat угро́за
threaten (to) угрожа́ть
threatening гро́зный
three три
threshold поро́г
thrift бережли́вость (f.)
thrifty бережли́вый
thrill глубо́кое волне́ние, тре́пет
thrive (to) процвета́ть
thriving цвету́щий
throat го́рло
throb (to) си́льно би́ться
throne престо́л, трон
throng толпа́

through сквозь (асс.), че́рез (асс.)
throughout наскво́зь
throw (to) броса́ть(ся)
  to throw out выбра́сывать
thumb большо́й па́лец
thunder (to) греме́ть
thunder гром
thunderstorm гроза́
Thursday четве́рг
thus так, таки́м о́бразом
ticket биле́т
  ticket window ка́сса
tickle (to) щекота́ть
ticklish щекотли́вый (issue)
tide морско́й прили́в (incoming),
  отли́в (receding)
tidiness аккура́тность (f.)
tidy аккура́тный
tie (to) свя́зывать
tie связь (f.) (bond), га́лстук
  (necktie)
tiger тигр
tight те́сный, у́зкий
till до (gen.)
timber лесоматериа́л
time вре́мя, раз (occasion)
  It is time to go. Пора́ идти́.
  on time во́время
  to have time успе́ть
  What time is it? Кото́рый час?
timepiece часы́ (m., pl.)
timid ро́бкий
timidity ро́бость (f.)
tin о́лово, жестя́нка (can)
tiny о́чень ма́ленький
tip ко́нчик
  to give a tip дать на чай
tipsy пья́ный
tire (to) устава́ть, утомля́ть(ся)
tire ши́на
tired уста́лый
tireless неутоми́мый
tiresome надое́дливый, ску́чный
title загла́вие, назва́ние
to в (асс.), к (dat.), на (асс.)
toast тост
tobacco таба́к
today ны́не, сего́дня
toe па́лец
toenail но́готь (m.)
together вме́сте (adv.)
  to draw together сближа́ться

toil труди́ться
toilet туале́т, убо́рная
token знак
tolerable сно́сный
tolerance терпи́мость (f.)
tolerant терпи́мый
tolerate (to) выноси́ть, терпе́ть
tomato помидо́р
tomb моги́ла
tomorrow за́втра
ton то́нна
tone тон
tongue язы́к
tonight сего́дня ве́чером
too то́же (also), сли́шком,
     чересчу́р (much)
tool инструме́нт, ору́дие
tooth зуб
   toothbrush зубна́я щётка
   toothpaste зубна́я па́ста
top верши́на, верх
torch фа́кел
torment (to) му́чить
torment му́ка, муче́ние
torture (to) пыта́ть, му́чить
torture пы́тка, муче́ние
toss (to) кида́ть
total це́лое
totally соверше́нно
touch (to) тро́гать
touching тро́гательный
touchy оби́дчивый,
     чувстви́тельный
tough жёсткий
tour (to) путеше́ствовать
tour путеше́ствие, объе́зд
tourist тури́ст
tournament турни́р
toward к (dat.)
towel полоте́нце
tower ба́шня
town го́род
toy игру́шка
trace (to) черти́ть (draw),
     просле́живать
trace след
track след
tractor тра́ктор
trade торго́вля
tradition тради́ция
traditional традицио́нный
traffic движе́ние

tragedy траге́дия
tragic траги́ческий
train (to) воспи́тывать, тренирова́ть
train по́езд
training воспита́ние, трениро́вка
trait черта́
traitor изме́нник
trample (to) топта́ть
tranquil споко́йный
tranquillity споко́йствие
transaction сде́лка, де́ло
transfer (to) переноси́ть, передава́ть
transform (to) преобража́ть
transformation преображе́ние
transgress (to) переступа́ть
transit прохо́д, прое́зд, перехо́д
transitional перехо́дный
translate (to) переводи́ть
translation перево́д
translator перево́дчик
transmission переда́ча
transmit (to) передава́ть
transparent прозра́чный
transport (to) перевози́ть
transportation перево́зка; пути́ сообще́ния
trap (to) лови́ть
trap лову́шка
trash отбро́сы, му́сор
   trash can ведро́ (с му́сором)
travel (to) путеше́ствовать
travel путеше́ствие
traveler путеше́ственник, пу́тник
tray подно́с
treacherous преда́тельский
treachery преда́тельство
treason изме́на
treasure драгоце́нность
treasurer казначе́й
treasury госуда́рственное казначе́йство
treat обраща́ться, относи́ться
   to treat medically лечи́ть
treat наслажде́ние
treatment обраще́ние, обрабо́тка
treaty догово́р
tree де́рево
tremble (to) трепета́ть
trembling трепета́ние
tremendous грома́дный

trend направле́ние, тече́ние (direction)
trial про́ба, суд
triangle треуго́льник
tribe пле́мя
tribute дань (f.)
trick фо́кус
trifle ме́лочь
  a trifle немно́жко
trifling пустя́чный
trim (to) подстрига́ть (hair), украша́ть (decorate)
trimming украше́ние
trip (to) споткну́ться
trip путь, экску́рсия
triple тройно́й
triumph (to) победи́ть (win), торжествова́ть
triumph торжество́, триу́мф
trivial тривиа́льный
trolley bus тролле́йбус
tropical тропи́ческий
trot (to) е́хать рысью
trouble (to) беспоко́иться, хлопота́ть
trouble беда́, забо́та, хло́поты (fuss)
troubled беспоко́йный
trousers брю́ки
truck грузови́к
true ве́рный (faithful), пра́вильный (correct)
truly пои́стине, то́чно
trunk чемода́н, сунду́к, бага́жник (car)
trust (to) ве́рить, доверя́ть
trust ве́ра, дове́рие
trustworthy надёжный
truth и́стина, пра́вда
truthful правди́вый
try (to) про́бовать, пыта́ться, стара́ться, суди́ть (in court)
  to try on примеря́ть
T-shirt футбо́лка
Tuesday вто́рник
tumble (to) па́дать
tumult шум и кри́ки
tune мело́дия
tunnel тунне́ль
turban тюрба́н
turkey индю́к
turmoil сумато́ха

turn (to) повора́чивать(ся)
  to turn around перевора́чиваться
  to turn out получа́тся
  to turn pages перели́стывать
turn поворо́т (rotation), о́чередь (chance)
twelfth двена́дцатый
twelve двена́дцать
twentieth двадца́тый
twenty два́дцать
twice два́жды, вдво́е
twilight полусве́т, су́мрак
twin двойно́й
twins близнецы́
twist (to) крути́ть
two два (m.), две (f.)
type (to) печа́тать
typewriter пи́шущая маши́нка
typical характе́рный
typist машини́стка
tyranny деспоти́зм
tyrant тира́н, де́спот

U

ugly безобра́зный
ultimate максима́льный
umbrella зо́нтик
umpire посре́дник, ре́фери, арби́тр
unable неспосо́бный, неуме́ющий
unaffected безыску́сственный
unanimous единогла́сный
unattainable недостижи́мый
unattractive некраси́вый
unaware неожи́данно
unbearable несно́сный, нестерпи́мый, невыноси́мый
unbelievable невероя́тный
unbreakable небью́щийся
unbutton (to) расстёгивать
uncertain неопределённый (indefinite), неуве́ренный (unsure)
uncle дя́дя
uncomfortable неудо́бный
uncommon ре́дкий
unconscious бессозна́тельный

unconsciousness беспа́мятство
uncover (to)   раскрыва́ть
undecided   нерешённый
undeniable   несомне́нный
under   под (inst.-location; acc.-direction)
underestimate (to)
   недооце́нивать
undergo (to)   испы́тывать
underline (to)   подчёркивать
underneath   под (under)
understand (to)   понима́ть
understandable   поня́тный
understanding   соглаше́ние,
   понима́ние
   to come to an understanding
   договори́ться
undertake (to)   предпринима́ть
undertaker   гробовщи́к
underwear   ни́жнее бельё
undeserved   незаслу́женный
undesirable   нежела́тельный
undo (to)   развя́зывать
undoubtedly   безусло́вно
undress (to)   раздева́ть(ся)
uneasiness   трево́га
uneasy   неспоко́йный
uneducated   необразо́ванный
unemployed   неза́нятый, безрабо́т-
   ный
unemployment   безрабо́тица
unequal   нера́вный
uneven   неро́вный
unexpectedly   неожи́данно
unfair   несправедли́вый
unfaithful   неве́рный
unfavorable   отрица́тельный
unfeeling   бесчу́вственный
unfinished   недоко́нченный
unforeseen   непредви́денный
unforgettable   незабыва́емый
unfortunate   несча́стный, неуда́ч-
   ный
unfortunately   к сожале́нию
unfriendly   недружелю́бный
ungentlemanly   непоря́дочный
ungraceful   неграцио́зный
ungrateful   неблагода́рный
unhappy   несчастли́вый, несча́ст-
   ный
unharmed   невреди́мый
unhealthy   боле́зненный

unheard of   неслы́ханный
uniform   фо́рма (n.), одно-
   обра́зный (adj.)
uniformity   единообра́зие
unify (to)   объединя́ть
unimportant   нева́жный
unintentionally   нево́льно
union   сою́з, соедине́ние
unit   едини́ца, едини́ца
   измере́ния
unite (to)   соединя́ть
united   соединённый
United States   Соединённые
   Шта́ты
universal   универса́льный
universe   ко́смос
university   университе́т
unjust   несправедли́вый
unkind   недо́брый
unknown   неизве́стный
unlawful   беззако́нный
unless   е́сли . . . не
unlike   неправдоподо́бный,
   непохо́жий
unlimited   неограни́ченный
unlock (to)   отпира́ть
unlocked   о́тпертый
unluckily   к сожале́нию
unmarried   нежена́тый, холосто́й
   (of men), незаму́жняя (of
   women)
unmerciful   немилосе́рдный
unnatural   неесте́ственный
unnecessary   нену́жный
unoccupied   неза́нятый,
   свобо́дный
unpack (to)   распако́вывать(ся)
unpleasant   неприя́тный
unpleasantness   неприя́тность (f.)
unprecedented   небыва́лый
unprofitable   недохо́дный
unprotected   беззащи́тный
unpublished   неи́зданный
unquestionably   несомне́нно, бес-
   спо́рно
unravel (to)   распу́тывать
unreal   ненастоя́щий
unreasonable   неразу́мный
unreliable   ненадёжный
unrestrained   несде́ржанный
unripe   незре́лый
unroll (to)   развёртывать

unsafe опасный
unsatisfactory неудовлетвори-
тельный
unsatisfied неудовлетворённый
unscrupulous бессовестный
unselfish бескорыстный
unsociable нелюдимый
unsophisticated простодушный
unsteady неустойчивый
unsuccessful неудачный
unsuitable неподходящий
untidy неаккуратный
untie (to) развязывать
until до (gen.)
untrue ложный, неправильный,
неверный (faithless)
unusual необыкновенный
unwell нездоровый
unwilling несклонный
unwillingly неохотно, нехотя
unwise неблагоразумный
unworthy недостойный
up, upward наверх, вверх
uphold (to) поддерживать
upkeep содержание
upper верхний
upright прямой
uprising восстание
upset (to) опрокидывать,
беспокоить
upside down вверх дном
upstairs наверху
urge (to) настаивать на,
убеждать
urgency настойчивость (f.)
urgent настойчивый, спешный
us нас, нам
use (to) пользоваться,
употреблять
use польза, употребление
used to (to become) привыкать
useful полезный
useless бесполезный
usual обыкновенный
usually обыкновенно, обычно
utility полезность (f.), выгодность
(f.)
utilize (to) использовать
utmost самый отдалённый,
крайний
utter (to) произносить
utterly чрезвычайно

V

vacant незанятый, свободный
vacation отпуск, каникулы
(school)
vaccination прививка
vacuum (to) пылесосить
vacuum пустота
vacuum cleaner пылесос
vaguely неотчётливо, смутно
vain тщеславный
in vain напрасно, даром, тщетно
valiant храбрый
valid действительный, имеющий
силу
validity действительность (f.)
valise чемодан
valley долина
valuable ценный
value (to) ценить
value ценность (f.)
valve вентиль, клапан
vanilla ваниль
vanish (to) исчезать
vanity суета
vanquish (to) побеждать
vapor пар
variable изменчивый,
переменный
variation изменение, вариация
varied различный
variety разнообразие
various разный, разнообразный
varnish (to) лакировать
vary (to) менять(ся)
vase ваза
vast громадный
vault сейф
VCR видеомагнитофон
veal телятина
vegetables зелень, овощи
vehicle повозка, машина
veil (to) закрывать покрывалом,
скрывать (hide)
veil покрывало
vein вена
velvet бархат
venerable почтенный
venerate (to) благоговеть перед
кем-либо
veneration почитание

vengeance месть (f.)
ventilation проветривание, вентиляция
ventilator вентилятор
venture (to) рисковать
verb глагол
verbal устный
verdict приговор, осуждение
verge край
verification подтверждение
verify (to) проверять
versatile многосторонний
verse стих
version перевод (translation), версия
vertical вертикальный
very очень
vest жилет
vexation досада
vibrate (to) вибрировать
vibration вибрация
vice порок
vice versa наоборот
vicinity близость (f.), окрестность (f.)
vicious злой
victim жертва
victorious победоносный
victory победа
video видео
view вид
viewpoint подход, точка зрения
vigorous энергичный
vile подлый
village село, деревня
villain подлец
vinegar уксус
violate (to) преступать
violation нарушение
violence насилие
violent бешеный
violet фиалка
violet фиолетовый (color)
violin скрипка
violinist скрипач
virtue добродетель, качество
virtuous добродетельный
visa виза
visible видимый
vision зрение
visit (to) посещать
visit визит, посещение

visitor гость, посетитель (m.)
visual зрительный
vital жизненный, роковой
vitality жизненность (f.)
vitamin витамин
vivacious живой
vivid яркий
vocabulary словарь (m.), запас слов
vocal голосовой
vocation призвание
vodka водка
vogue мода
voice голос
void пустота (n.), пустой, недействительный (invalid)
volt вольт
volume том
voluntary добровольный
volunteer доброволец
vote (to) голосовать
vote голос
vow клятва
vowel гласный
voyage путешествие
vulgar грубый, вульгарный
vulnerable уязвимый

W

wager (to) держать пари
wager пари
wages зарплата
waist талия
wait (to) ждать
   to wait for (expect) ожидать
   waiting room приёмная
waiter официант, -ка (m., f.)
wake up (to) просыпаться
walk (to) идти, ходить
walk прогулка
wall стена
wallet бумажник
waltz вальс
wander (to) бродить
want (to) хотеть
want недостаток (lack), нужда (need)
war война
wardrobe шкаф, гардероб

wares това́ры, проду́кты
warm (to) греть, согрева́ть
warm тёплый
warmth теплота́
warn (to) предупрежда́ть
warning предупрежде́ние
wash (to) мыть(ся), умыва́ть(ся), стира́ть (clothes)
waste (to) расточа́ть
waste products отхо́ды
wasteful нерасчётливый
watch (to) наблюда́ть, сторожи́ть
watch часы́ (pl.)
watchful бди́тельный
watchman сто́рож
water вода́
waterfall водопа́д
watercolor акваре́ль (f.)
watermelon арбу́з
waterproof водонепроница́емый
wave (to) маха́ть
wave волна́
wax воск
way доро́га, путь (road), спо́соб (manner)
we мы
weak сла́бый, бесси́льный
weaken (to) слабе́ть, ослабля́ть
weakness сла́бость (f.)
wealth бога́тство
wealthy бога́тый
weapon ору́жие
wear (to) носи́ть
weariness уста́лость (f.), утомле́ние
wearing утоми́тельный
weary уста́лый, утомлённый
weary (to) устава́ть
weather пого́да
weave (to) ткать
web ткань, паути́на
wedding сва́дьба
Wednesday среда́
weed со́рная трава́
week неде́ля
weekend коне́ц неде́ли
weekly еженеде́льный
weep (to) пла́кать
weigh (to) взве́шивать(ся)
weight вес
welcome (to) приве́тствовать
  Welcome! Добро́ пожа́ловать!

welcome приве́тствие, ра́душный приём
welfare благосостоя́ние
well хорошо́, благополу́чно
well-read начи́танный
west за́пад
western за́падный
westward на за́пад
wet мо́крый
what как, что
  what a, what kind of како́й
wheel колесо́
when когда́
whenever когда́ бы ни
where где, куда́
  where ... from отку́да
whereas так как
whether ли
  I don't know whether he is here. Я не зна́ю, здесь ли он.
which кото́рый (ая, ое, ые)
whichever како́й уго́дно, како́й бы ни
while пока́
whim капри́з
whiskers усы́
whisper (to) шепта́ть
  in a whisper говори́ть шёпотом
whistle (to) свисте́ть
whistle свист, (sound), свисто́к (device to be blown)
white бе́лый
who кто, кото́рый (inter. pron.)
whole весь (вся, всё, все), це́лый
  as a whole в це́лом, целико́м
wholesale о́птом
wholesome здоро́вый, поле́зный
wholly вполне́
whom кого́, кому́, о ком
whose чей (чья, чьё, чьи)
why почему́, заче́м
wicked злой
wide широ́кий, на́стежь (adv.)
widen (to) расширя́ть
widow вдова́
widower вдове́ц
width ширина́
wife жена́
wild ди́кий
wilderness пусты́ня, ди́кое ме́сто
will во́ля, завеща́ние (legal)
willing гото́вый

willingly охо́тно

win (to) вы́играть, побежда́ть (a victory)

wind (to) ви́ться

wind ве́тер

window окно́

wind-surfing виндсёрфинг

windy ве́треный

wine вино́

  wineglass рю́мка, бока́л

wing крыло́

wink (to) мига́ть

winter зима́

wipe (to) вытира́ть, уничтожа́ть (wipe out)

wire про́волока, про́вод

wisdom му́дрость (f.)

wise му́дрый

wish (to) жела́ть

wish жела́ние

wit ум, ра́зум

witch ве́дьма

with с (inst.)

wither (to) вя́нуть, со́хнуть

within внутри́ (adv. and prep., gen.)

without без (gen.), снару́жи (adv.), (outside)

  without fail непреме́нно, обяза́тельно

witness (to) быть свиде́телем

witness свиде́тель (m.)

witty остроу́мный

woe го́ре

wolf волк

woman же́нщина

wonder (to) жела́ть знать, удивля́ться (be surprised)

wonder чудо, удивле́ние (surprise)

wonderful изуми́тельный, чу́дный

wood де́рево

wooden деревя́нный

woods лес

wool шерсть

woolen шерстяно́й

word сло́во

work (to) рабо́тать

work труд, рабо́та, сочине́ние (composition)

worker рабо́чий

works (plant) заво́д

world мир, свет

  world outlook мировоззре́ние

worldly све́тский

worried озабо́ченный, издёрганный

worry (to) беспоко́ить(ся)

  Don't worry. Не беспоко́йтесь.

worry трево́га, забо́та

worse ху́же

worship (to) быва́ть в це́ркви, моли́ть(ся) (pray), обожа́ть (adore)

worst наиху́дший

worth цени́, досто́инство

worthless него́дный, недосто́йный

worthy досто́йный

wound (to) ра́нить

wound ра́на

wounded ра́неный

wrap (to) обёртывать, завёртывать

wrath гнев, я́рость

wreck (to) разруша́ть

wreck ава́рия, круше́ние

wrench (tool) га́ечный ключ

wretched жа́лкий, несча́стный

wring (to) выжима́ть, скру́чивать

wrinkle скла́дка, морщи́на (facial)

write (to) писа́ть

writer писа́тель (m.)

writing писа́ние (n.), пи́сьменный (adj.)

  in writing пи́сьменно

wrong непра́вильный

X

X-rays рентге́новские лучи́

Y

yacht я́хта

yard двор (courtyard)

yarn нить

yawn (to) зева́ть

yawn зево́та

year год

years   лета́, го́ды
yearly   ежего́дный
yearn (to)   тосковá́ть
yearning   тоскá, желá́ние
yeast   дро́жжи
yell (to)   кричá́ть
yellow   жёлтый
yes   да
yesterday   вчерá́
yet   ещё
yield (to)   производи́ть, уступá́ть
   (give way)
yield   (harvest) урожá́й
you   вы, ты (pl. and polite, sing.)
   вас, тебя́ (acc. pl. and polite,
   sing.), вам, тебé́ (dat. pl. and
   polite, sing.)
young   молодо́й
younger   млá́дший

your, yours   ваш (а, е, и) (pl. and
   polite), твой (твоя́, твоё, твои́)
   (sing.)
youth   ю́ность (f.), молодёжь (f.,
   coll.) (young people), ю́ность (f.)
   (early years)

Z

zeal   усе́рдие
zealous   усе́рдный
zero   нуль
zinc   цинк
zipper   застёжка-мо́лния
zone   зо́на, по́яс
zoo   зоопá́рк
zoology   зооло́гия

GLOSSARY OF
GEOGRAPHICAL NAMES

Adriatic Sea Адриати́ческое
море
Africa А́фрика
Alaska Аля́ска
Albania Алба́ния
Algeria Алжи́р
Alps, The А́льпы
America Аме́рика
Arabia Ара́вия
Argentina Аргенти́на
Asia А́зия
Astrakhan А́страхань
Atlantic Ocean Атланти́ческий
океа́н
Australia Австра́лия
Austria А́встрия
Azerbaijan Азербайджа́н
Baikal (Lake) Байка́л
Baku Баку́
Belgium Бе́льгия
Black Sea Чёрное мо́ре
Bonn Бонн
Boston Бо́стон
Brazil Брази́лия
Brussels Брюссе́ль
Bulgaria Болга́рия
Belarus Белору́ссия
Carpathian Mountains, The Кар-
па́тские го́ры
Caspian Sea Каспи́йское мо́ре
Caucasus (Mountains), The Кав-
ка́з
Chicago Чика́го
Chile Чи́ли
China Кита́й
**Commonwealth of Independent
States** Содру́жество
Незави́симых Госуда́рств
Copenhagen Копенга́ген
Crimea Крым
Czech Republic Че́хия
Danube (River) Дуна́й
Denmark Да́ния
Detroit Детро́йт
Dnieper (River) Днепр
Don (River) Дон
Egypt Еги́пет
England А́нглия
English Channel Лама́нш

Europe Евро́па
Finland Финля́ндия
France Фра́нция
Geneva Жене́ва
Georgia Гру́зия
Germany Герма́ния
Great Britain Великобрита́ния
Hamburg Га́мбург
Helsinki Хе́льсинки
Hungary Ве́нгрия
India И́ндия
Iran Ира́н
Iraq Ира́к
Ireland Ирла́ндия
Israel Изра́иль
Italy Ита́лия
Japan Япо́ния
Jerusalem Иерусали́м
Jordan Иорда́ния
Kiev Ки́ев
Korea Коре́я
London Ло́ндон
Los Angeles Лос-А́нджелес
Madrid Мадри́д
Magnitogorsk Магнитого́рск
Mediterranean Sea Средизе́мное
мо́ре
Mexico Ме́ксика
Moscow Москва́
Munich Мю́нхен
Netherlands, The Нидерла́нды
Neva (River) Нева́
New York Нью-Йо́рк
North America Се́верная
Аме́рика
Norway Норве́гия
Odessa Оде́сса
Pacific Ocean Ти́хий океа́н
Panama Canal Пана́мский
кана́л
Paris Пари́ж
Philadelphia Филаде́льфия
Poland По́льша
Portugal Португа́лия
Pyrenees (Mountains) Пирене́и
Rhine (River) Рейн
Rocky Mountains Скали́стые
го́ры
Rome Рим
Russia Росси́я
Saint Petersburg Санкт-
Петербу́рг

San Francisco   Сан-Франци́ско
Scotland   Шотла́ндия
Seine (River)   Се́на
Siberia   Сиби́рь
Slovak Republic   Слова́кия
South America   Ю́жная Аме́рика
Spain   Испа́ния
Stockholm   Стокго́льм
Sweden   Шве́ция
Switzerland   Швейца́рия
Syria   Си́рия
Tajikistan   Таджикиста́н
Tashkent   Ташке́нт

Tbilisi   Тбили́си
Thames (River)   Те́мза
Tokyo   То́кио
Turkey   Ту́рция
Ukraine   Украи́на
United States of America   Соеди-
   нённые Шта́ты Аме́рики
Urals (Mountains)   Ура́л
Vladivostok   Владивосто́к
Volga (River)   Во́лга
Volgograd   Волгогра́д
Washington   Вашингто́н
Yugoslavia   Югосла́вия

GLOSSARY OF PROPER NAMES

Adelaide, Adelle Аделаи́да, Аде́ль
Agatha Ага́фья
Agnes Агне́са
Alexander Алекса́ндр
Alexandra Алекса́ндра
Alexei Алексе́й
Alfred Альфре́д
Alice Али́са
Amy Любо́вь
Anastasia Анастаси́я
Anatole Анато́лий
Andrew Андре́й
Anna Анна
Anthony Анто́н
Arthur Арту́р
Barbara Варва́ра
Boris Бори́с
Carl Карл
Catherine Екатери́на
Charlotte Шарло́тта
Claudia Кла́вдия
Constantine Константи́н
Daniel Дании́л
David Дави́д
Dimitry Дими́трий
Dorothy Дороте́я
Edward Эдуа́рд
Eleanore Элеоно́ра
Elias, Ilya Илья́
Elizabeth Елизаве́та
Eugene Евге́ний
Eva Е́ва
George Гео́ргий
Gregory Григо́рий
Helen Еле́на
Herman Ге́рман
Irene, Irina Ири́на
Jacob, Yakov Я́ков
John, Ivan Ива́н

Joseph Ио́сиф
Julia Ю́лия
Lawrence Лавре́нтий
Leo, Lou Лёв
Leonid Леони́д
Louise, Louisa Луи́за
Ludmilla Людми́ла
Luke, Luka Лука́
Macar, Mark Мака́р
Margaret Маргари́та
Marie, Mary Мари́я
Marina Мари́на
Martha Ма́рфа
Matthew Матве́й
Maxim Макси́м
Michael Михаи́л
Nadezhda Наде́жда
Natalia Ната́лья
Nicholas, Nikolai Никола́й
Nikita Ники́та
Oleg Оле́г
Olga Ольга
Paul, Pavel Па́вел
Peter Пётр
Philip Фили́пп
Samuel Самуи́л
Sergei Серге́й
Simon Семён
Sofia Со́фья
Susan, Suzanna Суса́нна
Sviatoslaff Святосла́в
Theodore, Fyodor Фёдор
Thomas Фома́
Timothy Тимофе́й
Valentina Валенти́на
Valentine Валенти́н
Vera Ве́ра
Victor Ви́ктор
Vladimir Влади́мир
Walter Ва́льтер
William Вильге́льм
Zachary Заха́р